혁신가 경제학

혁신가
경제학

시대의 흐름을 바꾼
혁신가 열전

이일영 지음

창비

　지금 많은 청년들이 자신들의 삶을 어둡게 본다. "우리 자리가 너무 없어요. 앞으로도 별로 좋아지지 않겠죠." 이렇게 말하던 학생의 시무룩한 표정이 떠오른다. 얼마 전 만난 청년들은 요즘 가장 와닿는 말이 "어쩌라고…"라고 했다. 앞뒤로 길이 막혀 있다는 막막함과 주변에서 공감이 안 되는 훈수까지 들어야 하는 처지를 자조하는 말이다. 이런 상황에서 무엇을 해야 하고, 또 무엇을 할 수 있을까? 이 책은 우리 시대의 청년들과 함께 갈 길을 모색하려는 하나의 시도다.

　나는 오랫동안 경제학을 붙들어왔다. 처음 공부할 때는 경제학이 사회와 역사가 작동하는 핵심 메커니즘을 탐구하는 학문임을 별로 의심하지 않았다. 경세제민(經世濟民)이라는 옛 표현처럼, 세상을 다스리고 민중을 구하는 학문을 한다는 자부심도 있었다. 젊은 시절에는 이런 점을 거침없이 이야기하곤 했다. 그런데 이제는 경제학을 다른 측면에서 생각하게 된다. 경세제민의 경(經)과 제(濟)는 길을 지나고 물을 건넌다는 뜻인데, 또한 실을 짜고 물건을 가지런히 한다는 의미도 있다. 그렇다면 경제란 세상과 사람을 결합하고 가지런히 하는 것, 그래서 새로운 길을 내고 물을 건너 저편으로 나아가는 것으로 볼 수도 있겠다. 이것이야말로 세상을 살아가는 지혜가 아닌가?

우리는 일상에서 '이리 갈까 저리 갈까' 하는 선택의 문제에 부딪히곤 한다. 경제학 교과서는 이 문제에 명쾌한 해답을 주려고 노력한다. 그런데 어떤 문제와 맞닥뜨릴지는 예측하기 어렵고, 그 문제에 대응하는 길이 한가지만 있는 것도 아니다. 전혀 예상치 못한 새로운 문제가 나타나면 전혀 새로운 방법을 찾아야 한다. 개인이나 조직이나 국가 모두 전에 경험하지 못한, 생존이 걸린 중대한 국면에 들어설 때가 있다. 이때가 '혁신'이 필요해지는 시기다.

이 책에서는 '혁신'을 이야기하기 위해 '혁신가'를 중심에 놓는다. 혁신의 양상은 너무도 변화무쌍해서 경제학에서 흔히 하는 양적 분석으로 설명되지 않는 경우가 많다. 따라서 혁신을 이끌어낸 혁신가의 삶과 경험을 통해 혁신에 관한 여러가지 모델을 구상해볼 수 있다. 인물과 그 인물이 겪은 사건을 따라가다 보면 자연스럽게 그 시기의 문제의식에 접근하게 되고, 이에 대해 서로 의견을 주고받으면서 세상살이를 위한 더 깊은 통찰을 얻어낼 수 있다. 그런 의미에서 '혁신가 경제학'은 혁신가를 통해 혁신을 이해하려는 시도이자 혁신가가 되고자 하는 사람들에게 필요한 경제학의 질문과 제안이다.

제1부에서는 왜 혁신가에 주목해야 하는가를 이야기한다. 혁신가는 누구이며 이들을 탐구하는 것이 개인과 사회, 그리고 경제학을 어떻게 새롭게 하는지 생각할 것이다. 제2부에서는 혁신가 경제학에 사용할 수 있는 사회과학 이론들을 살펴본다. 우리는 누군가가 고안한

아이디어의 영향을 받으며 살아간다. 혁신에 관해서도 우리보다 앞서 고민한 이들의 아이디어를 통해 우리가 나아갈 방향의 실마리를 얻을 수 있다. 제3부와 제4부에서는 혁신가의 전형이 될 만한 역사적 사례를 살펴본다. 이 책에서 정의하는 혁신가는 '새로운 결합과 연결을 행하는 사람'이다. 사회적 차원에서 결합과 연결은 곧 제도와 조직의 문제로 이어진다. 새로운 제도와 조직 형태를 발명한 선구자들이야말로 우리가 찾는 혁신가다. 제5부에서는 다시 혁신가는 누구인가를 되묻고 '경세제민'으로서의 혁신을 생각해보려 한다.

이 책을 처음 기획할 때, 내 수업을 듣는 학생들이나 우리 집 아이들과 대화한 내용을 분방하게 써내려가고 싶었다. 그러다 어느 쯤에서 내용에 체계를 잡기 위해 그간 써내려간 이야기를 가다듬어 논문을 한편 발표했다. 하고 싶은 말이 불어나고 수업에서 활용할 방법도 염두에 두다 보니, 어느새 이론과 주석이 점점 더 덧붙여졌다. 일상적인 이야기를 담은 에세이로 시작했으나, 결국은 내 공부의 본령인 경제학 이야기로 돌아와 지금의 모양새를 갖췄다.

책을 쓰는 과정에서 빚진 분들이 많다. 그간 연구와 교육을 하는 데 울타리가 되어주고 집필을 지원해준 한신대학교에 감사드린다. 이 책은 재작년 가을 미국 뉴저지 럿거스 대학교에 머무르며 쓰기 시작했는데, 좋은 환경을 마련해주신 유영미 교수님께 감사의 말씀을 다시 올린다. 분과학문을 넘어 낯선 분야를 탐구하도록 이끌어주신 유세종 교수님의 격려도 언제나 고맙다. 사업 현장에서 혁신가의 모습을 부지런하게 찾고 있는 서경배 회장, 신성식 대표, 하승창 대표와의 대화에서도 많은 공부거리를 얻었다. 이 분들과 벗하며 배움의 기쁨을 누렸음을 전하고 싶다.

학생들에게도 늘 자극을 받고 생각의 실마리를 얻는다. 나와 함께 공부하는 한신대 학부 학생들과 사회혁신경영대학원 학생들, 카이스트 사회적 기업가 MBA 과정에서 만난 학생들, 이런저런 모임 자리에서 만난 활동가들, 이름도 붙이지 못했던 동네 학당의 아이들에게 새삼 고마움을 전한다. 편집자들은 거의 공저자에 해당할 정도로 활약해주셨다. 실력있고 자부심 강한 책 전문가들의 안내와 지도를 받게 된 것을 진심으로 행운이라고 여기고 있다. 이 책을 여러 사람들과 강의실이나 까페에서 이야기하는 기분으로 쓰고 싶었다. 그래서 가까이 있는 둘째 아이 원우에게 수시로 묻고 대답을 구했다. 초고를 대폭 수정·보완하면서 그 목소리가 많이 지워져 미안하지만, 아이와 함께 이야기하는 과정이 즐겁고 소중했다는 말을 하고 싶다.

돌이켜보면 내 생각의 대부분은 함께 연구하는 선후배나 동료 들과의 대화에서 얻은 것이다. 직접 만나지는 못했더라도 많은 분들의 글을 읽으며 그들 어깨에 올라서보는 기회를 얻기도 했다. 이 책이 내가 쓴 것인지 앞서 길을 낸 이론가와 실천가 들의 발자국이 말하는 것인지 잘 구분이 되지 않는다. 주석에 미처 다 밝히지 못한 부분까지 더해 이 모든 분들께 그저 감사할 뿐이다. 끝으로, 재작년 봄 울적할 때 마음을 달래주었던 동네 앞산의 푸르른 복자기 네그루를 떠올린다. 그들과의 인연 또한 꿈만 같다.

2015년 가을에 들어서며
이일영 씀

제1부

✳
✿
○

프롤로그

1장

왜 '혁신가 경제학'인가

1_어떤 사람과 어떤 행동이 좋은 사회를 만드는가

누구나 살아가면서 몇번씩 "가장 존경하는 인물은 누구인가?"라는 질문을 받았을 것이다. 대학입시 면접에서도 자주 등장하는 주제다. 간단한 질문이지만 의외로 답하기 쉽지 않다. 애초에 '롤모델'이란 인생과 세계에 관한 생각이 또렷하게 정립되어 있지 않으면 정하기 어려운 법이다.

이 질문을 새삼 생각하게 된 것은 대학에서 강의를 시작하면서부터다. 젊은 시간강사 시절 나는 재미난 이야기를 들려주는 선생으로 얼마간 인기가 있었다. 스승의 날 언저리에 작은 선물을 들고 집에 찾아오는 학생들도 있었다. 다소 삐딱하고 비스듬한 시각으로 들려주는 내 이야기를, 학생들은 좋아했다. 하지만 시간이 지나면서 조금씩 학생들에게 미안한 생각이 들기 시작했다. 내가 들려주는 이야기들이 학생들 삶의 등불이 되지는 않을 것 같았다. 자칫 대안 없는 부정적 시각을 전파해 학생들의 세계관에 악영향을 미치지는 않을까 걱정되기도 했다. 좀 나중 일이었지만, 내 강의를 듣고 평생 공부하는 것을 일로 삼기로 했다는 학생의 소식에 큰일 났다는 생각이 들었다. 천만다행으로 그는 좋은 연구자가 되었고, 당시 강의 노트를 잘 간직하고 있다고 말해주었다. 고마운 일이다. 우여곡절 많았을 그의 공부길을 상상하다 보면, 교육이란 게 참 무거운 일이라는 생각을 하게 된다.

시간 강의를 시작할 당시는 개인 연구자로서도 예민한 때였다. 현실사회주의 농업정책을 논문 주제로 잡고 있었는데, 1989년 무렵 동독에서 현실사회주의가 붕괴하기 시작했다. 구소련과 중국에서 사회주의 농업정책이 전개된 과정과 결과를 살펴볼 때면 당시 농민들의 비명소리가 귀에 들리는 듯했다. 저항과 혁명이라는 집단적·거시적 사건이 개인의 자립이나 유대와 결합하지 않으면 좋은 결과로 귀결되지 않는다는 사실을 확인할 수 있었다. 집합적 사회현상은 개인의 행동과 각 개인 간의 상호작용이 합쳐져 나타나는 것이다. 구체제를 파괴하는 행동의 집합만으로는 사회혁명이 이루어질 수 없고, 설사 이루어진다 해도 또다른 반작용이 필연적으로 뒤따랐다.

예전의 일이다. 어느 농민회에서 강연을 한 일이 있었다. 우루과이 라운드*가 농업 개방을 한층 더 심화시킬 것이라는 우려가 커지던 시절이었다. 나 역시 한국 자본주의가 농업 개방을 요구하고 있으며, 그것이 농업과 농촌의 이익에 반한다는 논지로 강연을 이어갔다. 강연을 마치고 회원들의 의지를 다지는 뒤풀이에 참석한 뒤 새벽에 서울로 돌아갈 채비를 했다. 어느 활동가가 배웅을 위해 터미널까지 동행했다. 그는 감사 인사 뒤에 짧은 질문을 던졌다. "자본과 농업의 싸움에서 농업이 이길 수 있을까요? 우리는 끝까지 농촌에 남아 있어야 하나요?" 서울로 돌아가는 마당에 농민들에게 강철 같은 의지로 끝까지 투쟁하라, 뭐 이런 식으로는 말할 수 없었다. 결국 말끝을 흐리고 우물쭈물하면서 차에 오르고 말았다.

왜 제대로 대답을 못했을까 뒤늦게 생각했다. 강연을 하면서 나는 개방이라는 사건을 자본가계급 또는 자본주의 생산양식에 이익이 되는 것으로 보고, 이러한 이익 때문에 개방이 이루어진다고 설명했다. 개방이 자본주의의 요구에 호응한다는 논리였다. 따라서 자본주의가 개방을 필요로 한다면, 자본주의가 붕괴하지 않는 한 농민운동은 개방을 막을 수 없다. 개방을 일부 막더라도 그것은 자본주의에 필요한 한도 안에서만 가능하고, 결국은 자본의 이익에 봉사하는 셈이 된다. 이런 논리 구조에서는 극렬한 저항 외에는 어떤 행동도 의미가 없다.

생각하면 할수록 자본주의라는 개념이 문제였다. 자본주의 체제가 기계적인 형체를 갖춘 것이라면 그것을 통째로 교체하는 일도 가

●
우루과이라운드 Uruguay Round

2차대전 이후 세계경제는 자유무역과 무차별원칙을 내세운 '관세 및 무역에 관한 일반협정'(GATT) 체제를 형성했다. 그러다 1980년대 지역주의와 보호주의가 심화되고 국가 간 통상마찰이 자주 일어났다. 이런 변화에 GATT 체제가 대처하지 못하자 1986년 새롭게 다자간 무역기구를 출범하려는 협상이 우루과이에서 시작됐다. 이 협상을 통해 농산물·섬유에서 써비스·지적재산권에 이르는 광범위한 분야에서 수입관세를 낮추고 자국산업에 대한 지원 및 보호를 감축하는 방안이 논의됐다. 협상은 1993년 12월 타결되어 1995년 세계무역기구(WTO) 출범으로 이어졌다.

능할 수 있다. 그러나 체제가 그 체제 구성원들과 한 몸을 이루는 생명체 같은 것이라면 체제 내부에서 체제 전체를 파악하고 교체하기란 쉽지 않다. 나는 그 활동가에게 원론적인 이야기를 되풀이할 뿐이었다. 당장 본능과 직관이 말문을 막았다. 저항과 새로운 현실을 이어주는 매개가 없다면, 완고한 저항으로 일관하거나 무너지고 타협하는 수밖에 없을 터였다. 저항과 타협 중 하나를 선택하는 대신 둘을 무질서하게 배합한다면 그 또한 얼마나 기괴할까.

나는 스스로를 다시 돌아보아야 했다. 어떤 사람 또는 그의 어떤 행동이 스스로를 발전시키며 좋은 사회를 만들 수 있을지를 고민해 보았다. 이는 "가장 존경하는 인물은 누구인가?"라는 소박한 질문에서 크게 벗어나지 않는 것이었다. 깨달음은 단박에 오지도, 완성된 형태로 오지도 않았다. 하지만 내 고민에 대한 답은 한가지 방향을 향하고 있다. 그것은 '혁신가'다.

2_혁신가란 누구인가

나이가 들면서 '노파심'이라는 말이 실감 난다. 어린 시절에는 나이를 먹더라도 청년처럼 살자 다짐했지만, 자식들이나 제자들을 보면 걱정이 앞선다. 자식 생각에 유배지에서 노심초사했던 다산茶山 정약용丁若鏞(1762~1836) 선생의 마음을 이제는 이해할 것 같다. "내가 밤낮으로 애태우며 돌아가고 싶어 하는 것은 너희들 뼈가 점점 굳어지고 기운이 점점 거칠어져 한두해 더 지나버리면 완전히 나의 뜻을 저버리고 말 것이라는 초조감 때문이다."[1] 나이 먹어가는 아비의 마음에 깊은 공감을 하게 된다. 큰아이는 야무진 편이니 그래서 좋고, 작은아이는 따뜻한 편이니 또 그래서 좋다. 다른 한편으로 야무진 것은 차가울 수 있으니 그래서 걱정이고, 따뜻한 것만으로는 사리 분별이 흔들릴까 또 걱정이다. 매년 만나고 헤어지는 학생들도 제각각 좋은 점, 부족한 점이 눈에 밟힌다. 스타일은 다르더라도 각자가 큰 흐름을 읽고 스스로 적응하고 새로운 길을 찾아 변화하는 혁신가의 능력을 갖추어가기를 바랄 뿐이다.

작은아이에게 어떤 이를 혁신가라고 생각하는지 물었더니, 곧바로 대답을 내놓았다. "뭐, 많죠. 록펠러, 스티브 잡스, 마크 저커버그…" 아이가 스마트폰이나 페이스북과 워낙 친근하게 지내고 있으니, 잡스나 저커버그를 거론할 것은 예상한 바였다. "록펠러는 왜 혁신가지?" "새로운 사업을 했잖아요. 가난하게 태어나 엄청난 부자가 됐고요. 돈 벌면서 욕도 많이 먹었지만 결국은 좋은 일도 많이 했고요." 아이에 의하면, 혁신가 개념을 구성하는 요소는 새로운 사업, 경제적 성과, 좋은 사람이라는 평판과 도덕성 같은 것들이다.

학생들과도 혁신가에 대해 함께 공부하는 기회를 마련했다. 강의를 시작하며 혁신의 개념을 여러가지로 정의할 수 있다는 점을 먼저 말해두었다. 강의 전반부에는 다양한 이론들을 소개하고, 강의 후반부에는 학생과 교수가 함께 사례 연구 발표를 하기로 했다. 학생들 스스로 자신이 생각하는 혁신가의 사례를 발굴해보고 그를 혁신가로 선정한 이유를 논의하도록 했다.

학생들은 13개의 팀으로 나뉘어 조사를 했는데, 혁신가로 제시한

세계 최대 인터넷서점 아마존닷컴의 창업자 제프 베조스 ⓒEPA

인물은 다음과 같았다. 개방형 컴퓨터 운영체제를 개발한 데니스 리치Dennis Ritchie, 새로운 패션 스타일을 만든 코코 샤넬Coco Chanel, GM의 조직혁신을 이끈 앨프리드 슬론Alfred Sloan, CNN 창업자 테드 터너Ted Turner, 아마존닷컴의 창업자 제프 베조스Jeff Bezos, 온라인 쇼핑몰 자포스를 창업한 토니 셰이Tony Hsieh, 페덱스의 창업자 프레드 스미스Fred Smith, 이케아의 창업자 잉바르 캄프라드Ingvar Kamprad, 미라이공업 창업자 야마다 아끼오山田昭男, 가짜 약 식별 써비스를 제공하는 비영리기업 스프록실의 창업자 아시피 고고Ashifi Gogo, 카카오톡 창업자 김범수金範洙, 그밖에 세종대왕과 정약용 등이다.

학생들은 많은 경우 기업가를 혁신가로 제시했다. 학생들은 혁신가의 조건 가운데 새로운 사회적 가치나 윤리를 만들어낸다는 점을 중시했다. 세종대왕이나 정약용 같은 이를 거론할 때는 그들이 새로운 제도를 수립했다는 점을 강조하기도 했다. 중세적 인물에 혁신가 개념을 적용할 수 있는가 하는 문제를 놓고 꽤 치열한 논쟁을 벌이기도 했다. 이 문제와 관련해 단정적 결론을 내리기보다는 혁신가 개념 자체에 대해 열린 자세로 계속 고민해보기로 했다. 새로운 관점을 내세우려면 기존에 알려진 것과는 다른 사실을 새롭게 부각할 필요가 있었다. 학생들에게 이러한 점을 염두에 두고 고민해보길 권했다.

학생들이 제시한 혁신가는 대부분 슘페터식 혁신가 개념에 부합하는 인물이라고 볼 수 있다. 제2부에서 자세히 설명하겠지만 슘페터는 혁신의 개념은 물론 혁신이 이루어지는 메커니즘을 설명하려 한 최초의 인물이다.[2] 슘페터에 의하면 혁신은 혁신가가 만들어내는 '새로운 결합'new combination이다. 새로운 결합이란 신제품 발명, 새로운 생산방법 도입, 새로운 시장 개척, 새로운 원료공급처 확보, 새로운 산업조직 구성 같은 것들이다. 바꿔 말하면 혁신가는 새로운 결합이라는 혁신을 수행할 때만 혁신가다. 혁신은 근본적으로 불확실성을 내포하는 것이다. 혁신을 이루기 위해서는 남보다 빨리 움직여야 하지만 여기에는 광범한 저항이 따른다. 요컨대 혁신가는 불확실성을 감내하고 기민하게 움직이며 관성에 맞서는 사람이다. 영미권 등에서는 혁신가를 '앙트러프러너'entrepreneur라고 하는데, 우리말로 '기업가'로 번역되어왔다. 다만 우리가 흔히 생각하는 기업가는 반드시 '앙트러프러너'가 아닐 수 있다.[3]

슘페터는 자본주의 체제를 설명하며, 혁신하는 존재와 과정이 사라지면 그 체제의 성벽이 무너질 것이라고 예측했다. 언제가 될지 모르지만 혁신이 위축되고 진보 자체가 기계화되는 상황이 도래하면, 그때 체제가 무너지리라고 본 것이다. 슘페터는 대규모 조직의 관료적 속성을 간파했으나 그 자체가 반反혁신적이라고 보지는 않았다. 국가와 대기업의 세계에 대해 근본적으로 회의한 것은 신고전파 경제학●의 뿌리가 된 앨프리드 마셜Alfred Marshall(1842~1924)이다. 마셜은 대기업의 세계를 지지하는 사회주의적 경향을 비판하면서 오언주의Owenism나 기독교 사회주의 관점에서 소생산자의 연합을 지지했다. 관료주의가 지배적인 환경에서는 마셜이 상정한 중소생산자의 경쟁과 협력이 병존하는 산업세계를 지향하는 것이 혁신적이라고 할 수 있다.

혁신가는 조직의 대규모화나 소규모화 가운데 어느 한 방향만을 고집하지 않는다. 굳이 말한다면, 혁신가는 혁신의 방향으로 움직이고 그에 적당한 조직을 선택한다. 혁신가는 목적을 위하여 조직을 선택하는 사람이다. 혁신가의 목적은 영리를 취하는 것일 수도 있고 공공선을 이룩하는 것일 수도 있다. 조직의 선택 또한 그런 목적에 부합하기 위한 혁신의 과정이다. 조직 혁신은 기존 조직의 파괴, 새로

●
신고전파 경제학

신고전파 경제학은 애덤 스미스 이후의 고전파 경제학을 계승·비판한 주류경제학의 흐름이다. 고전파가 생산과 공급 측면, 장기적 균형과 동학의 체계를 세웠다면, 신고전파는 여기에 한계효용이론에 기초한 미시적 수요분석을 결합했다. 신고전파는 1870년대의 멩거, 왈라스, 제본스 등을 선구자로 하여 1890년 앨프리드 마셜의 『경제학 원리』를 통해 확고히 자리를 굳혔다. 경제학의 초점을 생산에서 소비와 교환으로 옮겨, 경제가 합리적이고 이기적인 개인 소비자들의 선택에 의해 궁극적으로 돌아가는 교환관계의 그물이라고 보았다. 경제학에서 정치적·윤리적 측면을 제거하고 순수과학만을 남기고자 했으며, 이에 따라 종래 '정치경제학'은 '경제학'으로 이름을 바꾸게 된다.

운 조직의 창설, 조직과 조직의 혼합 등 다양한 형태를 취할 수 있다. 조직 혁신은 시장적·비관리적 방향으로 진행될 수도 있고, 관리적·비시장적 방향으로 진행될 수도 있다. 조직 혁신은 전체의 개선을 유발하는 방향으로 선택적으로 이루어진다. 이러한 점에서 혁신가는 조직가이기도 하다.

혁신가는 근본적 불확실성을 감내하므로 사회변동 과정에서 나타나는 혼란을 부정적·비관적으로 보지 않는다. 기존 구조가 해체될 때 혁신가들은 새로운 질서를 만들어낸다. 새로운 질서는 슘페터식으로 말하면 '새로운 결합'이지만, 제도경제학적으로 말하면 '새로운 조직'이다. 네트워크 개념으로 말하면 '새로운 연결'이다. 연결은 일종의 조직이다. 새로운 연결을 통해 조직을 만드는 시기가 혁신의 시기이고 그 조직화를 주도하는 자가 혁신가다.

이런 점에서 보면, 학생들이 말한 개발자나 창업자 들은 기존의 결합과 조직을 새로운 결합과 조직으로 바꾼 혁신가다. 그러나 그들 역시 어느 시점에서는 기존의 결합과 조직을 유지하는 관리자로 변할 수 있다. 혁신이 사회적으로 확산되지 않으면 작은 규모의 혁신은 지속되기 어렵다. 새로운 결합과 조직이 확산되면 법적·정치적 제도를 변화시킬 수도 있고 나아가 가치와 문화 체계를 변화시킬 수도 있다.

3_경제학이 혁신가에 주목해야 하는 이유

아직도 학자로서 나 자신을 소개할 때마다 머뭇거리게 된다. 연구자들은 보통 이름을 말한 뒤에 소속과 전공 분야를 덧붙이는데, 내 경우는 설명이 다소 길어지기 때문이다. 나는 경제학으로 박사학위를 받았고 학위논문 주제는 중국의 농업개혁이었다. 중국 농업은 동아시아 산업모델의 일종이기도 하고, 한국 농업에 직접적 영향을 미치는 변수이기도 하다. 중국 농업의 발전 경로를 보면서 우리가 어떤 경제모델을 세워야 할지 탐색하며 그 제약조건을 함께 고려해야 한다는 생각을 했다. 새로운 모델은 복잡한 변수를 고려한 뒤에야 제대로 이야기할 수 있을 것이다. 이는 남북한 문제의 해결, 아시아 시민 사회를 형성하는 과제와도 연결된다.

이런 문제의식 속에서 나는 내 전공 분야를 무엇이라고 말해야 할지 몹시 고민되었다. 나는 경제학자이기도 하고 농업경제학자이기도 하고 중국학이나 동아시아학 연구자이기도 하다. 어찌 생각하면 정치경제학자라고 할 수도 있다. 이들 학문 분야에는 나름대로 스스로를 규정하는 장치가 있는데, 이렇게 여러 분야에 소속 의식을 갖고 있다가는 자칫 무소속으로 분류될 공산이 크다.

한국의 대학에서는 완고한 학과제가 유지되고 있고 분과학문 사이에 벽이 높다. 학문 사이 벽이 높아진 데에는 두가지 요인이 작용하는 것 같다. 하나는 해당 학문의 정체성과 방법론이 완강하여 다른 분야와 서로 소통이 되지 않는다는 점이다. 또 하나는 분과학문의 장벽이 관련 학자 집단의 이해관계를 보호하는 수단으로 이용되고 있다는 점이다. 이매뉴얼 월러스틴Immanuel Wallerstein은 분과학문 체제가 근대 자본주의와 함께 형성되었고 이를 방법론적으로 뛰어넘는 것이 근대의 한계를 극복하는 길이라고 보았다.[4] 그러나 한국의 경우에는 근대성을 극복하는 것보다는 오히려 분과학문 내부의 미성숙과 전근대성이 문제가 되는 측면이 많다.

경제학은 방법론적으로 내부 정합성이 높고 과학으로서 자부심이 강한 학문 분야지만, 또 그 때문에 조롱의 대상이 되기도 한다. 이러한 조롱은 대중의 기대에 경제학이 부응하지 못하는 데서 온다. 경제학 방법론이 애당초 전능한 도구가 아닌데다 새로운 도전 요소도 계속 발생하고 있다. 따라서 대체와 보완이 필요한데 새로운 연구와 교육이 지체되어 신뢰의 위기를 맞고 있는 것이다. 경제학자들을 가리켜 "어제 예측한 일이 왜 오늘 일어나지 않았는지 내일쯤 돼서야 알아내는 자들"이라고 한다. 그러나 오늘 일의 원인을 전혀 알아내지 못하는 이들이 태반이니, 이러한 표현도 감지덕지다.

이러한 경제학의 위기는 오늘날 경제학 연구와 교육의 주류인 신고전파 경제학의 책임이 크다고 할 수 있다. 그러나 꼭 신고전파 경제학만의 문제는 아니다. 신고전파를 뛰어넘는 대안적 연구와 교육 과정의 발전이 부진하다는 점도 고려해야 한다. 경제학 교육에서 대안 프로그램을 구체화하자는 문제제기는 계속 있어왔다.[5] 몇가지 예로, 다원주의를 교과과정 수준에서 실천하는 방법과 사례를 고민하는 것, 신고전파 외의 다양한 패러다임을 소개하는 것, 학설사나 방법론의 문제를 교육과정에 포함하는 것, 문제 중심으로 접근하여 개방적 해법을 논의하며 비판적 이해력을 높이는 것 등을 들 수 있다. 하지만 그 성과는 뚜렷하지 않다. 학설사나 방법론적 접근은 난해한 이론의 나열에 그칠 가능성이 있고, 문제중심 접근은 해결되지 않는 문제만 노출하는 데 그칠 수 있다.[6]

결국 경제학 교육에서는 이론과 현실 분석의 조화와 균형, 사상사적 검토와 문제중심 검토의 적절한 결합이 중요하다. 이를 위해 혁신가 사례 교육을 실행하는 것이 하나의 돌파구가 될 수 있다고 본다.

'혁신'은 새로운 발전모델을 형성하는 데 필요한 요소인데, 이에 대해서는 주류경제학 내에 정립된 이론이 존재하지 않는다. 따라서 혁신에 대해 논의할 경우 이와 관련된 복수의 이론적 패러다임을 결합하는 것이 불가피하다. 사례 연구를 통해 이론을 새로 구성하는 요소들을 발견할 필요도 있다. 혁신가 사례에 관한 연구 프로젝트를 수행하는 동안 학습자들은 거시적 차원의 문제와 미시적 차원의 문제를 연결하는 능력을 기를 수 있다.

혁신가는 새로운 경제씨스템과 발전모델을 형성하는 주체다. 혁신가는 기존 씨스템의 내부와 외부, 영리·비영리 부문과 공공 부문 모두에 존재할 수 있으며, 그가 기존 씨스템을 변경하는 과정에서 사회 전체에 개선의 효과가 누적되어 나타난다. 따라서 혁신가의 사례를 연구하고 교육하는 것은 새로운 경제씨스템과 발전모델의 주체를 발견하고 육성하는 과정의 일환으로 볼 수 있다.

이 책에서 제안하는 '혁신가 경제학'은 혁신가를 지향하는 이들에게 필요한 경제학이다. 이는 경제학 이론을 혁신한 이들의 생각을 탐구하는 동시에, 실제 혁신가들의 실천 사례를 발굴해서 연구하고 교육하는 것이다. 한편으로는 대안적 발전모델과 씨스템에 대한 거시적 논의를 행하면서, 또 한편으로는 변화와 적응을 추구하는 주체들의 미시적 전략에 관한 연구를 함께 수행해보자는 것이다.

4_'혁신가 경제학' 속의 혁신가들

경제학자들은 경제학의 과학성과 합리성에 대한 자긍심이 높은 편이다. 이는 비교적 완결된 이론체계를 추구하는 경제학의 성향과 관련이 있는 듯하다. 그런데 그 이론체계가 현실에서 어떤 방식으로 작동하는지를 놓고 보면, 경제학 세계 바깥에서 높은 평가를 받을 만한 성과를 올리지는 못한 실정이다. 경제학을 주류경제학의 방법론을 강요하는 '제국주의적' 학문으로 보는 시선도 있다. '완벽한 이론'에 대한 경제학자들의 자부심이 오히려 경제학을 폐쇄적으로 만든 것은 아닌지 돌아보아야 한다. 경제학자들 스스로 실제 현실과 역사에 나타난 사례를 토대로 이론을 구성하는 개방적인 방법을 취할 필요가 있다.

그렇지만 사례를 불규칙하게 나열하는 것은 학습자들에게 혼란을 주기 쉽고 체계적인 이론 형성에도 방해가 된다. 따라서 혁신가의 활동 영역을 어떻게 구분하여 연구하고 교육할 것인가도 심사숙고할 문제다. 혁신가의 전형이 될 만한 사례를 선발하고 축적하는 과정이 중요한데, 이를 위한 선별 기준을 세워야 한다. 흔히 기술적 차원의 '발명가'를 혁신가의 전형으로 생각할 수 있으나, 혁신가와 발명가의 개념적 차이는 크다. 슘페터의 경우 발명이 혁신에 선행한다고 보았지만 발명을 중요하게 생각하지는 않았다. 발명가가 발명 자체에 몰두한다면, 혁신가는 제도나 조직 등 넓은 범위에서 변화를 불러온다.

제도경제학에서의 논의를 감안하면, 역사적이고 구체적인 현실에서 혁신가가 추구하는 새로운 결합은 주로 제도환경과 거버넌스를 새롭게 하는 것으로 귀결된다. 이후의 자원배분은 관리자의 몫이다. 제도환경의 혁신은 국가조직, 관료제, 헌법·사법부, 재산권 규칙 등을 변혁하는 문제가 핵심을 이룬다. 거버넌스의 혁신은 새로운 조직 형태를 창출하는 문제인데, 결국 시장·기업·네트워크 조직을 어떻게 형성하고 결합하는가로 이어진다.[7]

그런 의미에서 '혁신가 경제학'은 제도와 조직의 창조자로서 혁신가를 연구하고 교육하는 작업이다. 이로써 새로운 사회의 모습을 발견하고 그에 이르는 집합적 행동을 유도해보자는 것이다. 물론 혁신가 경제학이 정립된 학문 분과는 아니고, 그보다는 이론과 운동을 결합하는 프로젝트에 가깝다. 그래서 사례 선별 기준에 영향을 미치는 새로운 이론을 수용하는 데에도 계속 노력을 기울여야 한다.

내가 생각하는 혁신가는 기술혁신, 경영혁신, 제도·조직 혁신, 사회혁신 영역에 모두 걸쳐 있는 사람이다. 유럽 전통에서는 사회혁신을 기술혁신이나 기업혁신과는 구분되는 개념으로 파악하기도 하지만,[8] 특정한 역사적 발전단계에서 제도·조직 혁신은 기술적 발명에서부터 새로운 사회 규범과 윤리의 형성까지를 포함하는 개념이 된다. 예를 들면, 19세기 서유럽의 산업혁명은 기술적 발명과 새로운 제도·조직 및 규범의 형성을 포함하는 과정이었다. 증기력의 발명은 기술혁신과 제도개혁을 이어주는 중심 역할을 했다. 인류 역사상 처음으로 발명의 아이디어가 재산권으로 확립된 후, 발명품과 발명가들이 줄을 잇기 시작했다. 혁신의 기제가 만들어진 것이다.[9]

혁신가의 사례를 꼭 현대 자본주의 경제에서 찾을 필요는 없다. 자본주의라는 개념 자체가 워낙 폭넓고 다양하게 정의될 수 있을 뿐더러, 자본주의 밖에서도 혁신의 의의를 도출할 수 있기 때문이다. 예를 들면 동아시아 전근대 사회나 동구권 국가사회주의●에서도 혁신가가 존재할 수 있다. 이에 대한 분석을 통해 그 사회의 본질적 문제를 파악할 수 있게 된다.

사례는 교육자와 학습자가 각각 선정할 수도 있고 함께 토론하며 선정할 수도 있다. 함께 배우고 가르치는 효과를 거두려면 서로 잘 알고 있으면서도 깊이있는 해석으로 연결될 수 있는 사례를 가려내는 것이 중요하다. 한 예로 신약성서를 들 수 있다. 절대적 권위를 가진 경전으로서 글자 그대로 성서를 받아들여야 한다고 주장하는 경우도 있다. 그러나 우리가 성서의 다양하고 풍부한 이야기를 이렇게 제한할 이유는 없다. 혁신가 경제학의 관점에서 새롭게 읽고 해석함으로써 실천에 필요한 시사점을 챙겨볼 수 있다.

신앙의 관점에서 보면, 예수는 하느님의 아들이자 구세주다. 그는 "성령으로 잉태되어 동정녀 마리아에게서 태어나시고, 십자가에 못 박혀 돌아가시고 또 사흘 만에 부활하시고, 하늘에 올라 하느님 오른편에 앉아 계신"[10] 그런 거룩한 존재다. 예수의 명성을 높인 것은 무엇보다 그가 행한 기적이다. 예수가 병든 사람을 고치고 귀신을 내쫓

● 국가사회주의

국가가 경제 및 사회생활을 주도적으로 조직하고 개입하는 씨스템. 노동자의 빈곤과 노동조건을 개선하기 위해 국가가 적극적인 역할을 수행하는 정책은 비스마르크의 독일에서 실시됐고, 히틀러의 나치즘이나 무솔리니의 파시즘에서도 표방하는 바였다. 20세기 사회주의 혁명을 수행한 국가들에서도 국가사회주의 체제가 형성되는데, 이 경우에는 생산수단 국유화, 계획에 의거한 관료적 조정 메커니즘, 국가기관에 의해 조정되는 시장 등을 요소로 하여 경제를 통제·관리하는 체제를 의미했다.

는 기적을 일으키자 사람들이 구름처럼 몰려들었다. 예수는 자신의 치유 능력을 새로운 제도와 조직을 창조하는 도구로 사용했다. 혁신가 경제학의 관점에서 보면, 예수는 뛰어난 제도의 혁신가이자 조직의 혁신가다.

예수는 경직된 계급구조를 넘어 새로운 공동체를 조직했다. 기존의 성전이나 교회와 관계없이 세례와 기적이라는 방식으로 새로운 세례자 공동체를 만든 것이다. 그를 따르는 무리는 늘었다 줄었다 했지만 제자들은 항상 그와 함께 다녔다. 그 제자들은 '사도'라고 불렸으며 이들은 '네트워크'를 형성했다. 예수는 기존의 성전국가 체제를 비판하고 공격했다. 그는 나귀를 타고 성전국가 체제의 심장부인 예루살렘에 입성했다. 그리고 무리를 이끌고 성전의 뒤뜰로 들어가 로마와 성전국가가 종교를 돈벌이에 악용하는 상황을 타개하려고 했다.[11]

새로운 길을 모색한 이들의 사례는 이런 식으로 계속 찾아볼 수 있다. 이 책에서는 경제학 이론에서 새로운 아이디어를 도입한 이론적 혁신가들의 이야기에 관심을 두었다. 이는 제2부에서 다룰 것이다. 그리고 새로운 제도와 조직 형태를 고안해 중대한 역사적 계기를 만든 혁신가들의 사례 여섯가지를 뽑아보았다. 이들에 대해서는 제3부와 제4부에서 자세하게 소개할 것이다.

2장

어떻게 쓸 것인가

인간 열전의 경제학

1_아이와 함께 사마천을 읽다

결혼하고 두 아이를 낳았다. 첫 아이를 낳았을 때 가슴이 덜컥했던 기억이 난다. 이 아이를 어찌 키울까. 누구를 보고 따라 배우라 할까. 이렇게 판단하기 어려운 문제에 부딪히면 자연스럽게 어릴 적 기억이 되살아나기도 한다. 내가 어렸을 때 아버지는 큰 틀에서 규칙을 정해두었고, 가족들은 거기에 따라 움직였다. 부친의 교육방식과 관련해 몇가지 생각나는 일이 있다. 시골 할머니 댁에 가 서늘한 대청마루에 누워 천장을 보면 대들보에 부친이 직접 붓으로 쓴 상량문이 올려다보였다. 어린 눈에도 좋은 글씨다 싶고 그만큼 닮게 쓸 수 있을까 하고 생각했다. 그렇게 훌륭한 필체를 지니고 계셨던 부친은 아침에 일어나면 노트에 한자를 몇자 정성들여 써놓고 일터로 가셨다.

그러면 나는 그것을 써보고 외워두었다. 시험을 보거나 한 것은 아니지만, 아버지가 한번 써보라 말씀하실 수 있으니 나로서는 꽤 긴장이 되었다.

요새는 아이들이나 부모나 다들 참 바쁘게 산다. 그래도 선친을 생각하면 내가 받은 교육을 얼마간은 아이들에게도 전해주는 게 도리가 아닌가 싶었다. 첫째 아이 때는 마침 동네에 서당이 있어 잠시 다녀보도록 했고, 궁리 끝에 나와 아이가 함께 쓰는 노트를 만들어 『명심보감明心寶鑑』이나 『고문진보古文眞寶』의 몇 구절을 함께 쓰기도 했다. 둘째 아이는 한문 공부에 큰아이보다 더 관심이 없었다. 좋은 필체를 갖는 게 필요하다고 해도 마이동풍이었다. 곰곰 생각하다가 또래 아이들을 모아 재미있는 역사책을 함께 읽고 핵심 구절을 써보면 어떨까 싶었다. 영어와는 친숙하지만 한문은 아주 낯설게 생각하는 게 요즘 아이들이다. 그래도 역사 이야기에는 아이들이 제법 흥미를 보였다. 사마천司馬遷이 쓴 『사기史記』의 「태사공자서太史公自序」 부분을 함께 읽을 때 아이들도 얼마간은 진지한 마음이 되었다.

잘 알려진 바와 같이 「태사공자서」에는 다음과 같은 장면이 나온다. 사마천의 부친 사마담司馬談은 사관으로서 황제의 봉선封禪이라는 중대 행사에 참여하지 못한 좌절감을 안고 자식의 손을 부여잡은 채 눈물 흘리며 간곡히 말한다. "내가 죽으면 너는 반드시 태사•가 되어야 한다. 태사가 되어 내가 논저하려고 했던 바를 잊으면 안 된다."

●
태사 **太史**

천문(天文)을 관측하며 역사 기록을 맡아보던 관리.

그 아비에 그 아들이다. 사마천은 머리를 숙여 눈물 흘리며 대답한다. "소자가 불민不敏하나, 선인들이 옛 기록을 이은 바를 모두 논하고 감히 빠뜨리지 않기를 청합니다."

자식에게 부귀영화를 물려주려는 부모의 모습은 흔하다. 오히려 "네 마음 가는 대로 해라"라며 자식이 스스로 행복을 찾을 수 있도록 문을 열어주는 경우가 더 드물다. 돌이켜보면 선친의 과묵하고 절제된 교육은 쉽지 않은 일이었다. 그런데 사마담과 사마천 부자는 이런 차원을 또 넘어선다. 아버지는 하려던 일을 마치지 못했다. 그 일은 아주 힘든 일이다. 그럼에도 그 운명을 이어나가기를 다시 자식에게 부탁한다. 자식도 그 일의 무게를 모르지 않는다. 그렇지만 아버지의 뜻을 잇겠다는 결의를 다진다. 부모와 자식 관계, 인간과 인간의 관계에서 볼 수 있는 가장 장엄한 광경이 아닌가.

어쩌면 『사기』를 읽으며 아이들보다는 내가 얻은 게 훨씬 더 많았는지도 모른다. 나는 사마천이라는 인간과 그가 쓴 문장에 흠뻑 매료되었다. 『사기』의 곳곳에 배어 있는 사마천의 숨결은 물론, 사마천 부친의 뜨거운 마음도 간절하게 느낄 수 있었다. 항상 과묵해서 쉽게 드러나지 않았던 선친의 그 마음도 다시 떠올려본다.

2_옛일을 쓰며 앞날을 생각한 책, 『사기』

사마천은 중국 전한시대의 역사가다. 사마천의 출생과 사망 시기는 명확하지 않다. 출생 연도는 기원전 153년이라고도 하고, 135년이라고 보기도 한다. 여러 추측이 있으나 기원전 145년에 태어났다는 것이 정설로 인정되는 편이다. 어쨌든 사마천이 몇세에 이러이러한 일을 했다는 표현은 조심할 필요가 있다. 사망에 관한 것은 더 불명확하다. 사마천이 쓴 글이 한漢 무제武帝(재위 기원전 141~87)의 노여움을 사서 처형되었다는 설이 있지만 자살했다는 설도 있다.

결국 사람은 자기가 한 일이 자기 자신일 수밖에 없다. 사마천의 삶은 『사기』로 귀결된다 할 것이다. 그렇다면 그의 공부 경력이나 벼슬 경력도 그와 연관지어 다시 생각해볼 필요가 있을 것 같다. 사마천은 제자백가의 학문에 두루 능통했던 아버지 사마담의 영향으로 어린 시절부터 고전문헌을 읽는 데 익숙했다. 사마담은 죽으면서 자신이 착수한 역사서 『사기』의 완성을 아들에게 부탁했고, 사마천은 그 뜻을 받들어 천문역법과 도서를 관장하는 태사령太史令(태사)직에 올라 황실에서 도서를 다루며 자료를 수집했다. 그리고 기원전 104년 『사기』 저술에 본격적으로 착수한다.

사마천의 생애에서 중요한 부분을 차지하는 것이 여행이다. 그는 여행을 통해 『사기』의 밑바탕이 되는 현장 감각과 자료를 얻었다. 벼슬길에 나서기 전 약관의 나이에 광대한 대륙을 탐험했던 2년간의 여행이 대표적이다. 사마천은 「태사공자서」에 자신의 여정을 기록해두기도 했다. "스무살이 되어 남쪽으로 강江, 회淮를 두루 다녔고, 회계산淮稽山에 올라보고 우혈禹穴을 탐방하였으며 (…) 공자의 유풍遺風을 보았다. (…) 양梁과 초楚를 지나 돌아왔다." 중국 대륙의 크기와 당시 여건을 생각했을 때 엄청난 모험이 아닐 수 없다. 관직에 나아간 뒤에는 황제의 지방 순시에 동행하거나 먼 지방에 파견되기도 했다.

그러한 여행 경험이 위대한 역사서를 쌓는 벽돌이 되었을 것이다. 또한 그에게는 황실 문서를 열람할 권한이 있었다. 태사령은 기본적으로 문서를 다루는 직책이었다. 그가 훗날 중서령*이라는 환관직을 기꺼이 수행한 것도 방대한 양의 공식 자료에 접근할 권한을 가진 직책이었기 때문이리라 추측해본다.

『사기』를 집필하던 중 뜻하지 않은 계기로 사마천은 일생일대의 큰 전환을 맞는다. 기원전 99년 무제의 명으로 흉노를 정벌하러 떠난 이릉* 장군이 패전하여 포로가 되는 사건이 있었다. 이릉은 보병 5000명을 이끌고 흉노 진영 깊숙이 진격했다. 그는 용감히 싸웠지만, 흉노 병사 8만명을 당하지 못하고 포로로 잡혀 투항했다. 반면 소무* 는

●

중서령 中書令

황제의 곁에서 조칙이나 상소문 등 문서를 다루는 자리.

●

이릉 李陵(?~기원전 74)

전한시대 농서(隴西) 출신으로 기마와 궁사에 능했다. 이릉은 기원전 99년 이광리(李廣利)가 흉노를 치자 보병 5000명을 이끌고 흉노의 배후를 기습했다. 그러나 돌아오는 길에 무기와 식량이 떨어지고 흉노군 8만명에게 포위당하고 만다. 그는 부하들을 살리기 위해 흉노에 항복했다. 이 소식을 들은 한 무제는 크게 노하여 이릉의 일족을 멸했다. 이릉은 그뒤로 흉노에 완전히 투항해 흉노 왕 선우(單于)의 사위로서 흉노의 제후가 되었다.

●

소무 蘇武(기원전 140~80)

전한시대 경조(京兆) 두릉(杜陵) 출신으로 한 무제 때 흉노 지역에 사신으로 갔다. 흉노 왕 선우에게 붙잡혀 복속할 것을 강요당했으나 이에 굴하지 않아, 북해(바이칼 호) 부근에 19년간 유폐되었다. 흉노에게 항복한 옛 동료 이릉의 회유에도 절개를 지키다가 기원전 81년 한 소제(昭帝)가 흉노와 화친하자 귀국했다. 훗날 선제(宣帝)의 옹립에 가담해 관내후(關內侯)에 봉해졌다.

한나라의 외교사절로 흉노에 파견되었다가 19년 동안이나 억류되었는데 투항을 회유하는 온갖 압력에도 굴복하지 않았다고 한다. 이릉은 소무에게 투항을 권유하는 역할을 맡았다. "당신은 누구를 위하여 절개를 지키고 있는 것입니까?" 소무는 대답했다. "저는 스스로 죽은 지 이미 오래되었습니다."[1] 당시 사마천은 용기를 내 이릉이 중과부적으로 어쩔 수 없었던 상황에 대해 무제에게 말했다. 신하들이 자신의 몸을 보호하는 데 급급해 현장에서 분전한 장수를 모함하자 이에 분노한 의기있는 마음이었다. 그러나 사마천의 판단은 빗나갔다. 이릉이 일시적으로 패했으나 한나라에 계속 충성할 것이라는 그의 예상과 달리, 포로로 잡힌 이후 이릉은 한나라를 위해 일하지 않았다.

인재를 소중히 여기지 않았던 무제의 변덕과 잔인함을 생각하면 이릉의 행동도 이해 못할 바는 아니다. 그러나 사마천 역시 이릉을 정확히 판단하지는 못했다. 그러한 사실 때문에 사마천 자신이 깊은 충격에 빠졌을지도 모른다. 이 일로 사마천은 무제의 노여움을 사 사형을 선고받고, 사형을 면하기 위해 생식기를 제거하는 형벌인 궁형宮刑을 받아들인다. 그는 몇년 뒤 황제의 신임을 회복해 중서령 직책을 맡지만 그에 대한 사대부의 멸시는 여전했다. 『사기』는 바로 이러한 고난 속에서 나온 글이다.

『사기』는 역사서이지만 그중에서 가장 간절한 대목은 이를 쓴 역사가 자신의 이야기가 아닌가 싶다. 사마천 개인과 관련된 이야기는 「태사공자서」와 임안任安에게 보낸 개인적인 편지 글인 「보임안서報任安書」에 남아 있다. 여기에 공통적으로 적힌 대목이 '이릉의 화'를 맞아 사마천 자신이 발분하게 된 이야기다.

사마천은 「태사공자서」에서 『시경詩經』과 서경書經의 작자, 서백西伯, 공자孔子, 굴원屈原, 좌구명左丘明, 손빈孫臏, 여불위呂不韋, 한비자韓非子 등을 거론하면서 "대저 성현들은 발분한 바를 쓴 것이다. 그들은 모두 가슴에 맺힌 바 있고 그 길이 통하지를 못했다. 이에 옛날 일을 서술하여 미래를 생각했다"라고 했다. 여기에는 두가지 핵심 요소가 있다. 하나는 가슴에 맺힌 바가 있다(울결鬱結)는 것이고, 다른 하나는 옛일을 저술하여 문장으로 남긴다(술왕사述往事)는 것이다. 울결이 뜨거움이라면 술왕사는 차가움이겠다. 사마천은 걸작을 남기기 위해 치욕을 감수한 것이 아니라, 치욕과 분노를 잠시라도 잊기 위해 『사기』를 썼던 것이다.

그는 생생한 형벌의 기억을 「보임안서」에 기록해두었다. "손발을 얽어 판목板木과 새끼줄에 묶이고 살갗을 드러내어 매질을 당하며 감옥에 갇혔을 때에 옥리를 보면 머리는 땅에 닿이고, 감옥을 지키는 노예를 보면 마음은 두려워 숨이 막힐 지경이 된다." 그가 받은 형벌은 최고의 극형이었다. 자결은 형벌을 받기 전에나 가능하고 형벌을 받기 시작하면 영웅호걸도 치욕을 감당해야 한다. 치욕의 기억은 사라지지 않는다. 그때를 생각할 때마다 땀이 등줄기를 흘러 옷을 적시는 것이다. 이 뜨거운 지옥을 잊기 위해 그는 쓰고 쓰고 또 썼으리라. 이릉의 화 이후 그의 삶은 '뜨거운 전쟁', 즉 열전熱戰의 연속이었을 것이다. 그의 절실함이 마음을 파고든다.

3_'열전', 사회과학 글쓰기의 모델이 되다

사마천의 『사기』가 이룬 성취는 여러가지로 제시된다. 나는 『사기』를 꿰뚫는 특징 가운데서 특히 '수평적 연계성'에 주목한다. 사마천의 글은 윤리성에 기초하지만 수직적인 논리체계를 제시하지 않는다. 그럼으로써 종합적이고 풍부한 통찰에 이른다.

다시 한번 「태사공자서」로 돌아가보자. 사마천은 사마담이 전수한 학문의 개요를 밝히고 있는데, 이는 사마천 자신의 사상적 관점을 제시하는 것으로도 볼 수 있다. 여기서 그는 음양가陰陽家, 유가儒家, 묵가墨家, 명가名家, 법가法家, 도가道家 등의 사상가들을 "세상을 잘 다스리기 위한 것을 업으로 삼는 사람들務爲治者"이라고 규정했다. 제자백가 사상의 핵심을 사회적 실천으로 본 것이다. 그러면서 이들의 장단점을 함께 논하고 있다. 유가는 범위가 넓으나 핵심이 빈약하고 노력은 많이 들지만 효과가 적다博而寡要 勞而少功고 평했다. 묵가는 검소하나 지키기 어려우며儉而難遵, 법가는 엄정하나 은혜가 적다嚴而少恩고 했다. 도가는 실제를 행하기 쉬우나 그 말은 알기 어렵다其實易行 其辭難知고 논했다.

그는 확실히 제자백가의 세례를 입었음에 틀림없다. 근대 사상가량 치차오梁啓超가 말한 것처럼 『사기』는 역사를 통해 사상을 표출한 측면도 있다. 그런데 나는 사마천의 사상이 백가의 사상을 두루 검토하여 '혼합'hybrid을 이루어냈다는 의미가 더 중요하다고 본다.

사마천의 사상은 너무나 다양하게 규정·해석된다. 「공자세가孔子世家」에 공자에 대한 존경을 드러냈다는 점으로 미루어 그가 유가라는 주장도 있고, 사마천이 인생의 기준을 유가보다는 도가에서 구했다고 평할 수도 있다. 또한 묵가로 해석되기도 하고, 도가 중에서도 장자와는 구분되는 실천적 도가로 평가되기도 한다. 나는 '혼합'이야말로 사마천 사상의 핵심이라고 본다. 이때 '혼합'이란 혼잡하다는 의미가 아니다. 다양성과 풍부함, 연결과 공존을 본질적 특징으로 한다는 의미다. '종합'이라고 하면 정연한 질서를 획득한 상태라는 뉘앙스가 강하며, 거기에 이르는 과정과 다양성은 다소 무시된다. '종합'보다는 미성숙하지만 그렇다고 무질서하지는 않은 상태를 '혼합'이라고 정의하고 싶다. 그렇다면 사마천을 '혼합가'라고 해도 좋지 않을까.

사마천은 역사를 서술할 때 성현의 가르침에만 의존하지 않고 다양한 시대적 조류와 관점을 혼합해 입체적으로 조망하려 했다. 역사 서술의 형식을 세우는 데 사마천과 쌍벽의 역할을 한 반고●는 사마천을 다음과 같이 평가했다. "시비의 판단이 성인의 기준과 어긋난다. 육경六經보다 황로黃老를 앞세우고, 도덕적 군자를 물리치고 간웅을 표양했고, 권력과 이익을 좋다 하고 천하고 가난한 것을 업신여겼다. 이게 그의 단점이다."[2] 역설적이지만 유가적 도통에 입각한 반고의 비판으로부터 사마천이 얼마나 새롭고 혁신적인 인물이었는지를 새

●
반고 **班固**(32~92)

후한시대 역사가. 부친인 반표(班彪)는 『사기(史記)』 이후의 서한 역사를 쓴 『사기후전(史記後傳)』 65편을 남겼다. 반고는 이를 기초로 20여년에 걸쳐 기전체 역사서인 『한서(漢書)』를 썼다. 한 화제(和帝) 때 외척으로서 정권을 장악한 두헌(竇憲)의 측근으로 흉노 원정에 참여했는데, 92년 두헌이 실각하여 자살한 후 그도 투옥되어 옥사했다.

삼 실감하게 된다.

그의 서술방식 역시 대단히 창의적이다. 역사학자 이성규李成珪는 『사기』의 서술 특성을 네가지로 지적한 바 있다.[3] 첫째로 체제와 구성이 정연하고 독특하다. 「본기本紀」와 「세가世家」는 공간 차원에서, 「표表」는 시간 차원에서, 「서書」는 원리와 수단의 차원에서, 「열전列傳」은 주체의 차원에서 서술되었다. 둘째로 단어·구분 등의 개성적 반복, 생동감 있는 대화체, 복선의 활용 등 문장의 기법이 뛰어나다. 셋째로 한 인간의 역사적 전형성을 보여주는 일화를 이용한다. 넷째로 당시 체제에 대한 현실 비판을 하고 있다.

이러한 서술 특성이 집약된 것이 '열전'이 아닌가 싶다. 『사기』 130권 가운데 70권을 차지하는 「열전」은 구체적인 인간의 행동과 의지를 통한 역사 이해라는 문제의식이 집약되어 있다. 사마천은 역사 현실을 통치자나 영웅에 의해 움직이는 것으로만 보지 않고, 여러 인간들의 상징적 행위와 사건들을 열거함으로써 역사적 현실을 재구성한다. 이는 문예와 역사를 구분하지 않는 문사일체文史一體의 경지를 보여준다. 투키디데스Thucydides나 기번Edward Gibbon 같은 서구의 대가들도 문사일체를 추구했지만, 체험과 실천과 통찰을 함께 깊이있게 녹여냈다는 점에서 사마천은 독보적 존재다.[4]

현대에 들어, 특히 2차대전 이후 문사일체의 서술양식은 쇠퇴한 면이 있다. 여기에는 통계학으로 무장한 '신新경제사'의 영향이 적지 않다. '새로운 역사'의 주창자들은 서사narrative나 담화discourse의 방식을 '낡은 역사'라며 밀어냈다. 그러나 '새로운 역사'는 계속 새롭게 남아 있지 못했고, 1970년대부터 역사학에서 '서사'가 부활했다. 양적 분석으로 설명되지 않는 문제들이 부각되면서 이야기를 요구하는 청중과 독자들을 다시 발견했기 때문이다.

역사학자 로런스 스톤Lawrence Stone은 이러한 '서사의 부활' 현상을 역사적 담화의 성격 변화들로 규정했다. 그 변화의 내용은 역사에서의 중심 이슈가 인간을 둘러싼 환경에서 환경 속의 인간으로 변했다는 것, 주요한 역사적 문제가 경제학·인구학적 문제에서 인류학·심리학적 문제로 변했다는 것, 연구의 대상이 집단에서 개인으로 변했다는 것, 역사 변화의 요인을 설명하는 모델이 단일요소 모델에서 다수·복합요소 모델로 변했다는 것, 방법론이 집단·계량 분석에서 개인 사례 해석으로 변했다는 것, 역사를 조직화하는 방식이 분석에서 서술로 변했다는 것, 역사가가 수행하는 기능이 과학적인 것에서 문예적인 것으로 변했다는 것 등이다.[5]

이러한 흐름은 사회과학에도 영향을 미쳤다. '분석적 서사'가 등장하고 '역사적·제도적 비교·분석'이 이루어지기 시작한 것이다. 이러한 흐름 속에서 사례 연구를 통한 이론화의 가능성이 모색되었다. 역사적이고 특수한 사례들을 충실히 검토함으로써 보편적인 이론을 구축하려고 하며, 이론으로까지는 나아가지 못하더라도 이를 통해 깊은 통찰이 가능하다고 보는 것이다. 주로는 경제학에서 중시하는 '합리적 선택'의 역사 및 제도 요소를 비교·분석하는 데 초점을 맞추고 있다.[6]

아직까지 주류경제학의 위용은 건재하다. 주류경제학은 세상사 대부분을 양적으로 분석할 수 있다는 생각에 기초한다. 그러나 세상은 점점 더 복잡해지고, 수량화하기 어려운 부분이 빠르게 늘어나고 있다. 더욱이 인간의 삶과 생각은 쉽게 단순화할 수 없다. 경제학이 더 풍부해지고 사람들의 존경을 구하려면 방법론적으로 좀더 개방적인 태도를 취할 필요가 있다. 과학적 정밀성을 추구하면서도 역사적·사회적 시야를 열어두는 방법론을 개발해야 한다. 사회과학적 분석에 충실하면서 동아시아 전통의 인문학적 실천성을 염두에 두어야 한다.

나는 사마천의 혁신성에서 핵심 요소를 역사의 기억을 조직하는 방식에서의 '혼합', 즉 사상의 혼합과 문사文史의 혼합이라고 생각한다. 여기에서 경제학을 혁신하고 '새로운 경제'를 만들어가는 다양한 방법의 단초를 발견하는 데 도움을 구할 수 있을 것이다. 사마천의 '열전'을 참조한다면, 경제학자들도 인간과 경제의 다양한 전형성에 접근하는 새로운 길을 발견할 수 있지 않을까 싶다. 주로 정밀한 분석을 강조해온 경제학에서는, 사마천같이 역사적·사회적 분석과 주체적·감성적 서사를 함께 도입하는 방법론적 의의를 더욱 적극적으로 평가할 필요가 있다.[7]

제도와 조직의 혁신에는 수량적 변수로만 표현하기 어려운 인간 행위가 중요한 역할을 한다. 이런 경우 모델을 다른 방식으로 만들어보는 것이 필요한데, 사마천의 '열전'처럼 인간 행위와 사건을 요소로 하여 모델을 구성해보는 것이 의미가 있을 것이다. 혁신가 경제학은 국가조직, 관료제, 헌법·사법부, 재산권 등에 관한 제도혁신과, 시장제도, 기업체제, 협동조합 등에 관한 조직혁신을 다루며, 그 전형이 되는 사례를 축적함으로써 역사적 현실을 체계화하려는 프로젝트다. 혁신가들의 열전을 통해 저마다 사회적 삶의 모델을 상상해보리라 기대한다.

제 2 부

✳

⚙

◯

이 론 의

혁 신 가 들

3장

혁신을 말한 이론

숨페터·드러커·폴라니

1_세계적 전환의 시기, 숨페터를 다시 꺼내드는 이유

내가 대학원에 진학한 것은 1980년대의 일이다. 주변에서는 내 대학원 진학을 조금 뜻밖으로 여겼다. 군사정권과 격렬하게 대결하고 있던 당시 학생운동 출신이 대학원에 가겠다고 나서는 것은 흔치 않은 일이었다. 학생운동을 하던 이들은 4학년이 되면 대개 두가지 길 중 하나를 선택했다. 하나는 학내에서 시위대를 조직하고 이끄는 것이었고, 또 하나는 노동운동 현장으로 투신하는 것이었다. 나에게도 양쪽에서 모두 제안이 있었는데, 노동운동권과 연결된 몇몇 선배들이 내게 대학원에 가는 것이 좋겠다는 충고를 해주었다.

대학원에서는 한국 경제가 자본주의적 생산관계임을 확인하는 작업이 한창이었다. 그러나 나는 계급문제만을 앞세우는 생각은 정치적으로나 운동적으로 옳지 않다고 생각했다. 사회 '전체'의 진보를 위해서는 비자본주의적 문제를 포함하는 농업문제에 관심을 가져야 한다고 보았던 것이다. 당시에는 한국 농업이 전근대적 성격을 벗어났다는 점을 확인하는 것이 진보 학계의 지배적인 흐름이었다.[1] 나는 실태조사를 통해 한국의 농민층 분화·분해가 반드시 '자본주의적인' 방식으로 이루어지지는 않는다는 결론을 얻었지만, 영세소농체제의 성격을 규정하거나 활로를 제시하는 데에는 성공하지 못했다.

한국 현실에서 대안을 찾지 못하고 나니 시야를 좀 멀리 두고 싶었다. 그래서 박사학위 논문에서는 자본주의 비판의 귀결로 이야기되던 사회주의 체제의 실태를 검토해보기로 했다. 연구 주제를 잡아갈 무렵, 1989년부터 1991년 사이에 동유럽과 구소련의 현실사회주의 체제가 붕괴되었다. 논문을 쓰는 동안 이 문제를 어찌 보아야 할지 고민이 많았다. 과연 논문을 쓸 수 있을 것인가 하는 데서부터 인생의 방향을 어찌 설정해야 하는가에 이르는 근본적인 문제였다. 우선 사회주의의 집단농업체제가 자본주의의 소농체제보다 우월하다고 볼 수 없었다. 국가사회주의의 공식문건이나 관계자들은 시인하지 않았지만, 실제 작동하는 제도를 서로 비교하거나 통계를 살펴보면서 농민들의 소리 없는 비명을 들을 수 있었다. 자본주의에서 사회주의로의 '혁명'은 경제적·자연적인 과정이라고 할 수 없었다. 사회주의 체제 붕괴 이후 집단농장에서 가족농장으로의 전환을 '재再자본주의화'라 불러야 할까. 그렇다면 이것은 '반反혁명'인가. 그리 말할 수는 없으니 새로운 시각과 방법이 필요했다.

현실에서 보면 자본주의를 대체하려는 '혁명'이 또다른 엄청난 문제를 만들어냈음이 분명해졌다. 그러나 '혁명'과 작별한다고 해도 자본주의의 개선과 진보까지 포기할 수는 없었다. 깊은 고민에 빠졌다. 차차 '혁신'이라는 개념을 다시 살펴볼 필요가 있다는 생각이 들었다. 혁신이 주로 기술적 영역의 문제라는 오해도 해소되었다. 이론가들은 혁신 개념을 기술보다는 조직 차원에 적용하고 있음을 알게 되었다.

돌이켜보면 이런 고민을 할 무렵 한국 사회도 크게 변하고 있었다. 한참 후에 깨달은 바지만, 1987년부터 1992년까지는 한반도 차원에서 중대한 전환점이 되는 시기였다. 당시는 한반도가 망국의 길로 들어선 1900~1905년, 건국과 분단이 이루어진 1945~1950년에 필적하는 '결정적 5년'이 아니었나 싶다. '결정적'이라는 말은, 그 시기 상황이 유동적이었으며 이때를 통해 많은 것이 새롭게 바뀌었다는 뜻이다.

우선 세계 차원에서 중요한 변화가 진행되었다. 생산과 무역·금융의 글로벌 네트워크가 크게 확장되고 지식·정보 혁명이 진행되었으며 현실사회주의는 붕괴했다. 1987년과 1992년 사이에 한국은 유신 체제와 5공 정권의 경직된 분위기에서 벗어나 어느정도 유연해졌다. IT 관련 산업이 태동했으며 벤처기업의 씨가 뿌려졌다.[2] 1992년에는 중국과의 수교를 재개했고 생산 네트워크를 대폭 확대했다. 국내 경제의 지표 변화가 현저했다. 제조업 고용 비중은 1991년 이후 하락세로 전환했고 국내총생산 중 해외 부문 비중은 1993년 이후 상승세로 전환했다. 중국에 대한 수출은 폭발적으로 증가해 수교 10년 만에 중국은 최대 수출대상국으로 부상했다. 한편 분배상 격차는 1995년경부터 확대되기 시작했다. 남북한 간 격차도 급격히 확대되었다. 북한은 체제 개선보다는 군사화에 중점을 두었다.

그런데 왜 나는 중대한 변화의 흐름 속에 있으면서도 그 변화를 예민하게 느끼지 못했을까? 아마 생각의 틀 때문이었을 것이다. 보수 진영이나 진보 진영, 또는 유력한 학파의 한가운데서는 기존의 설명 방식을 고수하려는 경향이 있다. 그 때문에 변화의 의미를 파악하기가 어렵다. 신고전파 경제학이나 국가사회주의 경제학 모두 경제를 구성하는 주요 변수들을 정확하게 계산하고 예측할 수 있다는 자신감을 지녔다. 그런 강한 자신감은 이데올로기적 신념과 관련이 있다. 자본주의가 영원히 존속하리라는 믿음이나 곧 몰락할지 모른다는 비관적 예측은 현실 변화에 둔감하도록 만든다.

그렇다면 우리 주변에서 일어난 변화를 어떻게 파악해야 하며, 그 현상을 무엇이라 불러야 할까? 1990년대 이래 동아시아의 생산체제는 크게 변화했다. 글로벌 생산 분업에서 동아시아의 비중이 급증했고 동아시아가 세계에 의존하는 정도는 감소했다. 생산공정이 분할되어 국경을 넘는 일이 잦아졌고 자연스럽게 동아시아 생산 네트워크가 확대되었다. 중간재 무역이 최종재 무역보다 빠르게 성장했다. 생산 네트워크의 틀 안에서 중국과 동남아의 산업국가, 한국, 대만 등이 이익을 얻었다. 이것은 흔히 신고전파 경제학에서 말하는 단순한 자원배분상의 변화는 아니다. 그렇다고 맑스Karl Marx가 언급한 '생산관계'의 변화나 '사회혁명' 같은 개념으로 파악하기도 어렵다.[3]

불멸과 종말을 예단하지 않은 채로 변화의 흐름을 포착하려면 '혁신'이라는 개념이 필요하다. 변화의 시기에 현실적으로 중요한 역할을 하는 것은 혁신의 능력, 혁신가의 존재 여부다. 혁신은 전환을 유발하기도 하고 전환의 위험과 불확실성에 대응하는 힘이 되기도 한다. 혁신이 전환의 방향과 속도에 영향을 미치고 승자와 패자를 가르기도 한다. 혁신은 역사적으로도 오랜 현상이고 현실 생활에 큰 영향을 미쳐왔지만, 경제학 교과서에서는 여전히 변방에 머무르고 있다. 그러나 많은 경우 전환기의 변화나 흐름을 먼저 포착해낸 것은 거대담론의 중심부가 아닌 변방의 이론이었다. 따라서 경제학 이론에서는 상대적으로 주변부에 위치한 혁신의 이론가들로부터 다시 출발할 필요가 있다.

2_개인에서 출발한 거대이론

'혁신'을 논의할 때 조지프 슘페터Joseph Schumpeter(1883~1950)라는 천재를 비켜갈 수 없다. 슘페터에 대해 깊이 들어가고자 한다면, 먼저 토머스 매크로우Thomas McCraw가 쓴 슘페터 평전을 추천하고 싶다. 이 책은 슘페터의 삶과 이론의 면모를 상세히 밝혀주고, 경제학 전공자들에게도 난해할 수 있는 원저작을 읽는 데에 좋은 참고자료가 된다.[4] 번역본이 있지만 900면이 넘는 분량은 부담스러울 수 있는데, 우선은 삶의 면모를 중심으로 살펴보는 것도 좋은 방법이다.

슘페터는 오스트리아-헝가리제국의 모라비아Moravia 지방 트리슈Triesch(지금은 체코에 속함)에서 출생했다. 부친은 직물 제조공장을 소유한 사업가였고 모친은 의사의 딸이었다고 한다. 생부는 슘페터가 네 살일 때 일찍 사망했다. 슘페터의 모친 요한나는 남편이 요절한 뒤

제국의 육군중장과 재혼했다. 어린 슘페터는 빈Wien의 귀족사회에서 교육받았으며, 빈 대학에 진학했다.

슘페터는 빈 대학에서 고전파, 역사학파, 오스트리아 학파*의 사상을 접한다. 빈 대학은 오스트리아 학파가 형성된 곳이다. 빈 대학의 멩거Carl Menger, 뵘바베르크Eugen von Böhm-Bawerk 등은 한계효용이론을 발전시킨 이들로, 슘페터는 뵘바베르크가 주최하는 세미나에 참여했다. 이 세미나에는 슘페터 외에도 당대의 거목이 된 미제스Ludwig von Mises, 바우어Otto Bauer, 힐퍼딩Rudolf Hilferding, 레더러Emil Lederer 등이 참여했다.

슘페터가 초기에 가장 깊은 영향을 받은 인물은 스위스 로잔Lausanne 대학의 왈라스Léon Walras였다. 슘페터는 평생에 걸쳐 왈라스를 높이 평가했으며 가장 위대한 경제학자로 여겼다. 왈라스는 로잔 학파*의 기수로서, 정태적인 상태에서 여러 경제요소들이 맺고 있는 상

●

오스트리아 학파

19세기 말 카를 멩거를 시작으로 미제스, 하이에크에 의해 오스트리아 너머까지 영향력을 행사한 경제학파. 주관적으로 파악되는 한계효용을 경제학에 도입하고 시장경제를 옹호하며 정부나 집단의 간섭에 반대했다. 자유시장을 지지하지만, 그것은 신고전파에서 주장하듯 인간을 합리적인 존재로 여겨서가 아니다. 오히려 인간이 그다지 합리적이지 못하고 경제를 계산하는 것은 불가능하기 때문에, 의도적으로 질서를 만들기보다 자연적으로 형성된 자유시장에 맡기는 것이 더 낫다는 입장을 취한다.

●

로잔 학파

1870년대 레옹 왈라스를 시작으로 파레토에 의해 계승·발전된 경제학파. 이들이 스위스 로잔 대학의 교수로 있었기 때문에 로잔 학파라 불린다. 모든 경제현상을 '일반적 균형관계'로 파악하며, 수학적 방법을 사용해 그 상호관계를 엄밀히 규정하고자 시도하여 수리경제학파라 불리기도 한다.

왈라스와
일반균형이론

왈라스는 전체 시장의 상황을 가격이 조정되는 경매시장에 비유했다. 뉴욕 크리스티 경매 현장. ⓒEmmanuel Dunand/AGP/Getty Images

왈라스Léon Walras는 프랑스인으로 1834년 노르망디 에브뢰Evreux에서 태어났다. 프랑스어 이름은 레옹 발라인데, 영어 발음인 왈라스로 많이 알려져 있다. 그는 기술자가 될 생각으로 광업대학에 입학했으나 문학에 탐닉하다가 이상주의적 사회주의자가 되었다. 협동조합은행의 상무이사로 일하기도 했으나, 쌩시몽주의에 대해서는 비과학적이라는 입장을 취했다. 그가 쓴 경제관련 기사와 논문이 스위스 연방위원회 위원의 눈에 띄어 로잔 대학의 경제학과 교수로 임용되었고 경제학에 수학적 방법을 포괄적으로 적용하는 작업을 최초로 수행했다.

당시까지 애덤 스미스의 자유경쟁 개념은 고전파 경제학자들에게 당연한 전제가 되어 있었다. 왈라스는 자유경쟁의 결과를 '일반균형'이라는 개념을 통해 분명한 모습으로 분석해냈다. 시장에서는 개별 상품의 판매자가 판매하려고 내놓은 상품의 양이 구매자가 구입하고자 하는 양과 일치할 때 개별적 균형이 달성된다. 일반균형은 경제 전체에서 모든 상품이 처분되었을 때 이루어지는 균형상태를 의미한다.

왈라스는 전체 시장의 상황을 가격이 조정되는 경매시장에 비유했다.

호의존 관계를 일반적인 함수관계로 수식화함으로써 일반균형의 체계를 확립한 바 있다.

슘페터가 25세에 내놓은 첫 저작『이론경제학의 본질과 주요 내용』(1908)은 왈라스에 대한 오마주라고 할 수 있다. 여기서 슘페터는 수학적 방법에 의거하지 않고서도 왈라스의 균형이론을 재현할 수 있음을 보여주었다. 그는 이론경제학의 본질이 재화와 재화의 교환관계를 인과관계가 아닌 함수관계로 파악하는 것이라고 주장했다. 함수관계는 오래전부터 수학적으로 표현되어왔다. 운동학kinematics 연구에서 발전한 함수라는 개념은 두개의 변량 사이의 관계를 의미하는 것이었다. 수학의 발전에 의해 좀더 분명하게 정의된 함수관계는, 여러개의 변수 사이에 어떤 관계가 있으며 그중 한개의 값에 따라 다른 것의 값이 정해지는 관계를 의미하는 것이다. 한편 인과관계는 원인과 결과를 분명하게 밝혀야 하는데, 이를 수학적으로 정의하기는 훨씬 어려운 일이다. 슘페터는 함수관계가 애매함이 없는 명확한 관계로 인과관계보다 완전한 개념이라고 보고 경제 변수들 간의 관계를 분석했다.

그러나 슘페터는 왈라스의 정태균형의 세계에 머물러 있지만은 않았다. 그는 첫 저작에서 이미 정태와 동태를 구별하고 있었고, 순수경제학의 방법은 정태에만 적용된다고 선을 그은 바 있다. 슘페터는 수학적 방법을 높이 평가했고 계량경제학회 회장도 지냈지만 그 자신이 수리·계량경제학자는 아니었다. 그는 오히려 총체적인 사회 경제의 동학을 이론화하는 데서 재능을 발휘했다. 그는 수학적 방법을 존중했지만, 폴 쌔뮤얼슨Paul Samuelson의 말대로 수학 이외의 모든 분야에서 천재성을 보였다. 동태이론에 관한 그의 대표적 저작으로는 오스트리아 그라츠Graz 대학 재직 시절에 저술한 『경제발전의 이론』(1911, 수정된 영문판은 1934년 출간)과 1932년 미국 하버드 대학으로 옮겨 간 이후 내놓은 『경기순환』(1939), 『자본주의·사회주의·민주주의』(1942)가 거론되며 이 책들은 흔히 3부작으로 묶인다.

슘페터는 케인즈John Maynard Keynes(1883~1946)와 같은 시대를 살았는데, 케인즈가 유력한 학파를 형성한 것에 비하면 슘페터의 당시 영향력은 제한된 편이었다. 이는 슘페터의 비전이 너무 광대했기 때문일 수도 있다. 슘페터는 리카도David Ricardo와 케인즈에 대해서는 몇개의 변수만으로 추상적 모델을 구축하고 과도한 인과관계와 단순한 정책 처방을 제시한다며 낮게 평가했다. 슘페터는 그의 사후 출간된 『경제분석의 역사』(1954)에서 이러한 단조로운 논리관계를 '리카도 악덕'Ricardian vice이라고까지 비판했다.

1948년 12월 미국경제학회(AEA)에서 연설하는 조지프 슘페터 ⓒHarvard University Archives

　슘페터에게 단순명료함의 미덕은 부족할지 모르나 복잡하고 동태적인 현실을 파악하는 데는 그보다 탁월한 사람을 찾기 어려웠다. 그는 한편으로는 왈라스적인 '정밀'을 추구하면서도 또 한편으로는 '방법론적 관용'methodological tolerance을 추구했다. 그는 경제학이 과학인 것은 수량적 측면을 갖기 때문이지만, 과학은 검증 가능하지 않다는 한계도 인식했다. 또한 이론은 선험적인 것이 아니라 사실의 관찰에서 나오며 사실이 이론 작업을 유도하는 것으로 보았지만, 어떤 통계적 사실도 명제를 확증하거나 반박하지는 못한다는 한계를 인정했다.[5]

　그가 정태이론에서는 왈라스적인 정밀함을, 동태이론에서는 맑스에 필적하는 사회적·역사적 시야를 펼쳐 보인 덕분인지, 그의 제자들도 신고전파 성장이론의 쏠로우Robert Solow, 신고전파 '종합'의 쌔

숨페터의 경기순환론은 20세기 전반기의 중요한 역사적 사건들을 잘 설명해주었다. 1차대전, 러시아혁명, 월가의 붕괴와 대공황, 2차대전은 숨페터가 설명한 경기순환 주기와 거의 맞아떨어졌다. 숨페터는 대공황으로 경제가 극심한 어려움을 겪고 있음에도 자본주의는 성장 엔진이 멈추어 붕괴되지 않을 것으로 판단했다. 그러면서도 한편으로는 자본주의의 종말을 논했다. 그는 맑스의 견해대로 자본주의가 내재적 모순에 의해 붕괴되는 것이 아니라, 오히려 자본주의 스스로 이룩한 성공에 의해 종말을 맞고 사회주의로 이행할 것으로 예측했다.

숨페터가 자본주의의 운명에 대해 냉정한 견해를 내놓은 가운데, 케인즈는 대공황의 경제적 파국에 더 적극적으로 대응하는 처방을 제시했다. 케인즈는 1883년 영국 케임브리지에서 태어나 1946년에 사망했다. 숨페터와 같은 해에 태어나서 숨페터보다 5년 먼저 세상을 떠났는데, 현실에 미친 영향은 오히려 더 커서 애덤 스미스나 맑스에 비견할 정도였다.

케인즈는 케임브리지 대학에서 마셜의 경제학 강의를 수강했으며 확률론으로 학위를 받은 후 경제학 학위가 없음에도 케임브리지 대학에 경제학 강사로 초빙되었다. 그는 인도성·재무성에서 일한 바 있었다. 1차대전 후 강화회담에 영국대표단의 일원으로 참여했으며, 가혹한 배상금 부과에 따른 전유럽의 불황과 파국을 예측했다.

1929년 대공황이 도래하자 케인즈는 마셜과는 다른 새로운 패러다임을 제시하는 책을 집필하기 시작했는데, 이는 1935년 『고용·이자·화폐의 일반이론』이라는 제목으로 출간되었다. 그는 민간투자가 불가능하다면 정부가 지출을 해야 한다는 처방을 내렸고, 이는 뉴딜정책을 합리화하는 근거가 되었다. 케인즈는 2차대전 중 다시 재무성에 들어가 전시 경제정책 수립과 집행에 기여했으며, 전후 경제질서 구축을 위한 브레튼우즈 협정 체결에서 주도적 역할을 했다.

Paul Strathern, *Dr. Strangelove's Game: A Brief History of Economic Genius*, Hamish Hamilton 2001, 『세계를 움직인 경제학자들의 삶과 사상』, 김낙년 외 옮김, 몸과마음 2002, 303~44면.

뮤얼슨, 사회민주주의를 지지한 하일브로너Robert Heilbroner, 맑스주의 경제학자 스위지Paul Sweezy 등 폭넓은 스펙트럼을 띠고 있다.

슘페터는 거대이론을 구사하면서도 그 이론 안에 있는 미시적 개인의 모습에서 출발한다. 그는 이론화 작업에서 방법론적 전체주의, 즉 집합적 현상으로 다시 집합적 현상을 설명하는 것에 반대했다. 방법론적 전체주의는 거대규모의 집합적 현상을 포착하는 데는 유리하지만 중소규모의 현상이나 동태 분석에는 무능할 수 있다. 슘페터는 경제이론을 전개하면서 방법론적 개인주의에 입각했다. 방법론적 개인주의는 사회현상을 개인 및 그의 주관적 동기의 상호관계·상호작용의 형식으로 규정해야 한다는 원리다. 슘페터가 베버Max Weber를 계승하는 파슨스Talcott Parsons와 우호적인 관계를 맺은 것도 방법론적 개인주의를 수용했기 때문으로 보인다.

슘페터가 상정한 개인은 한계효용이론●에서 말하는 순수한 개인이라기보다는 사회적인 개인이라고 할 수 있다. 신고전파 경제학의 개인은 자신의 목적함수와 예산제약만을 고려하는 개인이다. 여기서는 사회적 요소가 개입되기 이전의 개인을 전제로 한다. 반면 슘페터가 주목한 것은 사회적 개인이었다. 그는 경제이론 바깥의 사회학적

●
한계효용이론

한계효용은 일정한 종류의 재화가 잇따라 소비될 때 최후의 한 단위의 재화로부터 얻어지는 심리적 만족도를 말한다. 이는 욕망의 정도에 정비례하고 재화의 존재량에 반비례한다. 한계효용이론은 재화의 가치가 그것을 사용하는 인간의 욕망을 채우는 정도에 따라 결정되며, 인간의 절실한 욕망을 채우고 나면 그 가치가 떨어진다는 내용이다. 한계효용이라는 개인의 주관적 가치를 제시함으로써 시장경제 체제가 개인의 합리성에 기초하고 있음을 논증했다.

영역이나 조직이론도 함께 다루고자 했으며 이때는 방법론적 개인주의를 적용하지 않았다. 그가 보기에 정밀한 분석방법은 경제학 안에서만 형성되는 것이 아니고 다른 학문 분야와 교류·혼합하며 실제의 경제문제와 대결하는 과정에서 발전하는 것이었다. 그러한 점에서 슘페터의 마지막 저서인『경제분석의 역사』는 사회과학의 역사이자 인류 지성의 역사라고도 할 수 있다.

3_혁신가로서 기업가 개념

슘페터는 당대에 케인즈의 화려한 부상을 지켜보며 표준적인 경제학 교과서 밖으로 밀려날 수밖에 없었다. 슘페터가 주목한 혁신은 아주 오래된 현상이고 또 현실에서 중요한 개념임에도 학문적 관심을 덜 받았다. 전통적으로 주류경제학에서는 혁신을 통상의 자원배분 문제와 동일선상에서 인식할 뿐 혁신과정 자체나 경제체제와 혁신의 관계에 대해서는 무관심했다.

그러나 경영학·사회학·조직과학 등 경제학 바깥의 분야에서는, 기업경영·산업·정책 영역에서 혁신과 기업가정신이 매우 중요한 문제로 등장했다. 경제학에서도 케인즈 정책이 잘 작동하지 않으면서부터 발전과 성장 전략에서 슘페터 사상의 영향력이 커졌다.

슘페터는 자본주의의 작동방식을 설명하기 위해 기업가라는 존재를 상정했다. 이 기업가에 대한 묘사가 최근 혁신 연구의 주춧돌이 되었다고 할 수 있다. 슘페터에게 기업가entrepreneur는 혁신가innovator

다. 혁신가란 "창조적 기능을 수행하고 성공의 과실을 위해서가 아니라 성공 자체를 위해 행동하며 사적 왕국을 세우고자 하는 의지"를 가진 개인이다.[6] 혁신가로서 기업가는 정태적으로 완전경쟁의 상태에서 이윤을 극대화하는 쾌락주의적 존재가 아니며 사적 사업가 undertaker나 자본가capitalist와는 전혀 다른 존재다.

기업가는 혁신을 통해 경기순환과 경제발전을 가져온다. 혁신은 기업가가 만들어내는 새로운 결합new combination이다. 새로운 결합은 신제품 발명, 새로운 생산방법 도입, 새로운 시장 개척, 새로운 원료 공급처 확보, 새로운 산업조직 창조와 같은 것을 말한다. 슘페터는 기업을 "자본주의 엔진을 가동시키는 기본적 추진력"으로 파악했다. 이러한 추진력의 원천은 새로운 결합이라는 혁신이며 기업가란 이를 수행할 때만 유효한 명칭이므로, 오랫동안 슘페터가 정의하는 기업가로 남아 있기는 쉽지 않은 일이다.

『자본주의·사회주의·민주주의』의 혁신에 관한 유명한 구절은 너무나 탁월하므로, 거듭해서 음미해도 좋다.

노동자의 가계예산의 내용은 (…) 질적 변화과정을 겪었다. 마찬가지로 (…) 전형적인 농장의 생산설비의 역사는 혁명의 역사이다. (…) 철강산업의 생산설비의 역사 (…) 동력 생산설비의 역사 (…) 운송의 역사, 그 모두가 그렇다. 국내외의 새로운 시장의 개척 (…) 조직상의 발전은 부단히 옛것을 파괴하고 새로운 것을 창조하여 부단히 내부에서 경제구조를 혁명하는 이 산업상의 돌연변이 ── 생물학적 용어를 사용해도 좋다면 ── 의 동일한 과정을 예시한다. 이러한 창조적 파괴과정은

자본주의에 대해서는 본질적 사실이다.[7]

슘페터의 작업에 대해서는 평가가 엇갈린다. 주류 신고전파 경제학의 정태적 성격에 대한 극복과 대안으로 평가하는 시각도 있지만, 자본주의의 본질과 역사성에 대해 충분히 파고들지 못했다고 지적하며 부정적 평가를 내리는 경우도 있다. 성낙선成樂善 교수는 슘페터의 저작을 섬세하게 독해한 후 기업가 또는 혁신가 개념에 대해 비판한 바 있다. 그는 무엇보다 슘페터의 기업가 개념이 자본주의에서 특징적으로 나타나는 것이 아니라는 점을 비판의 근거로 삼았다. 혁신을 추구하고 일으키는 슘페터식 기업가는 어느 사회조직에서도 유사하게 존재할 수 있기 때문이다. 새로운 일을 할 수 있고 또 그것을 실제로 행하는 독특한 인물로서, 사회적·제도적 변화를 추동할 사회지도력을 가진 인물은 봉건체제에서도 사회주의 체제에서도 존재할 수 있다는 것이다.[8]

나는 조금 생각이 다르다. 혁신가는 물론 고대나 중세 사회에도 존재할 수 있다. 다만 슘페터는 혁신가가 자본주의 발전에 어떤 역할을 했는가를 주로 말한 것뿐이다. 합리적 태도에 관한 부분을 예로 들어보자. 합리적 태도는 혁신가에게 필요한 자질 가운데 하나로, 이는 자본주의 문명에서만 유효한 것이 아니지만 어느정도 자본주의 사회에 특화된 개념이라고 할 수 있다. 자본주의는 화폐단위를 합리적 사고의 계산도구로 전환하고 수량화된 타입의 정신적 태도를 확립했다. 또한 자본주의는 그러한 태도를 지닌 인재와 수단을 만들어냈다. 기업의 성공이라는 열매는 최상의 두뇌들이 모여 합리주의적 엔진을

가동하는 데에 충분히 매력적이었다.[9]

슘페터의 혁신가 개념을 확장해보고자 한다면 슘페터가 하지 않은 작업을 직접 시도할 필요가 있다. 예를 들면 중세의 혁신가가 중세사회 형성에 어떤 역할을 했는가에 주목할 수 있다. 근대 자본주의 사회에도 중세적 요소가 있고 이것이 매우 완강하게 존속하기도 한다. 경제적 자원배분과 제도 변경은 비교적 신속히 이루어지지만 문화·종교·전통·법제 같은 것들의 생명주기는 비교적 길다. 중세의 혁신가가 어떠했는가를 밝혀보면 현재에 접합되어 있는 중세적 요소가 혁신적인지 퇴행적인지, 이를 어떻게 다루어야 할지를 더 잘 알 수 있다.

더 나아가 자본주의 사회에도 기업가적 혁신과 함께 또다른 차원의 사회혁신의 여지를 열어놓아야 한다. 기업혁신과 사회혁신을 상호배제 관계로 보지 않고 상호보완 관계로 보는 것이 좋겠다. 그렇게 하면 슘페터의 논의를 더 풍부하게 발전시킬 수 있을 것이다.

4_슘페터는 자본주의를 어떻게 생각할까

대학 신입생들에게 강의를 시작할 때 말문을 열며 하는 이야기가 있다. 나는 먼저 대학의 교훈을 물어본다. 학생들 대부분 관심 밖이어서 잘 기억하지 못한다. 내가 재직하고 있는 한신대는 "진리, 사랑, 자유"를 내걸고 있다. 서울대는 "진리는 나의 빛", 연세대는 "진리가 너희를 자유케 하리라", 고려대는 "자유, 정의, 진리"다. 대학 교훈 중에 많이 포함되어 있는 것이 '진리'인데 이는 곧 '참된 것'이다. 진리에 대한 판단은 사람마다 다를 수 있으며, 그 판단에 따라 그 사람의 행동과 운명이 결정될 수 있다. 사회와 국가의 운명도 마찬가지다. 이때 이론은 현실과 괴리된 도그마가 아니라 현실을 살아가는 데 필요한 진리를 판별할 때 도움이 되는 유력한 수단이다.

혹자는 어려운 수학이나 물리학이 실생활에 무슨 소용이 있느냐며 개탄하기도 한다. 이는 잘못된 생각이다. 일상의 소소한 국면에서는 이론이 당장 필요하지 않을지 모른다. 그러나 이론적 사고를 하느냐 그렇지 않느냐는 개인과 사회의 행로에 결정적 영향을 미친다. 제대로 된 경제학적 훈련을 받은 이라면 사기꾼의 감언이설에 속아 넘어가지 않을 가능성이 높다. 수학이론 분야의 부진이 응용기술의 연쇄적인 발전에 장애가 되었던 전근대 중국의 경험도 돌아볼 필요가 있다.

우리가 살고 있는 자본주의 사회의 본질이 무엇인가를 이론적으로 따져봄으로써 '어떻게 살 것인가'에 대한 신념도 만들어갈 수 있다. '자본'은 토지나 노동처럼 명료하게 인식되지는 않지만 근대사회의 핵심적 생산요소로서 애덤 스미스 이래 고전파 경제학자들이 갈고 닦은 개념이다. 자본이나 자본주의 개념과 관련해서 특히 공이 많은 것은 카를 맑스다. 맑스는 리카도의 노동가치설●을 발전시켜 자본을 불변자본(죽은 노동)과 가변자본(산 노동)으로 나누었다. 자본가가 생산과정을 조직하면서 노동가치에 대해 지불되지 않은 부분이 생기는데 이것이 잉여가치다. 자본가는 잉여가치를 생산하기 위해 생산자를 지배하고 착취하며 이를 통해 자본축적을 진행하고 확대해간다. 자본과 임노동 관계가 자본주의 생산관계의 핵심이며, 댓가가 지불되지 않은 노동에서 잉여가치가 발생하고 자본축적을 통해 자본주의가 스스로 확대재생산되는 것이다. 결국 불평등 문제의 핵심은 자본과 임노동 관계에 있고 이를 뒷받침하는 것이 자본 등 생산수단을 사유화하는 소유제도다.

케인즈처럼 실무적이고 정책적인 처방에 관심을 둔다면 자본이나 자본주의 같은 개념은 그다지 쓸모가 없다. 불황을 제어하고 완전고용을 달성하려는 입장에서 보면 자본을 투자·저축·화폐 등의 자금 흐름으로 이해하는 것이 명료하고 유용하다. 케인즈는 자본을 생산관계의 관점에서 보는 맑스의 논의를 "지루하고 시대착오적이며 논쟁을 위한 논쟁"이라고 평가했다. 케인즈가 맑스 경제학에 대해 냉소적으로 무시하는 태도를 취했다면, 슘페터는 맑스 이론에 대해 진지하게 대결하는 자세를 보였다. 뉴턴Isaac Newton이 "내가 더 멀리 볼 수 있었다면 그것은 거인의 어깨 위에 서 있었기 때문"이라고 한 것처럼, 슘페터도 거인의 어깨 위에서 거인을 넘어서려 했다. 슘페터가 생각한 거인은 왈라스와 맑스였을 것이다. 왈라스에 대한 경의는 그의 생애를 통틀어 일관된 것이었고, 맑스에 대해서는 비판적이었지만 맑스를 당시의 과학적 상황에서 파악하려고 했다.[10]

●

노동가치설

상품의 가치를 규정하는 본질은 그 상품을 생산하는 데 들어간 노동량 또는 노동시간이라고 설명하는 가치이론이다. 노동가치설은 스미스나 리카도 같은 고전파 경제학자들이 생산을 중시하면서 발전했다. 존 스튜어트 밀은 생산비 개념을 중시했고 카를 맑스는 노동의 가치와 노동력의 가치의 차이에 주목했다. 한계효용이론은 노동가치설에 대립하여 주관적 가치가 상품가치를 규정한다고 보았다.

슘페터가 맑스에게서 취한 것은 자본주의의 본질이 동태적이라는 점이다. 자본축적 과정에서 자본은 생산적 역할을 수행한다. 이에 따라 사회의 생산력이 발전한다. 슘페터는 맑스에게서 축적론, 자본의 집중과 집적, 경제발전 같은 동학적 요소를 흡수했다. 그러나 슘페터는 맑스가 제기한 착취론, 궁핍화론, 자본주의의 기능저하론에는 동의하지 않았다. 그는 맑스가 현실에서 확인되지 않는 착취론을 '절대법칙'으로 제기했다고 비판했다. 또한 궁핍화에 관한 테제도 버려야 한다고 보았다. 그는 불평등이 오히려 효율적인 제도를 만들어낸다고 생각했다. 슘페터에게 자본주의는 '혁신경제', 즉 '혁신이 신용창조를 통해 수행되는 사적 소유의 경제'다. 혁신이 만들어내는 불안정성은 발전의 동력으로, 동학적 질서 자체이지 질서의 불안정을 의미하는 것은 아니다.

여기서 자본주의가 실패하느냐 성공하느냐 하는 판단 자체보다는 그 판단의 근거가 되는 요소들에 주목할 필요가 있다. 맑스의 경우 자본주의의 붕괴를 생산관계의 모순이라는 추상적 차원에서 인식했다. 그러나 현실에서 자본과 임노동 관계의 모순이 체제를 붕괴시킬 정도로 격화되지는 않았으며, 노동 이외에 여러가지 복잡한 문제가 발생했고 노동 자체도 다양하게 분화했다.

슘페터가 주목한 것은 먼저 현실에 나타난 대기업화와 독점현상이다. 그에 따르면 관료화된 조직을 갖춘 대기업에서는 기업가의 혁신기능이 사라지고 부르주아 계급이 쇠퇴한다. 또 대기업화의 경향 속에서 사유재산 제도와 계약자유의 제도가 실체를 상실한다. 한편 사회적 차원에서도 합리주의적 부르주아 문명의 발전은 자본주의를 약체화한다. 자본주의의 발전과 봉건적 요소의 소멸은 자본주의 제도나 가치를 옹호하는 계층을 오히려 약화시키고 자본주의에 적대적인 계층을 만들어낸다. 요컨대 그는 자본주의의 기초를 이루는 사유재산 제도나 부르주아적 가치체계는 자본주의가 성숙함에 따라 자연스럽게 쇠퇴한다고 보았다. 자본주의는 실패하여 붕괴하는 것이 아니라 성공에 의해 사회주의로 진화하는 것이다.

슘페터는 자본주의의 동학을 더 현실적으로 인식했기 때문에 자본주의 이후의 모습도 더 구체적으로 묘사할 수 있었다. 맑스는 자본주의 이후의 사회에 대해 "자유인들의 결합체" "현재의 상태를 지양하는 현실적인 운동" "필요에 따른 분배가 이루어지는 사회" 등 추상적으로만 논의했다. 이에 비해 슘페터는 사회주의를 중앙 당국이 생산과 생산수단을 지배하는 형태로 명료하게 제시한다. 그리고 이러한 사회주의 체제가 자본주의 현실에서 진행되는 대기업화·독점화·관료화의 연속선상에서 조직되는 것으로 본다. 슘페터의 관점은 현존하는 자본주의와 국가사회주의의 본질을 이해하는 데에도 도움을 준다. 국가사회주의는 자본주의에 비해 대기업화를 더욱 진행시켰으나 그 내부의 관료제는 잘 작동하지 않았다. 지나친 독점화의 진행을 견제하고 기업가정신을 소멸시키지 않은 자본주의가 국가사회주의보다 더 잘 작동한 체제라고 볼 수 있다.

자본주의가 항구적으로 존속할 수 없다고 보았다는 점에서 맑스와 슘페터는 비전을 같이한다고 할 수 있으나 자본주의 몰락과정에 대해서는 다른 견해를 지녔다. 맑스는 자본주의의 실패로 자본주의가 붕괴하리라고 보는 반면, 슘페터는 자본주의가 성공함으로써 스스로 해체의 길을 간다는 입장이다. 그렇다고 해서 맑스가 비관적이고 슘페터는 낙관적이라고 보기는 어렵다. 자본주의 이후까지를 고려하면 도리어 맑스가 이상적이고 낭만적이며, 슘페터는 좀더 우울하고 현실적인 것 같다.

슘페터는 섣불리 예견을 내놓지 않는다. 그가 말하는 '불가피성' 또는 '필연성'이란 어떤 교란이 없다면 일어날 수 있는 경향 이상의 것을 의미하지 않는다. 그는 자본주의가 아직 충분히 성숙하지 않았다고 보았다. 그가 생각하는 시간표에 의하면 한세기도 단기이고, "우리가 살고 있는 시대는 자본주의 진화의 초기 단계의 무능한 시대와 성숙한 자본주의 체제의 유능한 시대와의 중간 어디쯤에 있"는 정도다.[11] 대안이 될 수 있는 사회주의에 관해서는 알려진 바가 적고, 자본주의의 "근저에 놓인 경향"도 확신할 정도는 아니다. 실제적·잠재적 경쟁은 여전히 주된 요인이고 기업은 여전히 활동적이고 부르주아 그룹의 리더십은 여전히 경제를 추동하는 힘이며, 부르주아 가족은 아직 사멸하지 않았기 때문이다.[12]

5_보수적 혁신주의자, 드러커

자본주의와 혁신에 관해서는 슘페터의 생각과 피터 드러커Peter Drucker(1909~2005)의 생각을 견주어볼 만하다. 피터 드러커는 진보 학계와 경제학계에서는 거의 무시되어왔다. 이는 지나치게 이론화를 추구하는 학계의 경향과 관련이 깊다. 세계를 거대한 기계장치처럼 인식하고 전체 그림을 그리는 데 치중하면, 기업 같은 미시조직의 움직임에 대해서는 상대적으로 무관심해지기 쉽다. 그러나 현실은 그렇게 돌아가지 않는다. 경제는 전체 모습을 단순화하기 어렵게 점점 더 복잡해졌고, 기업 등 경제조직은 역동적으로 발전했다. 주류경제학이 단순히 생산함수로만 묘사했던 기업의 내부 활동에 관심을 기울인 경영학이 각광을 받고, 경영학의 아버지로 불리는 드러커도 매우 중요한 존재가 되었다.

드러커는 특히 기업인들에게 막강한 영향력을 미치고 있다. 회사 생활을 하는 직장인들은 드러커를 외면하고 지나갈 수가 없다. 흔히 그는 경영학자로 간주되지만, 스스로는 '사회생태학자'로 불리길 원했다. 정치·경제·인문학 등에 대한 폭넓은 이해를 지녔다는 점에서, 점점 더 세분화되는 전문분야 안에 갇힌 보통의 경영학자와 다른 면모를 보여준다. 르네상스인의 교양과 백과전서적인 박람博覽의 풍모를 지녔다는 점에서 드러커는 슘페터와 비슷한 점이 있다.

드러커는 오스트리아 빈에서 태어났다. 그의 부친은 법률가로서 재정 관련 부처의 장관을 지낸 바 있으며, 고위공직자는 물론 하이에크Friedrich Hayek, 토마스 만Thomas Mann 등 당대 유명인사와 교류했다. 슘페터 역시 부친의 친구였다. 드러커의 모친은 의학을 공부했고 프로이트Sigmund Freud와 친분이 있었다. 드러커는 어린 시절 프로이트와 악수한 기억이 있다고 한다. 그는 회사원·기자 등으로 일한 후 프랑크푸르트 대학에서 법학박사 학위를 받았다. 영국으로 이주한 뒤에는 금융권의 분석가로 일했으며, 다시 미국으로 건너가 베닝턴 대학·뉴욕 대학·클레어먼트 대학의 교수로 일했다.

드러커는 다작으로 유명한데, 책에 대해 구상한 후 녹음기에 구술하고 비서가 이를 타이핑하면 수정하는 식으로 출판을 했다고 한다. 그중에서 드러커의 자본주의에 대한 생각을 보여주는 대표작이 『자본주의 이후의 사회』(1993)다. 이 책에서 드러커는 맑스와 슘페터를 강하게 의식한 것이 틀림없다. 생산양식·생산수단 등 맑스의 용어를 사용하면서도, 여기에 혁신을 가져오는 생산성·경영·지식 같은 개념을 추가했다. 그리고 현대사회의 탈脫자본주의 현상으로 전통적인 제조업 노동자의 비중 감소, 자본의 제공과 분배에서 연금기금 비중 증대, 지식노동과 써비스노동이라는 새로운 생산요소를 지적했다.[13]

그는 지식의 중요성을 강조했으며 지식이 적용되는 대상이 변화함에 따라 새로운 자본주의가 만들어졌다고 본다. 첫번째 단계는 1750년부터 1900년까지, 자본주의와 기술에 의해 새로운 문명이 창조된 시기다. 이러한 변화는 지식이 행동으로 옮겨져 이루어진 것으로, 지식이 작업도구·제조공정·제품에 적용되어 산업혁명이 전개되었다. 두번째 단계는 1880년경부터 2차대전에 이르는 시기다. 지식이 작업 자체에 적용되어 생산성혁명을 가져왔다. 세번째 단계는 2차대전 후 지식이 지식 자체에 적용되는 시기다. 드러커는 이를 경영혁명의 시대라고 일컬으며 지식이 자본·노동과 함께 하나의 생산수단이 되었다고 본다.

드러커는 테일러*를 진보적인 인물로 재평가한다. 1881년 테일러가 최초로 지식을 작업 분석에 적용함으로써 생산성혁명을 가져왔다는 것이다. 맑스가 본 자본-임노동 관계를 테일러도 보았으나 해법의 방향은 달랐다. 테일러는 작업 연구를 토대로 노동자와 자본가가 생산성 향상에 협조하는 사회를 지향했다. 그러나 테일러는 노동조합과 자본가에게 모두 환영받지 못했다. 독점력을 지닌 노동조합은 테일러를 '숙련을 요하는 작업'을 제거하려는 이로 간주했고, 자본가들은 테일러를 말썽꾸러기나 사회주의자라며 공격하기도 했다.

드러커는 2차대전 이후를 경영혁명의 시대이자 지식사회[*]로 전환하는 시기로 보았다. 경영혁명은 불과 50년 만에 전세계에 파급되었는데, 경영은 기업뿐 아니라 모든 현대적 조직에 필요한 것이 되었다. 드러커는 경영자 개념이 '보스'에서 '지식의 적용과 성과에 책임을 지는 이'로 변화했다고 본다. 자본가가 생산적인 곳에 자본을 배분한다면, 경영자는 생산성 있는 곳에 지식을 배분하는 지식경영자라는 것이다.

그에 의하면 지식사회는 자본주의 이후의 사회다. 자본주의 사회에서는 고용자인 자본가와 피고용자인 노동자의 관계가 기본이 된다. 하지만 지식사회에서 지식인들은 피고용자와는 다른 위치에 있

프레더릭 테일러 Frederick Taylor(1856~1915) → 224면 '테일러의 생애'

미국의 엔지니어이자 경영전문가. 과학적 분석을 통해 생산공정을 가장 간단한 임무단위인 과업으로 쪼개고, 노동자들에게 각 단위 작업을 가장 효율적으로 수행할 수 있는 방법을 훈련시켜야 한다고 주장했다.

지식사회

드러커는 일찍이 1969년『단절의 시대』에서 '지식사회'의 도래를 내다봤다. 1993년『자본주의 이후의 사회』에서는 지식이 사회적 부의 원천이 될 것으로 예측하며, 지식경영을 통한 생산성 향상과 혁신을 강조했다. 사회의 기본적인 경제자원은 이제 자본이나 노동력이 아니라 지식이며, 지식이 가치를 창출한다고 보았다. 이 과정에서 드러커는 혁신과 경쟁의 주체로서 '지식노동자'의 역할을 강조했다.

다. 이제 연금기금이 거대한 소유주로 등장하며 지식인들은 생산수단인 연금기금과 생산도구인 지식을 함께 지닌다. 드러커는 지식사회의 기본 문제를 지식작업과 지식노동자의 생산성 증대에서 야기되는 경제적 도전, 그리고 제2계급인 써비스노동자의 중요성이 증대하는 데서 오는 사회적 도전으로 보고 있다.

드러커는 혁명과 혁신이라는 말을 빈번하게 사용한다. 이 용어들이 거시적 추세와 관련해 사용될 때는 매우 근본적인 변화를 의미하지만, 맑스가 사용하는 맥락에서와 같은 불연속성을 지닌 개념은 아니다. 그래서 미시적 차원으로 들어가면서는 혁명이라는 표현보다 혁신이라는 표현을 사용한다. 그는 『혁신과 기업가정신』(1985)이라는 저서에서, 혁신을 '혁명을 통해 달성하려는 것을 폭력과 파국 없이 실현하는 것'으로 정의한다. 그리고 혁명은 오래된 부패에서, 아이디어와 조직의 파탄에서, 자기혁신에 실패한 결과로서 나오는 것이라고 본다.[14]

드러커는 기업가의 개념도 슘페터에 비해 실무적·보수적으로 정의한다. 그는 기업가를 '변화를 탐색하고 변화에 대응하며 변화를 기회로 활용하는' 존재로 묘사하면서, 기업가정신●의 발휘가 자원의 최적

●
기업가정신 entrepreneurship

기업가 혹은 혁신가로 번역되는 영어의 entrepreneur는 '시도하다' '모험하다' 등을 뜻하는 프랑스어 동사 entreprendre에서 유래했다고 한다. 기업가는 위험과 불확실성을 감수하고 혁신을 통해 새로운 기회에 도전하는 사람이며, 기업가정신은 이러한 도전 정신이라 할 수 있다. 드러커는 『혁신과 기업가정신』에서 기업가가 변화를 정상적이고 건강한 것으로 인식하며, 스스로 변화를 초래하지는 않지만 언제나 변화를 탐색하고 이에 대응하고 이를 기회로 활용하는 존재라고 말했다.

기업가정신에 기초한 혁신의 주창자 피터 드러커 ⓒJeff McNeill

배분*을 위해 노력하는 것보다 위험부담이 덜하리라 기대했다. 그가 생각하는 기업가는 위험을 추구하지 않는 보수적인 혁신가다. 그는 관리적managerial 경제에서 기업가적entrepreneurial 경제로 이행되었음을 강조하지만, 그 기업가정신은 매우 조직적이고 관리적이다.

●

자원의 최적배분

신고전파 경제학에서는 경제주체가 합리적인 자원배분을 행한다고 가정한다. 즉 가계나 기업은 자신이 보유한 자원을 적절히 배분하여 가장 높은 만족도를 얻으려 행동한다고 본다. 사회 전체적으로도 사회후생을 최대화하는 최적의 자원배분 상태가 존재한다고 보는데, 이러한 최적배분은 완전경쟁 조건에서의 시장가격을 통해 이루어지는 것으로 논증하고 있다. 역사적으로 존재한 사회주의 체제에서는 계획기구가 시장기구의 역할을 수행하여 자원최적화를 도모하고자 했다.

드러커에게 기업가정신에 기초한 경영혁신이란, 변화를 목표지향적·조직적으로 탐색하고 그런 변화가 불러올 수 있는 혁신 기회를 체계적으로 분석하는 활동이다. 그는 혁신 기회를 얻기 위한 7가지 원천을 강조했다. 즉 예상치 못한 일, 경제적 현실 사이의 불일치, 프로세스상의 필요성, 산업구조와 시장구조의 변화, 인구구조의 변화, 인식·지각상의 변화, 새로운 지식 등이다. 그는 지식에 기초한 경영혁신은 '최상급의 혁신'이지만 까다롭고 변하기 쉬우며 관리하기 어렵다고 보았다. 멋진 아이디어나 특허는 예측불가능성과 실패율이 높으므로 무조건 독창적인 것을 하려 하지 말고 시장 가까이에서 추진해야 한다는 점을 강조한다.

드러커는 슘페터와 같이 혁신과 기업가정신의 중요성을 부각했다. 그러나 슘페터의 기업가가 진보적이라면 드러커의 기업가는 보수적이다. 슘페터의 기업가는 '파괴'와 '창조'의 모험을 통해 자본주의의 성공을 가져오는 존재다. 그러나 드러커의 기업가는 자신의 부의 창출과 유지를 목적으로 하기 때문에 지식의 '적용'과 '배분'에 중점을 둘 수밖에 없다.

6_폴라니의 물음, '시장은 스스로 제어할 수 있는가'

칼 폴라니Karl Polanyi(1886~1964)는 슘페터나 드러커와 마찬가지로 오스트리아-헝가리 제국 출신의 코즈모폴리턴으로, 경제인류학[*]이라는 새로운 학문 영역을 개척했다. 슘페터는 새로운 자본주의관과 혁신 개념을 발전시켰고, 드러커는 이를 산업과 기업경영 분야에서 구체화했다. 폴라니는 이들과는 또다른 자본주의에 대한 관점을 갖추고 경제인류학의 연구방법을 선구적으로 제시했다.

슘페터가 그랬듯이, 칼 폴라니 역시 방랑자적인 삶을 살았다. 폴라니는 두차례 세계대전을 겪으면서 오스트리아·헝가리·영국·미국·캐나다를 전전했다. 폭넓은 삶의 이력 덕분인지 슘페터와 폴라니는 모두 자본주의 정치·경제의 핵심적 특징을 웅대한 스케일로 묘사해 냈다. 그러나 두 사람이 체험한 현장과 시선은 서로 달랐다. 슘페터가 자본주의 경제 내부의 핵심부를 관찰해나갔다면, 폴라니는 자본주의 경제에 의해 파괴된 노동계급의 모습과 맞닥뜨렸다.

폴라니는 오스트리아의 빈에서 출생했으며, 헝가리의 부다페스트에서 성장했다. 이 시기 지식 형성에 기여한 이들은 대부분 부르주아 출신이었다. 폴라니의 아버지 미하이 폴라체크Mihály Pollacsek는 북부 헝가리(현재는 우크라이나)에서 태어난 칼뱅주의 유대인이었고, 취리히 공대와 스코틀랜드 유학을 거쳐 철도 엔지니어로 성공한 사업가였다. 어머니 체칠리아 볼Cecília Wohl은 러시아계 유대인으로, 헝가리 좌

●
경제인류학

경제를 인류학적 관점에서 생산과 소비를 넘어선 넓은 개념으로 이해하려는 학문 경향. 이에 따라 시장경제보다는 과거와 현재에 존재하는 비시장적 행위에 더 많은 관심을 보인다. 폴라니는 시장경제에 의해 각인된 오늘날의 경제이론에 대해 근원적으로 문제를 제기하며, 인류 역사에서 발견된 수많은 시장적 혹은 비시장적 경제체제를 비교·분석함으로써 대안적 사회의 지평을 모색했다. 폴라니는 오늘날 시장경제의 위기와 시장경제 이전의 경제체제를 서로 연결하여 보편적인 경제조직과 발전에 관한 이론을 정립하고자 했다. 이 과정에서 그는 시장경제가 인류 역사에서 매우 예외적이고 우연적인 경제체제일 뿐이라는 사실을 도출했다.

파 지식인 운동가들 사이에서 명망이 높은 인물이었다. 폴라니는 이러한 부모로부터 도덕적이고 진보적인 성향을 물려받았다.[15]

폴라니는 부다페스트 대학과 콜로스바Kolozsvár 대학에서 철학과 법학을 공부했으며, 1909년 콜로스바 대학에서 법학박사 학위를 받았다. 그는 헝가리의 급진적 학생들로 구성된 학예운동을 주도하여 1908년 '갈릴레이 써클'을 창립했고, 그 써클에서 발행하는 저널의 편집자로도 일했다. 1차대전 시기에는 군대에 입대했다가 병을 얻어 제대했다. 제대 후에는 빈에서 생활했으며, 1924년 당시 중부 유럽에서 이름 높았던 경제 저널『오스트리아 경제』에서 국제 전문기자와 편집자로 일했다. 이 시기 사회주의 계산논쟁*에서 시장경제를 옹호하던 미제스를 논적으로 삼았으며, 피터 드러커나 칼 포퍼Karl Popper 등과 교류했다.

1933년이 되자 폴라니는 직장을 그만두었다. 나치가 집권하면서 유대인 추방이 시작되었고, 폴라니는 영국으로 이주했다. 폴라니는 옥스퍼드 대학 튜터 자격으로 노동자교육협회WEA를 대상으로 강의하면서 기독교 좌파운동 지도자로 활동했다. 이 시기 그는 정기적으로 시골 마을에서 수업을 했는데, 수업 후 초대를 받아 수강생의 집

●
사회주의 계산논쟁

1920~30년대에 미제스, 테일러, 랑게, 로빈스, 하이에크 등이 사회주의 사회에서도 경제계산, 즉 합리적인 자원배분이 가능한가를 둘러싸고 전개한 논쟁. 논쟁을 촉발한 미제스는 자유경쟁 경제체제 아래에서는 시장가격이 수요와 공급을 조정하는 지표로서 자원을 합리적으로 배분하지만, 사회주의 사회에서는 생산재에 관한 경쟁시장이 존재하지 않으므로 시장가격이 성립하지 않으며, 따라서 합리적인 자원배분을 위한 계산수단이나 선택의 지표도 없다고 주장했다.

에 방문하곤 했다. 영국 노동자계급의 생활을 체험한 그는 노동계급의 인간성 파괴가 옛 사회를 가루로 만들어낸, 산업혁명이라는 '어두운 악마의 맷돌'이 작용한 결과라고 인식했다.[16]

폴라니는 1940년 미국에 이주하면서부터 그 이름이 널리 알려지기 시작했다. 먼저 미국으로 건너간 드러커는 폴라니를 미국 베닝턴 Bennington 대학의 '록펠러 펠로우'로 추천했다. 미국에 머물면서 폴라니는 집필 작업에 몰두하여 1944년『거대한 전환』을 출간한다. 또한 1947년부터 6년간 컬럼비아 대학의 객원교수로 일반경제사를 강의하면서 경제인류학적 시야의 필요성을 설파했으며, 은퇴 후에도 신예 학자들과 학제적 프로젝트를 수행하여 경제인류학을 새로운 연구 분야로 정착시켰다.

폴라니는 세계사적 시각에서 인간사회의 경제를 총체적으로 해석하는 작업으로 '전환'transformation 또는 '변형'을 이야기했다. 그에 의하면, 19세기 전까지 인간의 경제는 항상 사회에 '묻혀'embedded 있었다. 경제와 사회는 원래 서로 분리되어 있던 것이 아니고, 경제라는 덩어리는 넓은 사회라는 터전에 묻혀 있었다는 것이다. 마치 꽃이나 나무가 화단이라는 터전에 묻혀 심어져 있는 것처럼 말이다. 그런데 19세기 이후 경제가 사회로부터 분리되어 자립하는 과정이 진행되었다. 고전파를 비롯한 경제학자들은 마치 사회라는 터전에서 경제를 들어내고 뽑아내는disembedded 데 성공한 것처럼 이야기했는데, 이것이 일종의 전환·변형의 과정이었다는 것이다. 그러나 폴라니는 이러한 전환·변형이 현실에서는 전혀 불가능한 것이라고 보았다. 그에 의하면, 사회라는 터전에서 경제를 따로 뽑아내려고 하면 사회는 자

1938년 7월 옥스퍼드 대학 노동자교육협회 여름학교의 칼 폴라니(앞줄 맨 오른쪽) ⓒKari Polanyi Levitt

기보호를 위해 저항하는 또다른 전환·변형을 만들어낸다. 시장경제가 사회로부터 분리되어 스스로 움직이면 사회와 자연을 파괴하게되고 사람들은 그러한 파괴를 막기 위해 저항한다는 것이다.

폴라니가 말하는 시장경제란 일종의 순수 자본주의 체제다. 그에의하면, "시장경제란 여러 시장이 모여서 스스로 조절할 수 있는 단일 체제를 형성하는 것을 뜻한다. (…) 이렇게 도움이건 훼방이건 일절 외부 간섭 없이 스스로 경제생활 전체를 조직할 수 있는 체제라면실로 자기 조정적이라고 불릴 만하다." 그런데 폴라니가 강조한 핵심은 시장원리만이 존재하는 체제는 존재할 수 없다는 것이다. 폴라니는 "자기조정self-regulating 시장이라는 아이디어는 한마디로 완전한 유토피아이다. 그런 제도는 아주 잠시도 존재할 수가 없으며, 만에 하

자기조정 시장과 허구 상품

뉴욕 월가의 황소상. 주가 상승을 기원하고 투자를 고취하기 위해 조성된 것이지만, 고삐 풀린 자기조정 시장의 상징처럼 보이기도 한다. ©Arturo Di Modica

폴라니는 시장경제가 그 자체의 법칙대로 진화해서 자기조정 메커니즘을 통해 조직되는 것을 자기조정 시장이라고 정의했다. 원래 생산은 인간과 자연의 상호작용이었으나, 생산과정이 자기조정 시장 메커니즘을 통해 조직되면 인간과 자연도 그 메커니즘 궤도 안으로 들어가야 한다. 인간과 자연이 수요-공급 법칙에 종속되고 판매를 위해 생산된 재화로 취급되는 것이다.

그렇게 되면 인간은 노동이라는 이름으로, 자연은 토지라는 이름으로 시장에서 구입할 수 있는 상품으로 변한다. 사람들은 노동과 토지가 판매를 위해 생산된 것이라는 허구적 상품 개념을 받아들이게 되며, 화폐로 쓰이는 재화도 여타 상품과 똑같이 시장에 의해 규제되는 상품으로 인식하게 된다. 고전파 경제학자를 비롯한 자기조정 시장의 옹호자들은 이렇게 노동·토지·화폐에 대해 시장 밖에서 조정하는 행위를 시장의 자기조정을 방해하는 행위로 규정하고 이러한 간섭을 배제하려고 했다.
노동·토지·화폐를 시장에 내맡기는 일은 자연과 인간과 생산조직의 운명을 파멸시킬 수 있다. 그리하여 사회는 자기조정 시장에 내재된 재난에 맞서 스스로를 보호하고자 하는 반대운동을 일으키게 된다. 폴라니가 말하는 반대운동의 핵심은 노동·토지·화폐와 같은 허구 상품에 대한 시장의 활동을 억제하는 것으로, 이것이 개입주의의 주요한 기능이다.

칼 폴라니 『거대한 전환: 우리 시대의 정치·경제적 기원』, 홍기빈 옮김, 길 2009, 377~83면.

나 실현될 경우 사회를 이루는 인간과 자연이라는 내용물은 아예 씨를 말려버릴 것이다"라고 단언했다.[17]

자기조정 시장은 현실에서 존재할 수 없고 경제의 지배에 사회가 저항하여, 일반적으로는 경제와 사회가 병존하는 상태가 된다. 자기조정 시장이 형성되고 이것이 사회로부터 분리되면 사회 자체의 존립이 위태로워진다. 이 때문에 시장조직의 확대에 대항하는 '이중적 운동'으로서 사회의 자기보호 기제가 작동한다. 폴라니는 이러한 이중운동을 "진짜배기 상품에 대해서는 시장적 조직방식을 확장해나가는 과정이, 그리고 허구 상품에 대해서는 시장적 조직방식을 제한하는 과정이 서로 나란히 나타났던 것"이라고 설명한다.[18]

폴라니는 시장원리와 시장을 제한하는 원리가 배타적으로 존재할 수 없음을 말한다. 시장자유주의는 시장원리가 지배하는 체제를 지향하고, 맑스주의는 시장원리를 배제하는 체제를 지향한다는 점에서 양 극단에 서 있지만, 서로를 배척한다는 점에서는 공통적이다. 그러나 폴라니는 이러한 배제·극단·순수의 상태를 부정한다. 그가 파악한 시장사회란, 자유방임 운동과 그 반작용으로서 사회보호 운동이라는 상반되는 방향의 두 운동으로 구성된다. 한편으로는 자유방임 경제가 오히려 국가에 의해 계획된 것이고, 그뒤에 나타난 자유방임 제한 조치들은 계획되지 않은 것으로서 사회 모든 집단이 일구어낸 자생적 대응이다.

폴라니의 관점에 의하면, 극단적인 상황은 파국을 가져온다. 고삐 풀린 시장은 사회의 저항을 강화하고, 시장의 자율성이 높아지면 긴장도 높아진다. 시장체제의 본질적 모순으로 사회계급들 간의 갈등이 격화되고 전쟁과 대공황 같은 위기가 발생한다. 위기에 대응하고 사회를 보호하기 위해 파시즘이나 국가사회주의가 나타난다. 폴라니는 미국의 뉴딜*에 기대를 걸었다. 그는 국가 개입이 자기 조정적 시장경제를 억제하기를 기대했다.

세계경제는 폴라니의 생각대로 전개되지 않았다. 전후 시장과 국가 간의 대립이 격화되고 뉴딜은 더이상 진전되지 못했다. 시장 메커

●

뉴딜 New Deal

미국의 프랭클린 루스벨트 대통령이 1933년 의회를 통과시킨 18개 법률을 기초로 하여 1939년 2차대전이 발발할 무렵까지 경제공황을 극복하고자 실시한 일련의 정책. 시장의 자기조정에 의존하는 자유방임정책으로는 한계가 있음이 명백해지자, 경제과정에 국가가 개입해 국내시장을 확대하고 생산·유통·분배의 모든 분야에 걸쳐 광범위한 경제정책을 수립하려 한 것이다. 이 정책은 국가와 기업의 협동체제로 여겨지는데, 자본주의 이전과 달리 국가권력을 이용하려 한 점에서 자본주의 경제체제의 성격 변화를 엿볼 수 있다.

니즘은 더욱 번성했고 복지국가 모델이나 케인즈식 정책은 제한적이었으며 국가사회주의는 몰락했다. 이러한 정세는 폴라니 이론의 설득력을 약화했다. 그런데 1997년의 동아시아 위기, 2008년의 세계경제 위기 등을 계기로 폴라니가 다시 관심의 대상으로 떠올랐다. 시장 근본주의에 대한 의구심이 높아지면서, 자기조정 시장에 대한 폴라니의 통렬하고 생생한 비판이 새롭게 부각되었다.

여기서 문제는 크게 두가지다. 첫째는 시장사회에 대한 평가 문제다. 시장경제는 불과 200년도 안 된 체제라는 것이 폴라니의 주장이지만, 어쨌든 그동안 시장은 상당한 성공을 거두었다. 시장의 성공에 의해 경제가 사회에 '묻힌'embedded 시대에서 사회가 경제에 '묻힌' 시대로 전환했다. 시장 근본주의를 비판할 수도 있고 다양한 원시사회·고대사회를 재평가할 수도 있다. 그러나 그 다른 사회들이 시장사회와 동일한 수준에 있다고 일반화하는 데까지 나아가는 것은 너무 복고적이다.

폴라니는 경제를 사회적 맥락에서 '뽑아내는'disembed 것은 원래 불가능하고, 그런 시도는 반대운동을 낳는다고 생각했다. 기존 계급들의 경제적 이해에 지나치게 집착해서는 역사를 제대로 설명할 수 없다고 보았다. 그러나 반대운동이 존재하거나 비경제적 연대의 가능성이 있다는 것이 곧바로 경제를 사회 속에 다시 '묻는'embed 것을 의미하지는 않는다. 노동·토지·화폐에 대한 시장조정을 전면 부정하는 것 또한 국가사회주의에서도 실현하기 어려운 막연한 이야기가 될 수 있다.[19]

둘째는 위의 이야기와 관련한 대안체제의 문제다. 폴라니는 시장경제를 자본주의와 거의 같은 개념으로 사용했고, 국가나 사회를 시장의 외부에 있는 것으로 파악했다. 따라서 폴라니의 대안사회는 시장 자체는 존재하더라도 자기조정 시장이 국가나 사회에 의해 억제되거나 제거된 상태를 의미한다. 폴라니의 대안은 경제를 본래대로 사회에 '묻혀 들어 있는' 상태로 돌려보내는 것이다. 이는 시장의 틀 속에 있던 노동·토지·화폐를 공동체의 틀에 맡기는 것인데, 이를 바로 전면화하는 것은 현실적으로 어렵다. 전면적인 전환·변형이 어렵다면, 혁신의 누적을 통하여 이러한 과정을 만들어가는 수밖에 없다.

폴라니의 주장은 공동체를 새롭게 구성하는 일의 중요성을 일깨워준다. 전환·변형이든 혁신이든 간에 이러한 변화들이 근본적으로는 인간의 행복과 관계되어야 한다는 점은 의미있는 시사점이다. 폴라니의 기독교 사회주의● 관점에 따르면, 인격적 개성과 영혼과 공동체와 신은 완전히 동일한 것이다. 인간은 죽음과 고독이라는 피할 수 없는 숙명 앞에서 시장이라는 우상을 깨고 자유를 누릴 수 있는 공동체적 사회를 건설해야 행복할 수 있다.[20]

폴라니가 그리는 대안사회로의 전환·변형의 이미지는 분권적이고 민주적이다. 폴라니는 사회주의를 "그 본질에서 자기조정 시장을

●
기독교 사회주의

19세기 중엽 영국에서 프레더릭 모리스, 찰스 킹즐리 등이 주축이 되어 일어난 사상적 흐름. 이들은 협동·우애·평등 같은 기독교 교리를 사회와 결부시켜 자본주의를 비판하고 산업사회 문제를 해결하려 했다. 자본주의의 핵심은 경쟁인데, 그 경쟁으로 말미암아 빈곤·실업 등 사회모순이 발생하기 때문에 경쟁 대신 협동을 통해 사회조직을 건설해야 한다는 입장이다. 그 구체적인 실천방안으로 협동조합을 내세웠으며 미국·독일·스위스 등지에서도 인접한 여러 운동이 전개되었다.

극복하기 위해 그것을 민주적 사회의 명령 아래에 의식적으로 복종시키고자 하는 것으로, 이는 산업문명에 본질적으로 내재하는 경향"이라고 말했다.[21] 이는 분명 기계화·관료화·독점화의 산업과정을 연상시키는 맑스주의나 슘페터의 사회주의관과 차이가 있다. 그러나 사회주의로의 이행이 진화의 성격을 띠면서 문명·도덕의 과정과 연관된다고 보았다는 점에서, 폴라니와 슘페터의 관점에는 유사한 측면이 있다. 그리고 폴라니가 말하지 않은 부분, 즉 시장과 기업의 역동성에 대해서는 슘페터의 혁신 개념을 다시 참조하지 않을 수 없다.

7_다시 슘페터로 돌아와서

지금까지 상대적으로 경제학의 주변에 있던 혁신의 이론가들을 되짚어본 것은 좀더 장기적인 전망으로부터 지금 현실을 다시 비춰보기 위해서였다. 우리 앞에 놓인 길을 전망할 때 혁신은 더욱 중대한 의미를 띠게 된다. 그간 선진국들의 침체 상태는, 자본주의 위기의 심화와 자본주의 종말을 예견하는 입장에 설득력을 더해주었다. 그러나 자본주의 '위기'나 '종말'의 논의가 단순히 세상의 끝을 말하는 것일 수 없으며, 새로운 무엇의 탄생과 연결될 수밖에 없다.

특히 동아시아는 혁신이 새로운 역동성을 불러일으킬 가능성이 많은 지정학적 공간이다.[22] 그간의 동아시아 생산 네트워크는 혁신에 관한 슘페터의 언급에 전형적으로 부합하는 모습을 보여왔다. 경제적 차원에서만 보면 1960~70년대 이후 동아시아는 서구에 비해서는

좀더 성공적인 지표를 보여주었고 앞으로도 '창조적 파괴'의 가능성
이 높은 곳이다. 물론 경우에 따라 동아시아 자본주의도 심각한 위기
에 빠질 수 있다.

동아시아의 미래에 관해서는 두가지 씨나리오를 말할 수 있다. 나
쁜 길은 고용 격차의 구조화가 심화되면서, 일부는 고숙련 정규직 종
사자로 살고 또 일부는 사회에서 배제되는 사회의 씨나리오다. 좋은
길은 자본주의 체제를 안정적으로 운영하면서 평등성을 확산하여 하
층계급의 비율을 줄여나가는 것이다.

나쁜 길로 갈 경우, 발전단계가 낮은 상태에서 좀더 평등한 방식으
로 성장과 고용을 확대하지 못하면 1/3만을 포용하고 2/3는 배제하
는 불안정한 격차사회가 구조화된다. 이런 체제는 우연적 사건들이
겹치면 돌연히 재앙을 맞을 수 있다.

좋은 길도 생각해볼 수 있다. 먼저 떠오르는 것은 케인즈의 길이
다. 즉, 각국 정부가 긴급한 구제나 경기부양에 대처하는 능력을 확
대하고 임금제도나 사회보장제도를 꾸준히 개선해나가는 것이다. 그
리고 케인즈를 보완하는 폴라니의 길이 있다. 폴라니는 시장의 틀 속
에 있던 노동·토지·화폐를 시장 바깥에 있는 국가나 사회의 틀에 맡
기는 것을 구상했다. 그런데 아직은 가까운 미래에 국가나 사회공동
체가 시장경제를 전면 대신할 정도의 능력을 갖출 것으로 기대하기
는 어렵다. 상당한 시간과 꾸준한 노력이 필요할 것이다.

현실에서는 케인즈와 폴라니가 다루지 않은 부분이 넓게 존재하
며, 시장경제와 기업은 계속 중요하게 남을 것이다. 슘페터가 말하는
혁신은 자본주의 부문은 물론 비자본주의 부문의 발전에도 적용할

수 있다. 발전단계가 낮은 상태에서는 보다 평등한 방식으로 성장과 고용을 확대하는 것이 중요한 과제다. 혁신에 따른 지속적 성장을 통해 새로운 사회로 이행하는 기반이 확충된다. 슘페터식 혁신은 누가 어떻게 수행하는가에 따라 케인즈나 폴라니의 길과 충돌할 수도 있고 서로를 보완할 수도 있다. 혁신이 계속되다가 혁신의 여지가 사라지는 한계에 다다르면, 그때가 새로운 씨스템에 들어선 시기라고 할 수 있다.[23]

4장

조직과 관계를 말한 이론

코즈와 네트워크 사회학

1_'한반도경제'의 조직 이론을 찾아서

2014년 여름 NGO 활동가들을 대상으로 강연한 적이 있다. 산전수전을 겪어온 분들이었기에 일방적으로 진행되는 형태의 강연보다는 지금까지 해온 고민을 함께 나누는 방식이 좋겠다 싶었다. 국제 활동에 참여하는 분들이 많은 자리라 한미 FTA나 쌀 관세화 문제에 대해 어떤 생각을 갖고 있는지 물었다. 전에는 반대 입장이었으나 이제는 현실적으로 어쩔 수 없는 문제라는 대답이 많았다. 운동의 기반이 많이 무너져 문제의식이 약해졌다는 이야기도 나왔다. 그간의 생각과 상황의 괴리에서 오는 실망이 깊은 듯했다. 그러나 새로운 길은 항상 있기 마련이고 너무 의기소침해하면 해답을 찾기가 더 어려워진다. 쉽지는 않겠지만 성찰을 통해 생각과 입장을 진화·발전시키는 계기로 삼자고 서로 격려하는 자리가 되었다.

되돌아보면, 1980년대와 90년대 초까지 내 생각은 많은 부분 박현채朴玄埰(1934~1995) 선생이 쓴『민족경제론』(1978)의 틀 안에서 규정되었다. "민족적인 것이 민중적인 것이고 민중적인 것이 민족적인 것이다"라는 명제는 진보세력들이 쥐고 가는 화두였다. 운동권 안에서는 민족우선·계급우선의 NL-PD 논쟁이 일었고 그 논쟁은 다분히 정파적인 형태로 진행되었다. 대중운동 차원에서 이런 논쟁은 큰 의미가 없었다. 민족경제를 지향하는 것과 민중의 이익을 추구하는 것은 크게 다르지 않은 이야기로 여겨졌다. 1990년대 초반 우루과이라운드 반대운동 역시 개방 반대가 다수 서민의 이해에 부합하는 것이라는 입장에서 이루어졌다. 당시에는 그것이 현실의 운동을 뒷받침하는 논리였다. 지금 생각해보면 이때가 매우 중대한 전환기였는데, 정파를 앞세운 진보정치나 진보이론은 변화하는 현실을 따라잡지 못했다.[1]

내가 개가식 도서관에서 박현채 선생의『민족경제론』을 처음 집어든 것은 대학교 1학년 때다. 워낙 두서없이 이 책 저 책을 보던 시기라, 의자에 비스듬히 앉아 편안히 책장을 넘겼다. 긴장감을 갖고 이 책을 대하게 된 것은 학보사인『대학신문』수습기자가 된 뒤였다. 학보사 자료실에서 한해 전 신문을 읽으며 활자가 튀어 오르는 느낌을 받았다.『대학신문』에서는 1980년 3월부터 11월까지 '한국경제의 실상'이라는 기획씨리즈를 연재했는데, 박현채 선생이 쓴 글이 여기에 포함되어 있었다. 이 씨리즈는 연재가 끝난 후『한국경제의 전개과정』(1981)이라는 단행본으로 출간되어 한동안 대학생들의 교과서 같

NL-PD 논쟁과 진보정치

민족해방NL-민중민주PD 또는 자주파-평등파로 구분되는 진보정치 정파들은 1980년대 학생운동에 뿌리를 두고 있다. 1980년대 초 학생운동의 역할을 둘러싸고 학생운동 그룹 사이에서 무림-학림, 야비-전망, MC-MT 논쟁이 일었다. 무림-학림은 수사당국이 붙인 사건 이름에서, 야비-전망은 각 그룹에서 발간한 비합법 소책자에서, MC-MT는 각 그룹을 지칭한 학생운동 내의 은어에서 유래한 것이다. 무림·야비·MC 그룹은 장기적 관점에서 학생운동의 역량을 강화하는 데 주력해야 한다고 주장했고, 학림·전망·MT 그룹은 학생운동이 정치투쟁에서 선도적 역할을 수행해야 한다고 주장했다.

1980년대 중반을 거치면서 학생운동은 대학 밖으로 나가 전위조직 건설을 시도한다. 이와 관련해 반미자주화와 민족해방이 학생운동의 목표로 전면에 등장하는 한편, 계급문제 및 노동문제를 더욱 근본적인 과제로 설정하려는 움직임도 본격화되었다. 또한 운동론을 과학화한다는 기치 아래 '한국 사회성격 논쟁'을 벌이게 되는데, NL 그룹은 한국을 '식민지반봉건사회'로, PD 그룹은 '신식민지국가독점자본주의'로 규정했다. 운동방식에서도 차이가 있어서 NL 그룹은 공개적이고 합법적인 학생회 공간을 중시하고, PD 그룹은 주로 투쟁위원회나 특별위원회를 통해 활동했다.

학생운동에 주도적으로 참여한 이들은 NL이든 PD든 상당히 단단한 귀속감을 지녔으며, NL-PD 구도에서는 그룹 간 이동을 찾아보기 어려웠다. 각 그룹은 다양한 입장으로 분화하기도 했으나 선거를 치르는 과정에서 정파적 정체성이 주기적으로 강화되었다. 1990년대 이후 중요한 사회경제적 변화가 진행되었음에도, 1980년대에 형성된 정파적 정체성은 새로운 적응과 혁신의 과정을 거치지 않은 채 2000년대 진보정치 운동으로 연결된다.

노동자계급의 독자적 정치세력화를 추구하던 PD 그룹은 2000년 민주노동당을 창당한다. 그때까지 진보정당 운동에 호의적이지 않던 NL 성향의 사회운동 조직과 활동가들은 지역조직 또는 개인 차원에서 민주노동당 창당에 참여했고, 2003년까지 NL 그룹의 주요 세력이 모두 민주노동당에 집결했다. 민주노동당에서는 NL과 PD를 상징하는 '자주'와 '평등'을 공식 이념으로 채택했고, 이들 정파 간 경쟁이 당내에서 본격화되었다.

수적 다수를 차지한 자주파가 NL 이념과 노선을 밀어붙이자 평등파는 2008년 18대 총선을 앞두고 분당을 감행해 진보신당을 창당했다. 2008년 총선과 2010년 지방선거에서 한계를 절감한 진보신당 평등파의 일부는 2012년 19대 총선을 앞두고 다시 자주파와 제휴하여 통합진보당을 창당했다. 그러나 급조된 선거정당이었던 통합진보당은 19대 총선에서 성과를 얻자마자 급속히 다시 분열했다. 끝까지 당권과 의석을 고수하던 일부 자주파들만 남은 통합진보당은 2014년 12월 헌법재판소 결정에 의해 해산되기에 이르렀다.

김윤철 「NL-PD에서 진보당 내홍까지」, 『좌파가 알아야 할 것들』, 르몽드디플로마티크 2014.

은 역할을 했다.[2]

　박현채 선생을 실제로 만난 것은 대학원생 시절이었다. 어느 농촌 조사 프로젝트에서 박현채, 김병태, 유인호 선생 등과 의견을 나누게 됐다. 박현채 선생에게는 프로젝트 실무를 의논하기보다는 묻고 듣고 싶은 근본적인 이야깃거리가 많았다. 거인과의 심층토론이 종횡무진으로 벌어졌다. 프로젝트 참여자들 가운데 내가 가장 어린 축이어서 철없는 질문을 많이 했고, 선생의 호탕한 웃음과 함께 억센 주먹에 여러번 쥐어 박히기도 했다.

박현채 선생은 여러 면모를 지니고 있으며 이론체계도 일관되거나 완결적이지는 않다. 심지어 모순된 것처럼 보이기도 한다. 그는 민족적 생존권을 뒷받침하는 특수한 경제영역으로서 '민족경제' 개념을 말하기도 했고, 한국이 국가독점자본주의 단계에 있다는 일반론적인 주장을 하기도 했다. 그는 단재상을 수상하며 그 소감으로 "나의 경제학 연구의 성과는 역사 앞에 충실한 삶을 다짐하면서 역사적 요구가 있는 곳에는 참여하겠다는 원칙 위에 세운 소신입니다"라고 했다. 이것은 어떤 의미일까?

내가 아는 선생은 이론을 위한 이론가가 아니었고, 그가 전개한 민족경제론과 국가독점자본주의론은 사회 기층의 직접적 생산자들을 옹호하기 위한 수단으로 제시된 것이었다. 그의 민족경제론●은 자본주의와 사회주의, 남한과 북한이 분리된 체제 속에서 이를 넘어서는 모델로 형성되었다. 선생이 이론적 활동을 멈춘 시기에 세계는 크게 변화했다. 그는 1980년대 말 이후 현실 변화가 급속히 진행되는 와중에 병상에 쓰러져 투병하다 세상을 떠났다. 물론 그가 생각하고 발언할 시간을 좀더 가졌더라도 새로운 비전과 이론을 제시했을 것이라고 확언할 수는 없다. 그러나 폐쇄적 민족주의나 분파적 운동집단의 기

●
민족경제론

1978년 출간된 박현채의 저서 제목이자 1980년대 후반까지 형성된 박현채의 경제학을 가리키는 용어. 일반적으로 경제학에서는 지역적 개념인 '국민경제'라는 용어를 사용하는데, 박현채는 그 안에 민족적 생존권을 뒷받침하는 경제영역(민족경제)과 민족적 생존권을 제약하고 축소·소멸시키는 경제영역이 존재하며, 양자가 서로 대립관계에 있는 것으로 본다. 따라서 자본도 민족경제 내부에서 자기재생산의 기반을 갖는 민족자본과 그렇지 못한 외국자본 및 매판자본으로 구분된다.

박현채 선생이 1987년 『민족경제론』 등으로 제2회 단재상을 수상하며 수상 연설을 하는 모습
ⓒ고 박현채 10주기 추모집·전집 발간위원회

득권을 옹호하는 쪽에 서지는 않았을 것이라는 믿음이 있다.

나는 1980년대까지 형성된 진보이론으로는 1990년대 이후의 변화된 현실에 적응하고 이를 극복하는 비전을 만들어가기 어렵겠다는 생각을 했다. 1997년 외환위기를 경험하면서 신고전파 경제학이나 동아시아 모델을 만든 발전경제학의 무능력도 돌아보게 됐다. 새로운 방법과 지향점이 필요했다. 민족경제론에서 단일민족주의 요소는 떼어내고 세계와 국가 이외의 공간을 상상하는 문제의식을 더 발전시켜야 했다. 흔히 사회과학자들은 암묵적으로 국민국가 또는 경계 없는 진공의 공간을 상정하지만, 이는 현실에 존재하지 않는다. 우리가 놓인 현실의 토대에는 국민경제는 물론, 민족경제·세계경제·지역경제가 혼합되어 있다.

이러한 생각으로부터 찾아낸 개념이 민족경제·세계경제·지역경제로서의 '한반도경제'다. 한반도경제는 경제현상을 분석하는 단위이자 실천적 프로젝트의 성격도 함께 갖는다. 현실에서 작동 가능한 경제모델을 만들려면, 한국 경제가 형성되어온 역사적 경로와 한국 경제가 존재하는 공간을 고려해야 한다. 그래서 동아시아 발전모델°로부터 진화·발전할 수 있는 새로운 한반도경제 모델을 구상했다. 한반도경제는 남북한을 아우르는 포괄적 경제단위이고 남북한의 씨스템을 개혁하고 통합해 세계와 공존하려는 정치경제학적 기획이기도 하다.[3]

한반도경제란 생각과 실천의 방향을 제시하는 차원의 개념이다. 이는 더욱 정교하게 이론화될 필요가 있다. 그러기 위해서는 미시적 차원의 분석도구가 필요하다. 전체적이고 추상적인 수준의 담론에 머물러 있으면 현실에서 실행 가능한 정책 프로그램으로 진전될 수 없다. 거시적 담론이 현실에 뿌리를 내리려면 미시적 조직 및 정책의 작동원리를 갖춰야 한다.

미시적 방법론에서 강점을 보이는 것은 역시 신고전파 경제학이다. 그러나 신고전파 경제학은 정태적 조건을 전제하고 있어서 그것

●
동아시아 발전모델

20세기 후반 동아시아 국가들이 나름의 방식으로 지속적인 초고속 성장을 보여 세계의 주목을 받으면서 등장한 개념. 1993년 세계은행이 펴낸 『동아시아의 기적』이라는 보고서에서는 동아시아 발전의 핵심으로 급격한 성장과 불평등도의 저하라는 두가지 결과와, 농업의 역동성, 수출 확대, 인구구조 변화, 높은 저축률·투자율, 인적자본 구축, 높은 생산성 등 여섯가지 특징을 거론한 바 있다. 동아시아 발전모델에서는 경제적 성과를 거두기 위해 국가가 적극적으로 개입한다는 명목으로 개발독재형 권위주의 정치체제를 허용하는 경향을 나타냈다.

만으로는 변화에 필요한 역사적 시간과 공간을 고려하기 어렵다. 다른 한편에서 미시적 조직이 좀더 기본적인 요소인 행위나 기능과 연결되는 부분을 들여다보아야 한다. 1년에서 10년 정도의 시간 범위에서 생각할 수 있는 실천은 조직 및 행동과 관련된다. 이 부분에 강점을 보이는 이론적 자원이 '신제도주의 경제학'과 '네트워크 사회학'이다. 슘페터와 폴라니는 시장이나 기업 같은 미시적 조직보다는 그것이 거시적 씨스템과 연결되는 변동의 과정에 주목했다. 그런데 나는 제도나 네트워크 자체에 관한 논의들을 공부하고 그 성과를 발표하는 과정에서 이 이론들이 본질적으로 '진보적' 이론이 아니라는 지적을 많이 받았다. 그러나 내 관심은 이론의 정치적 성격보다는 이론의 쓰임새에 있다. 미시적 조직을 살피는 데에는 신제도주의 경제학과 네트워크 사회학으로부터 배울 바가 적지 않다고 여긴다.

2_코즈와 신제도주의 경제학

진보적 경제학을 어떻게 구성해야 할까? 머리를 떠나지 않는 어려운 문제다. '진보'라는 말이 유효하려면 대안적 프로그램까지 포함해야 한다. 대학 정책과 관련해 동료 교수들과 토론을 하다 보면 종종 '시장주의' '대학의 기업화'라는 말이 나온다. 이때 '시장'이나 '기업'은 부정적인 의미로 사용된다. 어떤 정책에 '반시장주의'나 '반기업주의'라는 딱지를 붙이기는 쉽다. 그러나 거기서 더 나아가 시장이나 기업 대신 작동하는 조직을 구상하는 것은 결코 쉽지 않다. 대안을 제시하려면 시장이나 기업이 어떤 성격을 갖는지 꼼꼼히 짚어보아야 한다. 이 둘은 하나로 뭉뚱그릴 수 없는 전혀 다른 원리로 움직이기 때문이다.

먼저 '시장'이란 무엇인가? 인간은 필요한 것이 있으면 직접 생산하거나 교환을 통해서 조달해야 한다. 교환을 할 때 교환 대상의 가치를 일정하게 매겨줄 화폐단위가 개입하면 우리가 흔히 아는 시장, 즉 수요와 공급에 따라 상품 가격이 정해지는 장소가 생긴다. 평범한 이야기 같지만 경제 행위와 조직의 본질을 말한 것이다. 이를 개념과 이론으로 정립한 이가 로널드 코즈Ronald Coase(1910~2013)다.

로널드 코즈는 기업과 재산권 이론의 개척자다. 코즈는 영국 출신의 경제학자로 노벨 경제학상을 수상했으나 전공자가 아니면 접하기 쉽지 않은 이름이다. 코즈에 대한 오해 가운데 하나는 그가 밀턴 프리드먼Milton Friedman(1912~2006) 등의 시카고 학파• 일원이라는 것이다. 코즈가 시카고 대학 경제학부 교수를 지냈다는, 사실과 다른 프로필이 나도는 것도 이러한 오해와 연관이 있는 것 같다. 그는 시카고 대학 경제학부가 아니라 로스쿨 교수를 지냈다. 그는 1991년 노벨 경제학상을 수상했는데, 수상 결정 이유로 「기업의 본질」(1937)과 「사회적 비용의 문제」(1960) 단 두편의 논문이 거론됐다. 이 논문들은 훗날

●
시카고 학파

미국 시카고 대학교를 중심으로 프리드먼, 하이에크, 스티글러 등이 주축이 된 경제학파. 신자유주의 학파라고도 한다. 시장경제에 의한 자유로운 가격 기능을 신뢰하며 화폐정책을 특히 중시한다. 자유시장기구가 충분히 기능하기만 하면, 공해 같은 외부경제가 존재하거나 공공재를 공급하는 경우 등 일부 예외적인 상황을 제외하고는 경제자원이 효율적으로 배분되고 시장에서 자동적으로 균형을 이룰 수 있다고 본다.

신제도주의 경제학을 구축한 로널드 코즈
ⓒThe University of Chicago Law School

신고전파 비판을 포함하는 조직경제학 또는 법경제학의 초석이 되었다.[4] 그가 런던 정경대학LSE에서 학사학위를 받은 것은 1932년으로, 이때 이미 「기업의 본질」의 기본 아이디어를 마련해두었다고 한다. 「기업의 본질」의 핵심은 시장원리가 유일한 경제조직의 원리가 아니라는 해명이다.

코즈는 법학이나 경영학 분야에서 대단한 위상을 확보한 경제학자지만, 신고전파가 주류인 경제학계에서는 오히려 이단적인 존재다. 코즈는 노벨 경제학상 수상 강연에서 기존의 주류경제학을 "칠판에서나 통하는 경제학"blackboard economics이라고 평했다. 그는 주류경제학이 경제체제의 제도적 특징을 무시해왔다고 지적했다. 대부분의 경제학자들은 애덤 스미스의 명제를 공식화하는 데 주력했는데, 이는 현실세계real world에서는 나타나지 않는 필요조건, 예를 들면 기술과 소비자 기호가 일정하다든지 이익을 추구하는 개인은 가격체계에 의한 선택에 의해 지배된다든지 하는 가정에 기초한 것이다. 이러한 특징을 가진 경제주체나 경제현상은 교과서 속에만 존재한다. 이러한 경제체제는 극단적인 분권화 체제다.

코즈의 문제의식은 더글러스 노스Douglass North, 올리버 윌리엄슨 Oliver Williamson 등에게로 이어졌다. 이러한 흐름은 경제학 분야 안에서 신제도주의 경제학●으로 불렸고 상당한 연구 성과를 내왔다. 또한 신제도주의는 실증분석 연구에 필요한 분석도구를 정비하는 데 상당한 노력을 기울였다. 이 과정에서 '제도' 개념을 폭넓게 사용하는 소스타인 베블런Thorstein Veblen, 존 커먼스John Commons 등의 제도주의와 차별되는 지점을 부각하기도 했다.

한국의 진보 경제학계에서는 신제도주의를 신고전파와 다르지 않게 보는 경향이 있다. 신제도주의도 신고전파와 마찬가지로 사회제도와 구조를 원자화된 경제적 인간homo economicus들의 합리적 선택의 결과물로 이해한다는 것이다. 경제적 인간은 소비를 할 때나 생산을 할 때 합리적인 계산을 통해 합리적인 결정을 내린다. 경제적 인간의 이기심이 사회적으로 바람직한 균형상태를 초래한다는 것이 신고전파 경제학의 논리다. 그러나 현실에서 만나는 사람들은 완벽한 합리성으로 무장하고 있지 않다. 현실의 우리는 스스로 기준을 세우고 홀

●
신제도주의 경제학 New Institutional Economics

1980년대부터 로널드 코즈, 더글러스 노스, 올리버 윌리엄슨 등 신고전주의와 오스트리아 학파 성향을 띤 학자들이 구축한 경제학. 개인에만 관심을 집중하고 그들의 행동에 영향을 주는 제도는 고려하지 않는 신고전주의와 궤를 달리하면서, 개인의 의식적 선택에서 출발하여 어떻게 제도가 탄생하는지를 분석함으로써 기존의 제도주의 학파와도 차별성을 나타냈다.

로 계산하는 것이 아니라 끊임없이 다른 사람들과 영향을 주고받으면서 판단하고 행동한다. 진보 경제학계에서는 제도의 효율성을 그 자체로 평가할 수 없고 사회적 맥락 속에서 논의해야 한다고 주장한다. 또한 인간을 타인, 타인과 자신의 관계, 자신이 속한 제도적 환경을 고려하여 행동하는 상호적 인간homo reciprocan으로 파악해야 한다고 본다.[5] 문제는 상호적 인간을 모델화해서 현실에서 응용 가능한 이론체계를 구성할 수 있는지 여부다. 이 방면에서도 여러 모델을 축적하고 있지만 아직 보편적 이론의 체계로 집대성하지는 못했다.

코즈로부터 출발한 신제도주의는 신고전파 이론을 비판하면서도 그와 연속성을 가지면서 현실 적용의 범위를 확장한 면이 있다. 코즈가 경제적 인간으로부터 출발한 것은 사실이지만, 인간의 합리성이 제한적일 수 있고 상호작용에 의해 결정이 변할 수도 있음을 인지했다. 신제도주의는 상호작용에 의한 선호의 변화가능성을 명료하게 모델화하지는 못했다. 그러나 뒤에서 살펴볼 '거래비용'이라는 개념을 통해 교섭이나 협상 등 상호작용의 영향을 일정하게 반영하고 있다.

인간이 과연 경제적인지 상호적인지에 관해서는 아주 깊은 논의가 필요할 것이다. 직관적으로 생각해보면 인간은 두 면모를 모두 지니고 있고, 당분간 두 면모를 관통하는 일반이론이 나오기는 어려울 것 같다. 다만 우리에게 당장 필요한 것은 분석도구다. 진보 경제학계에서 상호적 인간에 대한 논의를 선호하는 것은 그것이 현실에 가깝기 때문이기도 하지만 신고전파 경제학의 이론적 전제를 비판하려는 목적도 있다. 그러나 비판에 그칠 뿐 자신의 무기와 도구를 만들지 못하면 현실에 적용할 수가 없다. 어떤 인간관에 입각하건 '제도가 중요하다'라는 문제의식을 지니고 있다면, 제도 요인을 경제이론의 도구로 분석에 수용하는 방법에 대해서는 긍정적으로 참고하지 않을 이유가 없다.

3_기업, 거래비용, 재산권

코즈의 이론은 신고전파 경제학과 급진파 경제학 사이에 놓인다. 신고전파건 급진파건 경제체제의 메커니즘과 제도·조직을 작동시키려면 코즈가 전개한 개념과 문제의식을 비켜갈 수 없다. 신고전파 경제학은 논리적 완결성을 중시한다. 그래서 경제학에서 가정은 그다지 중요하지 않고 추론과정과 결론이 중요하다는 입장으로 나아가기도 한다. 그러나 코즈는 가정, 추론과정, 결론이 다 중요하다고 보았다. 코즈는 특히 경영관리라는 생산요소(조정)의 존재에 주목했다.[6]

코즈에게서 높이 평가해야 할 부분은 현실주의자로서의 면모다. 그는 교과서에는 나오지 않는 현실에 민감하게 주목했다. 러시아혁명 후 레닌Vladimir Lenin은 하나의 거대한 공장으로서 경제체제를 언급했다. 당시 주류경제학자들은 이를 무시했다. 그들은 가격기구의 역할을 신봉하는 한편 집권集權적 계획planning을 세우고 실행하는 것은 불가능하다는 확신에 차 있었다. 그러나 현실의 경제체제에는 계획의 요소가 존재하고 있었다. 서구에도 엄청난 규모의 공장이 있었고, 코즈는 그런 현실을 그냥 넘기지 않았다. 코즈는 주류경제학자들의 확신과 다른 현실을 해명하고자 1937년 「기업의 본질」을 썼다.

'기업'은 현실이 시장경제와 다른 원리에 의해서도 조직됨을 보여주는 가장 유력한 예다. 기업이 조직되고 작동되는 원리는 '계획'과 '명령'이기 때문이다. 코즈는 시장과 기업, 교환과 명령이 공존하는 경제 현실을 직시했고, 이를 해명하기 위해 '거래비용'이라는 개념을 생각해냈다. 시장을 통한 거래에서는 가격 탐색, 협상과 계약의 종결, 집행 등이 일종의 비용으로 발생한다. 코즈는 이를 '가격기구를 사용하는 비용'a cost of using the price mechanism이라고 말했는데, 코즈의 뒤를 이은 학자들은 이를 거래비용으로 개념화했다. 코즈는 현실세계에서는 이런 비용을 회피하기 위해 관리적 결정을 통해 자원을 배분하게 되며, 그 결과 기업이 존재하는 것이라고 밝혔다. 그는 효율적 경제 체제에서는 시장은 물론 조직 내의 계획도 필요하며, 시장과 계획이 함께 존재하는 것이 경쟁의 결과에 부합한다고 보았다.

코즈의 문제제기는 당시 별다른 반향을 불러일으키지 못했다. 세계가 정치진영으로 나뉘어 체제경쟁을 하는 시기였기에 미시적 경제 조직 원리에도 이념의 굴레가 씌워졌다. 시장이 바로 시장주의나 자본주의로 이해되고, 계획은 사회주의 이념이 되었다. 그러나 현실에서 시장은 시장대로 기업은 기업대로 진화하고 발전했다.

코즈가 좀더 주목을 받은 것은 거래비용과 재산권의 연관성을 제시해 엄청난 파장을 일으킨 뒤다. 1960년에 출판된 논문 「사회적 비용의 문제」는 신고전파 경제학자 아서 피구Arthur Pigou(1877~1959)의 후생경제학을 비판하기 위한 것이었다. 피구는 사적 생산물과 사회적 생산물 간의 괴리를 정부 개입으로 해결해야 한다는 주장을 내놓았다. 사적으로 행하는 생산의 결과가 사회적 생산물과 일치하지 않는 것은 사적으로는 생산비용이 지불되지 않는 외부경제가 있기 때문이다. 이 경우 정부가 개입해야 한다는 것이다. 코즈는 피구가 분석한 내용의 약점을 파고들었다. 피구의 경제이론은 거래비용이 없다는 것을 가정하고 있는데, 이런 조건에서는 재산권이 초기에 어떻게 배정되었는가와 무관하게 당사자 간 교섭에 의해 문제가 해결될 수 있다. 당사자 간 교섭이 가능하다면 피구가 논한 외부경제에 대한 정부 개입의 근거가 흔들린다.

코즈의 주장은 표준적 경제이론의 결론을 뒤집는 것이었다. 그때까지 정부 행동(보통 조세 부과)은 타인에게 해로운 영향(외부성 또는 시장 실패라고 표현)을 미치는 행동을 잡기 위해 불가피한 것으로 인식되었다. 목장에서 소를 키워 이웃 농가의 곡물 경작에 피해를 주는 경우가 있다고 하자. 정부가 목장주에게 과세를 하는 것이 피구의 방식이다. 그러나 코즈는 목장주와 농장주의 상호성에 주목한다. 농장주도 피해를 입었지만 목장주도 손해를 보았다는 것이다. 농장이 목장 인근에 없었다면 목장주도 방해받지 않고 소를 방목할 수 있었을 것이기 때문이다. 따라서 양자 간의 자발적 협상을 통해 키울 수 있는 소의 수를 조정하여 효율성을 높일 수도 있다.

위의 경우에서 보듯이, 코즈는 거래비용이 영(0)일 때 재산권 분배와 무관하게 시장에서 자원을 효율적으로 배분할 수 있다고 주장했다. 이것이 유명한 '코즈의 정리'다. 여기서 재산권 분배란 재산권이 어떤 형태로 존재하는가를 말하며, 신고전파 경제학에서는 예를 들어 주식과 회사채 사이에, 과세와 국채 사이에, 소비세와 생산세 사이에, 관세와 쿼터 사이에 등가성이 존재함을 입증하곤 했다.

흔히 경제학자들은 '코즈의 정리'를 중시했지만, 코즈 자신은 여기에만 머물지 않았다. 코즈는 거래비용이 영(0)이 아닌 조건을 상정했다. 현실에서는 보통 거래비용이 영(0)이 아닌 양(+)으로 나타나는데, 이때는 재산권 분배에 따라 다른 결과가 나온다. 현실에서는 물권과 채권, 주식과 회사채, 과세와 국채, 소비세와 생산세, 관세와 쿼터는 다른 영향과 효과를 발생시킨다. 코즈의 결론은 오히려 "거래비용이 양(+)인 현실의 세계를 연구하자"는 것이라고 할 수 있다.[7]

코즈가 거래비용을 언급하면서 재산권 문제의 중요성이 새롭게 인식되었다. 그전까지 재산권이 물권과 채권 같은 법률적인 개념에 불과했다면, 코즈 이후로는 '자원을 자유롭게 이용할 수 있도록 하는' 경제적 능력으로 인식되었다. 코즈가 사용한 예로 다시 돌아가보자. 여기서 목장주가 자유롭게 소를 키울 수 있는 권리, 농장주가 목장의 소로부터 방해받지 않고 곡물을 키울 수 있는 권리 등이 재산권이다. 만약 재산권이 완전하다면, 즉 거래비용이 영(0)이면, 재산권을 보호하려는 노력이 필요없다. 목장주와 농장주가 결혼을 했다고 치면, 그래서 교섭과 협상에 비용이 들지 않는다면 굳이 서로 재산권을 지키려고 할 이유가 없다. 그러나 만약 재산권이 불완전하면, 즉 거래비용이 양(+)이면 개인은 기존 재산권을 유지하거나 새로운 재산권을 설립하려 시도할 것이다. 실제로 거래비용이 영(0)인 경우는 드물다. 이를테면 결혼을 해본 이들은 알 것이다. 부부 사이에도 상당한 정도의 탐색과 교섭의 거래비용이 발생하고 자원 이용을 위한 영역 다툼이 있다는 사실을(!).

코즈의 논의는 급진파들에게도 경종을 울리는 측면이 있다. 개인 차원에서 행하는 사적 생산과 사회 전체로 계산되는 사회적 생산 사이의 괴리는 경제씨스템의 작동을 어렵게 하는 근본 문제다. 생산은 사적 개인이 주도하는 측면도 있고, 사회적 관계 속에서 이루어지는 측면도 있다. 신고전파는 이 문제에 대해 '시장실패'가 부분적으로 나타날 수 있다는 방식으로 이해했다. 반면 맑스는 문제의 근원에 소유제가 있다고 보고, 사적 소유제 폐지를 주장하는 결론으로 나아갔다. 그러나 이는 잘못된 판단이었다. 재산권에 대한 탐구가 진행되면서 재산권이 단순히 법적인 권리가 아니며 법적 조치만으로 폐지되거나 변경되기 어렵다는 점을 이론적·경험적으로 깨닫게 되었다. 거래비용이 존재하는 한, 개별적인 재산권은 사라지지 않는다. 국가사회주의는 법적으로 사유제를 폐지했지만, 그 이면에서는 새로운 소유권이 창설되었다. 국가사회주의 붕괴 이후 적나라하게 모습을 드러낸 과두제적 소유제의 모습은 코즈의 통찰력을 증명하는 극적인 사례다.

코즈에 따르면, 기업의 본질은 조직화·내부화·계획화의 이익에 있다. 시장에서의 교환관계가 완벽하게 작동해서 거래비용이 영(0)이 되면 굳이 조직을 만들어 계획을 할 필요가 없다. 그냥 시장에서 구입하면 된다. 그러나 시장 거래에는 비용이 들기 마련이다. 조직을 만들어 거래를 조직 안에 내부화하는 데에도 비용이 든다. 만일 내부화의 이익이 크면 외부와의 거래관계를 내부화하려고 한다. 이때 재산권이 발전한다. 반면 조직과 계획의 비용이 너무 크면 외부화하는 것이 이익이 된다. 시장을 통해 자원을 사용할 수 있게 되면 재산권은 희석된다.[8]

개념과 이론이 만병통치약이 될 수는 없겠지만, 코즈의 경제학은 조직선택이나 씨스템 작동에서 문제제기 방식과 판단의 방향을 설정하는 데 도움을 준다. 시장이냐 계획이냐, 자본주의냐 사회주의냐 하는 양자택일의 질문은 별 소득이 없다. 현실에서는 여러 형태의 조직과 제도가 공존하며, 시장만능과 계획만능의 세계는 관념으로만 존재할 뿐이다. 이것이 코즈가 우리에게 말해주는 핵심적 교훈이다.

4_네트워크 사회학의 문제의식

'시장원리'니 '계획원리'니 하는 이야기는 보통 사람들에게 멀게 느껴질지 모른다. 그러나 '네트워크'를 말하면, 우선은 친근하다. 네트워크는 방송이나 통신, 지금은 인터넷과 관련해 숱하게 언급되는 단어다. 그런데 친근하기 때문인지, 많은 경제학자들도 네트워크 개념에 대해서 일반인 이상의 의미 부여를 하지 않는다. 언젠가 저명한 선배 경제학자를 만나는 자리가 있었다. 요새 관심사를 묻는 인사에 "네트워크 경제를 들여다보고 있습니다"라고 대답했더니 "네트워크요? IT산업을 연구하는 건가요?" 하는 반문이 돌아왔다.

내가 네트워크를 조직경제의 개념으로 보면서 관심을 가진 것은 '격차' 문제 때문이었다. 한국은 1990년대 초부터 격차 확대의 국면으로 전환했고, 2000년대 들어서 '양극화' 문제가 뜨거운 쟁점으로 부각되기 시작했다. 경제 총량에서 남북한 간 격차는 더욱 심화되었으며, 북한 내에서도 계획과 시장의 이중경제화가 진행되면서 내부

격차가 심각해지고 있는 것으로 보인다. 거시적 분배정책 외에 미시적 경제조직 차원에서도 격차 문제에 대응하는 방안이 필요하다고 생각했다.

코즈의 논문을 읽다가 그를 기초로 하여 거래비용 경제학을 발전시킨 올리버 윌리엄슨의 논의를 접하게 됐다.[9] 윌리엄슨 역시 거래비용 경제학을 발전시킨 공로로 2009년 노벨 경제학상을 받았다. 윌리엄슨은 코즈가 시장과 기업이라는 조직선택의 문제를 논의한 데서 더 나아가 시장과 기업의 하이브리드hybrid(혼합) 형태에 다음과 같이 주목한다. "나는 일찍이 중간형태의 거래는 조직하기 어렵고 불안정한 것으로 보았는데 (…) 이제는 중간범위의 거래가 더욱 일반적이게 된 점을 납득했다." 그리하여 윌리엄슨은 양 극단에 시장과 위계제hierarchy의 거버넌스 구조가 있고 그 사이에 하이브리드가 존재함을 명시했다. 하이브리드 조직에 관한 연구는 1990년대부터 본격화되어 기업 간 관계나 마케팅 분야 일부에서는 주요한 패러다임으로 부상했다.

문제는 이 하이브리드 조직이 자신의 본질을 적극적으로 표현하지 못한다는 것이다. 스스로를 시장도 아니고 위계조직도 아닌 것으로 정의하다 보니 너무나 다양한 형태의 조직방식을 포함하고 만다. 신제도주의 경제학에서는 하이브리드 조직으로 하청계약, 기업 네트워크, 프랜차이징, 집단상표, 파트너십, 협동조합, 기업동맹 등을 예시하고, 하이브리드 거버넌스 구조로 트러스트, 관계적 네트워크, 리더십, 공식적 통치체 등을 들고 있다. 이런 식으로는 중간형태의 조직원리를 효과적으로 인식하기 어렵겠다는 생각이 들었다. 그리하여 경제학 바깥으로 눈을 돌렸다.

네트워크 개념은 오늘날 사회적 패러다임의 변화를 설명하는 용어로서 영향력이 크다. 사회학에서는 이를 사회적 관계에 적용하며 '연결망'으로 번역해 사용하기도 한다. 그러나 사회학 바깥의 물리학·생물학·뇌과학·가상세계 등에서는 '네트워크'라는 말을 그대로 사용한다. 네트워크 개념의 확산에는 기술씨스템의 혁신이 큰 역할을 했다. 기술씨스템에서 네트워크는 노드node(일정한 작용을 가하는 단위)들이 연결되어 물질·에너지·정보를 주고받는 씨스템을 뜻한다. 1980년대 중반 이후 개인용 컴퓨터가 상용화되고 이러한 컴퓨터들 간에 정보 교류가 가능한 인터넷이 대중화되면서, 이를 지칭하는 개념으로 네트워크 개념이 떠올랐다.

네트워크 개념은 매우 일상적으로 폭넓게 적용되고 있다. 그래서인지 오히려 그 개념이 분명하게 정의되지 않은 면이 있다. 우선 네트워크는 행위주체들 사이에 존재하는 일련의 구체적 연결형태를 지칭한다. 이는 사회적 관계나 연대에 의해 느슨하게 연결된 조직, 혹은 둘 이상 연결된 교환관계의 집합 등으로 정의된다. 또한 네트워크는 이러한 연결형태를 포괄적으로 표현하는 은유이기도 하다. 때로는 공동의 목적을 달성하기 위해 행동하는 조직들의 집합에 나타나는 총체적인 관계유형을 뜻하고, 때로는 사회자본을 구성하는 주요 개념요소들(신뢰, 규범, 네트워크) 가운데 하나를 가리킨다.[10]

사회학에서는 맑스, 베버, 뒤르켐Emile Durkheim의 고전이론을 끌어와 네트워크에 관한 논의를 확장한다. 맑스는 생산과정 관계에서 계급 간 적대적 상호작용에 초점을 두었다. 맑스의 개념은 네트워크의 상호작용에서 지배적인 지위를 차지하는 존재가 있음을 상정한 것이다. 찰머스 존슨Chalmers Johnson이 말한 미국이 주도하는 세계적 차원의 정치·군사적 연결망 개념, 하트Michael Hardt와 네그리Antonio Negri의 '제국' 개념도 적대적 상호작용에 기반한 네트워크 구조를 표상한 것으로 볼 수 있다. 한편 베버는 행위를 분석단위로 보았다. 이는 단위 행위들이 만나 연결망을 형성한다는 네트워크 기능에 관한 아이디어로 발전했다. 뒤르켐은 동질성을 기반으로 하는 사회의 기계적 연대*와 이질성을 기반으로 하는 사회의 유기적 연대*를 구분한 바 있다. 이는 마크 그라노베터Mark Granovetter의 '강한 연결'strong tie과 '약한 연결'weak tie 개념으로 발전한다.[11]

이렇듯 고전이론과의 접점이 있지만, 일반적으로 네트워크 사회학의 연원은 게오르크 짐멜Georg Simmel(1858~1918)이라고 본다. 짐멜은 체계화하기 어려울 정도로 다양한 사고를 전개했는데, 크게는 이론의 대전제를 만들고 사회현상을 구체적으로 분석했다고 할 수 있다. 짐멜의 인간관은 양면적이다. 그는 인간을 개인적이면서 또 사회적인 존재로 보았으며, 인간의 이성적·지적·사회적 측면과 함께 감

●
기계적 연대

한 사회의 전체 구성원이 공통된 관념 아래 행동함으로써, 개인의 자발적 의사가 상실되고 전체의 공통 의식이 개인의 의식을 지배하는 사회적 결합상태.

●
유기적 연대

사회 발전에 따라 개인 간의 기능적 차별과 분업이 발달하여 종래의 유사성과 동질성에 기초한 인간관계가 무너지고 상호의존에 기초하여 새로운 결합관계가 생기는 일.

게오르크 짐멜

게오르크 짐멜은 맑스, 베버, 뒤르켐 등과 함께 사회학을 하나의 분과 과학으로 정착시킨 고전 사회학자다. 짐멜은 1858년 독일 베를린에서 태어났다. 베를린 대학에 입학해 다윈의 진화론과 연관지어 음악의 기원을 밝힌 논문으로 박사학위를 받으려 했으나 논문 형식을 갖추지 못했다는 이유로 심사를 통과하지 못했다. 우여곡절 끝에 칸트 철학에 관한 논문으로 학위를 취득하지만 교수가 되지 못했고, 30년 동안 강사 생활을 했다. 그는 사망하기 4년 전에야 프랑스 국경에 위치한 스트라스부르 대학의 정교수가 되었다. 그리고 1918년 그곳에서 세상을 떠났다.

짐멜은 가장 미시적이고 일시적인 현상부터 가장 거시적이고 고정적인 현상에 이르기까지 넓은 범위의 대상을 다루었다. 짐멜은 국가·노동조합·계급구성·노동분업 등 커다란 사회구조를 중심으로 한 사회과학을 비판했다. 그는 이미 굳어진 것으로 보이는 사회구조 내부에서 유동적으로 움직이는 것, 굳어진 사회구조로는 설명되지 않는 다양한 인간관계, 그리고 그 인간관계를 구성하는 근본적인 원리에 관심을 두었다.

짐멜이 주목한 것은 사회 그 자체가 아니라 사회 안에서 서로 관계를 맺고 상호 작용하는 개인들이었다. 그는 사회구조와 개인의 문제를 전면화해서 현대사회의 긍정적·부정적 성격을 함께 이해하고자 했다. 이러한 관점에서 짐멜은 현대사회의 낯설고 새로운 것에 대해 탁월한 통찰력을 보여주었다. 예를 들면, 이방인이란 그 존재 자체로 규정되는 것이 아니라, 한 공동체가 그의 어떠한 특성을 낯선 것으로 부각시킨 결과로 보았다. 대도시의 삶이 개체의 고유성을 박탈하고 둔감함이라는 특성을 부여하지만, 또 한편으로는 개인들에게 일정한 방식의 자유를 보장한다는 점을 인식했다.

짐멜은 개인과 사회구조의 긴장에 주목하고 특수한 대상을 매개로 관계와 상호작용의 문제를 풍부하고 다양하게 분석해냈다. 그는 당시 학계에서 이단아 취급을 받았으나 강연을 통해 수많은 청중을 사로잡았으며 신문과 잡지에 다채로운 글을 기고했다. 대표 저서로는 돈이 인간의 사회적·문화적 삶에 미치는 영향력을 분석한 『돈의 철학』(1907)과 사회적 상호작용의 형식을 연구한 『사회학』(1908) 등을 꼽을 수 있다.

문정애 「짐멜의 현대성」, 『오늘의 문예비평』 57, 2005. 6; 박재은 「모더니티의 사회학자, 게오르그 짐멜」, 그린비출판사 블로그 http://greenbee.co.kr/blog/1254, 2010.12.10.

정적·개인적 측면도 중시했다. 짐멜은 사회구조를 인간들 사이의 상호관계가 제도화되는 과정으로 여겼다. 그리고 '사회적 원'social circle 이라는 개념으로 상호작용을 나타냈다. 전통사회의 상호관계는 여러 동심원들로 이루어져 안정적인 데 반해, 현대사회는 각 원의 동심성이 깨져서 원들이 다양하게 중첩되고 혼선을 초래한다. 짐멜은 다양한 현상분석을 내놓았는데 그중 하나가 '비밀'에 대한 것이다. '비밀'은 한 집단에서 두가지 역할을 수행한다. 외부로부터는 집단 구성원들을 '보호'하고, 내부적으로는 집단 구성원들 사이의 '신뢰'를 바탕으로 한 연대를 이루어낸다. 짐멜은 비밀을 공유함으로써 형성되는 거시적 구조가 일종의 비공식적 조직으로서 '네트워크'를 만든다고 주장했다.[12]

네트워크 사회학은 미국에서 본격적으로 전개되었다. 제임스 콜먼James Coleman은 네트워크 연구의 공통적 토대가 되는 사회자본* 개념을 합리적 선택 이론을 바탕으로 전개했다. 앞서 말한 마크 그라노베터의 '강한 연결'과 '약한 연결' 개념도 있다. 강한 연결은 일상적 관계에 기초하기 때문에 비슷한 정보를 공유하는 경우가 많은 반면, 약한 연결에서는 자주 만나지 않지만 서로 다른 경험을 지니고 있기 때문에 새로운 아이디어·취향·정보를 얻을 가능성이 높다. 로널드 버트Ronald Burt는 '구조적 공백'으로서 네트워크 개념을 제시했다. 구조적 공백이란 직접 연결되지 않은 서로 다른 두 사람과 연결되어 있는 사람을 말하는데, 이 사람이 네트워크의 허브가 된다. 린턴 프리먼Linton Freeman은 네트워크 분석용 프로그램 UCI Net을 고안함으로써 실증분석의 새로운 경지를 여는 기초를 제공했다.

네트워크 사회학은 신고전파 주류경제학과 대결하는 태도를 취하며 발전해왔다고 할 수 있다. 평소 여러 사회학자들로부터 지나치게 경제학적 방법론을 사용한다는 원성을 들었던 제임스 콜먼조차 신고전파 경제이론을 가리켜 세상사와는 거리가 있는 '픽션'이라고 표현했다. 네트워크 이론은 행위자들의 합리성을 상수가 아닌 변수로 가정하며, 행위자들의 상호의존성과 상호영향에 바탕을 둔 관계의 구조를 중요시한다. 네트워크 사회학자들은 경제학 제국주의에 맞서 사회학적인 것의 영토를 확장하려 싸우고 있다.

●

사회자본

경제주체 간 협력을 촉진하는 신뢰·규범·네트워크 등 사회적 맥락에서 발생하는 무형자산을 포괄하는 개념. 콜먼은 이를 통해 미국 고등학생들의 교육적 성취와 사회적 불평등의 관계를 이해했다. 콜먼은 교육정책에서 인적 자본을 지나치게 중시하는 데 비판적이었다. 그는 교육·훈련으로 축적되는 인적 자본과 인간관계를 바탕으로 형성되는 사회자본을 구분하고, 사회자본이 교육적 성취에 훨씬 영향이 크다고 주장했다. 또한 그는 부르디외가 사회자본을 엘리트 집단이 특권을 재생산하는 데 활용하는 것으로 본 것과 대조적으로 비엘리트 집단의 사회관계를 포함하는 것으로 그 개념의 범위를 확장했다.

5_네트워크는 평등한가

네트워크 개념의 정의는 매우 다양하다. 이는 개념이 먼저 정의되고 그에 따라 논의가 확장된 것이 아니라, 각 영역에서 논의되는 네트워크 이론의 외연이 넓어지면서 네트워크 개념이 내포하는 바가 계속 수정되고 있기 때문이다.

코즈의 이론에서 보았듯이 거래비용이란 당사자 간 거래에 수반되는 정보·협상·감시·계약에서 발생하는 비용을 말한다. 거래비용을 감당하면서 시장에서 교환을 할 수도 있지만 위계조직을 만들어 거래비용을 조직 안에 내부화할 수도 있다. 그러나 현실은 양자택일의 세계가 아니다. 그래서 윌리엄슨은 하이브리드 조직이라는 개념을 다시 제기했다. 여기서 네트워크는 시장과 위계조직의 중간형태를 취하는 조직이 된다.

그러나 네트워크 사회학자들은 네트워크를 시장이나 위계조직과 아예 구별되는 독자적 조직으로 보는 경향이 있다. 예를 들면, 파월Walter Powell은 네트워크가 시장이나 위계조직과 달리 강점의 계발, 관계와 호혜성·평판, 개방성과 상호이익, 상호 의존적 선택을 중시하는 특징적 조직형태라고 보았다. 네트워크 조직이 시장과 위계조직의 특징을 혼합한 중간적 형태가 아니라, 시장·위계조직·네트워크가 모두 각각의 하이브리드를 지닌 독자적 형태라는 것이다.[13] 포돌니Joel Podolny와 페이지Karen Page는 이러한 독자적 조직으로서 네트워크를 명료하게 정의했다. "행위자의 집합으로서 네트워크 조직형태는 상호 간에 반복적·지속적 교환관계를 추구하고, 동시에 그 교환관계에서 발생하는 분쟁의 중재·해결을 위한 법적 권위체를 지니지 않는다." 즉 네트워크 조직의 두가지 기본 요소는 반복적·지속적 관계와 분쟁해결의 자율성이다.[14]

여기서 주목할 점은 네트워크 조직이 조직 내, 조직 간의 관계를 활성화하고 그속에서 조직의 이익에 부합하도록 감시와 제재의 체계를 만드는 속성을 지닌다는 점이다. 시장과 위계조직에도 나름의 조직화 원리와 행동규칙이 있지만, 시장과 위계만으로 구성된 씨스템은 새로운 환경에 잘 적응하지 못할 수 있다. 네트워크 조직의 상호성과 신뢰의 원리가 전체 씨스템의 이익에 부합하는 방향으로 작동한다면, 네트워크의 자기조직화 과정을 통해 전체 씨스템을 개선하는 행동규칙을 수립할 수 있다.

네트워크 조직이 시장과 위계조직의 하이브리드가 아닌, 고유의 논리를 지닌 형태라는 점은 이제 상당한 정도로 밝혀졌다. 그러나 네트워크가 만병통치약인 것처럼 말하는 것도 곤란하다.

1999년 과학 저널 『싸이언스』*Science*에 네트워크 연구에서 중요한 의미를 갖는 4면짜리 짧은 논문이 발표된 바 있다.[15] 버러바시Albert-László Barabási는 「무작위 네트워크에서 스케일링의 출현」이라는 논문을 통해 네트워크의 한가지 일반법칙을 제시했다. 네트워크의 개별 성격이나 시간적 맥락을 막론하고 내부의 노드들이 k만큼의 연결을 가질 확률$(P(k))$이 $k^{-\gamma}$를 따른다는 것이다$((P(k)\sim k^{-\gamma}, 2.1 < \gamma < 4)$. 복잡해 보이지만 간단한 얘기다. 노드가 1개의 연결을 가질 확률은 1에 가까운데, 2개의 연결을 가질 확률은 1/4에서 1/16로 떨어지고, 그보다 많은 연결을 가질 확률은 더 급격하게 줄어든다는 뜻이다. 즉, 네트워

네트워크는 허브를 중심으로 발달한다. 인간 질병 네트워크에 관한 도식. ⓒ박상훈/조선일보

크는 개개의 특수성에도 불구하고 "두터운 꼬리를 가진 파워법칙 분포power-law distribution"라는 일반성으로 귀결된다.

　이 강력한 명제는 네트워크가 대단히 독점적이고 불평등한 성격을 지니고 있음을 말해준다. 버러바시 등은 이러한 분포 현상을 '선호적 선택 행위'라고 설명했다. 네트워크의 행위자 수가 고정된 것이 아니라는 점과 네트워크는 시간이 흐르며 성장한다는 점도 파워법칙 분포의 근거로 들었다. 일찍이 로버트 머튼Robert Merton은 '마태복음 효과'Matthew effect에 대해 말했다. 마태복음 25장 29절에 "무릇 있는 자는 받아 풍족하게 되고 없는 자는 그 있는 것까지 빼앗기리라"라는 구절이 있는데, 여기에 빗대어 머튼은 사회의 이익이 한쪽으로 쏠리고 누적되는 현상을 설명했다. 마찬가지로 네트워크에서도 연결이 선호되는 노드가 생기고, 연결이 많아지는 노드는 시간이 지날수록 선호도가 더욱 높아져 중심적 성격이 더 강화된다. 지젝Slavoj Žižek이나 부르디외Pierre Bourdieu 같은 학자는 네트워크 자체가 자본주의적이고 특권적임을 지적하며 네트워크 이론을 비판하기도 했다.

그러나 우리는 파워법칙 분포가 슈퍼스타 1인의 독점으로 귀결되지는 않는다는 점에도 주목해야 한다. 평등이나 호혜성은 양자관계dyad에서나 가능하고 양자관계들의 총합인 전체 네트워크 수준에서는 불평등성이 작동한다. 그런데 그 불평등이 독점을 의미하지는 않는다. 관계를 맺는 특정 상대가 항상 필요를 채워주지는 못하는 법이다. 거기에 불균형이 계속 누적되면 네트워크로부터 이탈하는 힘이 작용하게 된다. 따라서 네트워크에 위계성이 존재하지만 또 한편으로는 일정한 수평성을 유지하지 않을 수 없다.

이러한 점에서 네트워크의 본질은 수평성을 포함한 위계성이라고 할 수 있다. 즉 네트워크 내부의 다수 '지역'에 관계들이 축적되는 수평성을 내포하는 불평등이다. 교환관계는 지역적으로 군집화하는 경향이 있는데, 이는 신뢰에 기반한 것이므로 외부로부터의 진입을 제한적으로만 허용한다. 이런 의미에서 지역은 '작은 세계'small world다. 그러나 작은 세계가 닫혀 있는 것은 아니다. 이들 지역 사이에 약하고 긴 관계weak and long tie가 존재한다면, 확산의 효율성은 완전히 수평적인 네트워크에 필적할 가능성도 있다.

요컨대 이상적인 수평적 연결망으로서의 네트워크는 존재하지 않으며, 현실에는 수직적 위계성이나 중심성이 잠재한다. 그러나 네트워크의 위계성·중심성은 수평성·분산성을 포함한 것으로 보아야 한다. 달리 표현하면 네트워크에는 근대적 성격과 탈근대적 성격이 공존한다고 할 수 있다. 근대적 성격은 위계성·중심성이고 탈근대적 성격은 수평성·분산성이다.[16]

이러한 네트워크의 성격을 다시 한번 고전이론가들을 통해 정리해보자. 뒤르켐은 『자살론』에서 보듯이 전통사회의 해체에 따른 부정적 효과에 주목했고, 새롭게 사회의 연대를 구축하는 데 관심을 가졌다. 그는 사회의 결속을 위해 정부가 적극적으로 개입해야 한다고 여겼으며, 그 점에서 거시경제에 대한 정부 개입을 정당화한 케인즈와 입장을 같이하는 면이 있다. 국가를 통한 씨스템 재구성을 시도했다는 점에서는 국가사회주의도 기본적으로 근대주의적 비전에 기초해 있었다고 할 수 있다. 무질서의 위기를 우려한 이들이 정부 개입을 대책으로 강구했다면, 짐멜은 새로운 다양성의 발현과 동태적인 방식으로 사회의 결속이 유지될 것을 낙관하는 쪽이었다. 그는 연결이 발견되는 시기가 무언가가 새로이 창건되는 시기founding moment라고 보았다. 연결이 곧 새로운 변화와 질서를 만들어낸다는 것이다. 여기서 짐멜을 슘페터와 관련지어 생각해본다면, 연결은 혁신의 핵심적 요소라고 말할 수 있겠다.

6_코즈 경제학과 네트워크 사회학의 응용

코즈 경제학이나 네트워크 사회학이 보수적 이론인지 진보적 이론인지를 따지는 것은 그리 중요하지 않다. 신고전파 이론도 진보적으로 사용될 수 있고 사회주의 이론도 보수적으로 사용될 수 있다. 새로운 씨스템에 필요한 제도나 조직 이론을 구성하기 위해 여러 자원을 참고하는 것은 바람직한 일이다. 코즈 경제학과 네트워크 사회학도 이런 방식으로 응용해볼 수 있을 것이다.

더 좋은 사회를 만들어가는 데 확실히 제도나 조직은 중요한 역할을 한다. 코즈 경제학은 재산권이 입법자의 의지로 설계할 수 있는 단순한 법적 질서가 아니라는 점을 말해준다. 우리는 거래비용을 줄이고 재산권을 효율적으로 배정할 수 있도록 하는 제도가 어떤 것인가를 살펴야 한다. 이런 점에서 '한반도경제'의 제도적 과제는 "남북한 각각의 내부에, 그리고 남북한 사이에 경제적 거래비용을 줄이는 제도를 구축하는 것"이라고 할 수 있다. 또한 코즈 경제학은 시장제도, 위계적 기업제도와 함께 다양한 형태의 조직이 공존하는 세계를 보여준다. 미시경제 이론 틀을 가지고 불평등이나 격차 요인을 제어하는 데 유리한 하이브리드 조직을 구상해볼 수 있다.[17]

네트워크 사회학은 현실의 변화를 설명하면서 미래의 구상을 다듬는 데 응용할 수 있다. 이를테면 네트워크 개념을 이용해 글로벌 분업구조의 변동을 새롭게 인식하고 한반도 네트워크 경제의 성장·발전 비전을 세울 수 있는 것이다. 현 단계 한국 경제의 성장구조는 '수직·위계-네트워크'형으로 유형화가 가능하다. 이러한 성장구조는 1990년대 초반 이후 새롭게 확립된 글로벌 분업과 동아시아 생산 네트워크에 기반을 두고 형성되었다. 그러나 이 생산 네트워크는 비대칭적이고 비완결적인 형태를 띤다. '한반도경제'는 이러한 동아시아 생산 네트워크를 개선·보완하는 네트워크를 새롭게 마련하려는 기획이며, 이를 통해 '수평·분권-네트워크'형으로의 혁신을 시도할 수 있다.[18]

제 3 부

✳

⚙

○

제 도 의

혁 신 가 들

5장

동아시아 지중해의 혁신가

장보고

1_한국 역사상 제일의 혁신가

우리 역사에서 가장 뛰어난 혁신가는 누구일까? 둘째 아이에게 물었더니 잠깐 생각하고는 "광개토대왕과 세종대왕"이라고 답한다. 왜 그러냐고 다시 물었다. "나라의 수준을 높였으니까요. 광개토대왕은 영토를 넓혔고, 세종대왕도 훌륭한 일을 많이 했어요." 영토를 넓힌 것을 혁신이라 할 수 있는지 물었더니, "군사 기술에서 새로운 게 있지 않았을까요? 사실 새로운 일은 세종대왕이 많이 했어요. 한글을 만들고 새로운 역법이나 농사기술을 개발하고…" 광개토대왕은 조금 의외였지만, 세종대왕이 거론되는 것은 충분히 예상한 바였다.

혁신에 대해서는 슘페터식 정의가 가장 잘 알려져 있다. 그는 자본주의 기업가를 혁신의 주체로 상정했다. 그러나 그가 정의한 혁신의 개념은 근대 이전으로도 확장해 적용할 수 있다. 슘페터는 부단히 낡은 것을 파괴하고 새로운 것을 창조하는 '창조적 파괴'의 과정을 혁신으로 보았다. 그러한 관점에서 세종대왕은 전형적인 중세·근세적 혁신가라고 할 수 있겠다. 세종대왕은 중국에서 형성된 유교국가의 틀을 조선 현실에 맞게 발전시키는 데 초인적인 능력을 발휘한 인물이기 때문이다.

조선 후기 실학자들은 어떨까? 가장 많은 팬을 지닌 이는 다산 정약용이다. 개혁 정치가였던 다산은 유교국가의 근간을 흔드는 세력으로 몰려 18년간 유배생활을 했다. 그가 유배지에서 쓴 시와 편지는 마음을 울리는 구석이 있다. 그러나 그 또한 기본적으로는 유교의 자장 내에 있었다. 우리 역사에서 유교 성리학적 질서가 사회와 개인에게 온전히 관철된 것은 조선 후기다. 왕과 사대부 관료가 정치권력을 독점하고, 백성이 지배의 대상이 되는 수직적 위계질서가 고착화된 것이다. 이렇게 유교국가가 완성되면서 그 모순도 본격적으로 드러났다. 실학은 그러한 모순을 해소하고자 사대부 체제의 자기조정 과정에서 제출된 개혁 프로그램의 일부였다.[1] 다산은 기존 지배체제의 타락을 맹렬히 비판했지만, 체제 자체에 문제를 제기하지는 않았다. 만약 다산을 혁신가라 부른다면 그의 실학은 주자학적 유교국가를 지속하기 위한 혁신 프로그램인 셈이다. 조선 후기 실학자에게서 굳이 근대성을 쥐어짜낼 필요는 없을 것이다. 우리가 아는 그대로 근대 이전의 혁신성을 평가하면 된다.

유교적 세계를 넘어선 예를 찾고자 한다면 더 후대로 내려오거나 선대로 거슬러 올라가야 한다. 단재丹齋 신채호申采浩(1880~1936)는 후

역사는 과거의 문제를 다루지만 현재 시점에서 의미를 부여할 만한 가치가 있다고 여겨지는 것을 서술한다. 시대를 구분하는 기준을 정하는 것도 현재와 어떻게 연결되는가에 영향을 받는다. 르네상스 시기의 사람들은 자기 시대를 앞 시대와 구분하기 위해 중세와의 단절을 선언하고, 고대의 부흥을 내세웠다. 맑스는 자본주의 현실의 모순과 사회혁명의 전망을 염두에 두고, 각 시대를 특징지으며 연속하는 생산양식으로서 아시아적·고대적·봉건적·근대 부르주아적 생산양식을 거론했다.

서구에서는 근대 역사학이 정착하는 와중에 고대·중세·근대라는 시대구분법이 기본적인 체계로 자리 잡았다. 한국·중국·일본 역시 서구와 접촉하면서 근대 역사학의 방법과 시대구분법이 들어와 관행적으로 사용되고 있다. 일본의 경우 러일전쟁을 전후한 시기에 이른바 황국사관에 입각한 자국사가 성립했다. 이때 중세 봉건제 개념이 중요하게 사용됐는데, 유럽·일본에는 봉건제가 존재했으나 한국·중국에는 봉건제가 존재하지 않았다는 것이 기본적인 관점이었다. 이에 대해 한국·중국에서는 각자의 전근대 사회가 정체되고 타율적이었다는 식민사관을 비판하는 입장에서 봉건제와 자본주의 맹아의 존재를 긍정하기도 했다. 한국의 경우 일제강점기 경제사학자 백남운이 고려시대부터 조선시대까지를 집권적 봉건제로 파악하기도 했으며, 중국의 경우 전국시대 이후 또는 송대 이후를 봉건제 사회로 보는 견해가 있었다.

최근에는 서구의 역사발전 모델을 동아시아에 그대로 적용하기 어렵다는 견해가 늘어났다. 동아시아에는 서구와 다른 역사적 현실이 존재하기 때문이다. 일본사에서는 에도 시대를 근세로, 1868년 메이지 유신 이후를 근대로 보는 것이 일반적이다. 일본 쿄오또 학파는 중국사에서 당대 말기 이전을 중세로, 송대 이후를 근세로 설정하기도 했다. '근세'라는 시기를 모티프로 해서 동아시아 역사 전반에 근세 시대를 설정할 수 있다는 논의도 있다. 이 경우 동아시아 근세는 '초기 근대'에 해당하며, 19세기 중반 서양의 충격에 의해 '후기 근대'가 시작된다.

미야지마 히로시「평화의 시각에서 다시 보는 일본의 '근세화': 탈아적 역사이해 비판」, 『창작과비평』 35(2), 창비 2007.

자를 택했다. 그는 고대 화랑의 기풍을 이어받은 고려의 낭가郎家야 말로 독립적이고 진취적인 존재라 여겼다. 그는 유명한 「조선 역사상 일천년래 제일 대사건」이라는 글에서 '묘청의 난'을 거론했는데, 흔히 알려진 것처럼 묘청을 높이 평가한 것은 아니다. 그보다는 묘청의 광망狂妄함 때문에 낭가세력이 괴멸하게 된 것을 한탄했다. 그는 독립의 관점에서 역사를 해석했고, 묘청의 난 이후 독립사상을 지닌 낭가세력의 패배로 사회 각 방면에서 독립성·진취성이 쇠퇴했다고 보았다.[2] 단재의 결론은 이렇다. "조선의 역사가 원래 낭가의 독립사상과 유가의 사대주의로 분립하여 오더니 돌연히 묘청이 불교도로서 낭가의 이상을 실현하려다가 그 거동이 너무 광망하여 패망하고, 드디어 사대주의파의 천하가 되어 (…) 이조李朝는 창업이 곧 이 주의로 성취되매 낭가는 아주 멸망하여버렸다. 정치가 이렇게 되매 종교나 학술이나 기타가 모두 사대주의의 노예가 되어 (…) 아아 서경전역西京戰役의 지은 원인을 알고 어찌 중대하다 아니하랴." 단재의 시대에는 자주적인 민족국가의 수립이 중대한 과제였다. 망국의 원인이 전근대적인 유교에 있음을 추궁하는 것이 실천적으로 긴급한 사안이었던 것이다.

다만 의문점은 있다. 북진정책을 편 고려 예종睿宗과 윤관尹瓘은 화랑의 사상을 실행하려 했고, 윤관의 아들인 윤언이尹彦頤가 낭가세력을 대표하는 인물이었다고 한다. 그런데 윤관, 윤언이는 모두 과거시험을 통과한 문관이고 파평윤씨는 유력한 지배층 가문이었다. 천도를 주장한 서경 출신의 정지상鄭知常은 경주에 뿌리를 둔 김부식과 쌍벽을 이루는 문인이었다. 분명히 외교와 군사정책의 차이, 지배세력 내의 분파적 차이는 있었을 것이다. 그러나 이들이 생각하는 국가와 사회 씨스템이 과연 유교와 근본적으로 다른 것이었을까? 더군다나 근대 이전 통치자라면, 그리고 그 통치를 돕는 입장이라면, 도덕을 기반으로 수직적 위계질서를 세우는 전제국가의 틀 밖에서 혁신을 시도하기는 어려웠을 것이다. 아무리 영민한 군주나 지식인도 위계적 전제국가의 틀 안에서 씨스템의 조정과 지속성을 추구하는 것이 최선이었다. 근대 이전에는 유교든 불교든 낭가든 위계적 지배체제를 보완하는 역할을 수행한 점에서 큰 차이가 없다.[3]

그러나 드물게 시대적 한계를 넘어서는 사례가 있다. 고려에서 좀 더 거슬러 올라가 신라에 이르면 수평적이고 네트워크적인 관계를 주요한 조직원리로 삼은 집단이 존재한다. 그 집단을 대표하는 이름이 바로 장보고張保皐다. 나는 그를 '한국 역사상 제일의 혁신가'로 부르고 싶다.

2_고구려 출신 이정기와 신라 출신 장보고

장보고의 생애는 흔히 중국 당唐나라에 들어가기 이전 시기, 당나라에서 활동하던 시기, 신라로 귀국한 이후 시기 등 세 시기로 나뉜다. 그러나 근거를 갖춘 이야기는 대부분 귀국 이후의 것이고 그 이전의 이야기는 추측과 각색을 거친 것이 많다. 장보고는 흔히 전라남도 완도 태생으로 알려졌으나 이 또한 추측일 뿐이다. 『삼국사기』의 「열전」에는 장보고가 신라 사람이긴 하나 고향과 조상에 대해서는 알 수 없다고 적혀 있다.

장보고는 출세를 위해 글을 배웠다. 그리고 글을 가르쳐준 선비의 조언에 따라 같은 고향 출신인 정년鄭年과 함께 당나라로 향했다. 그곳에서 무술을 연마하고 무과에 급제했다는 설도 있으나 『삼국사기』에는 기록이 없다. 다만 당의 지방군대인 무령군 소장이 된 것이나 무역활동에 관한 내용은 여러 기록에서 발견할 수 있다. 이 시기 신라 측의 기록은 소략하지만 중국이나 일본 쪽에 상대적으로 흔적이 많이 남아 있다.

장보고의 주요 경력은 당나라의 중앙집권체제가 약화되던 시기에 만들어졌다. 이 시기 지방세력 및 해상세력이 성장해갔는데, 여기에는 고구려와 신라 사람들이 중요한 역할을 했다. 이정기李正己 (732~781)와 장보고가 이들 세력을 각각 대표한다.

이정기는 안녹산● 세력이 팽창하는 시점에 기반을 구축했다. 이정기는 고구려 사람으로 평로군平盧軍이 통치하던 영주營州(현재 랴오닝성 遼寧省 차오양朝陽 부근)에서 태어났다. 평로군은 안동도호부까지 관할했기 때문에 영주에는 상당수의 고구려 유민이 거주하고 있었다. 대조영大祚榮은 영주에서 고구려 유민세력을 규합한 다음 당나라를 탈출

●
안녹산 安祿山(703?~757)

중국 당나라의 무장으로 아버지가 이란계 소그드인, 어머니가 돌궐족 출신이다. 당 현종이 양귀비에게 빠져 정치를 외척과 환관들에게 넘기고 전횡과 부패가 심해진 와중에, 755년 절도사 안녹산이 간신 양국충을 토벌한다는 명분으로 반란을 일으켰다. 757년 안녹산은 맏아들인 안경서에게 살해당하지만, 이후 당의 힘은 쇠락해 몰락의 길을 걷는다.

해 698년 발해를 건국한 바 있다. 이정기는 영주의 평로군을 기반으로 산둥성山東省과 장쑤성江蘇省 일대로 진출했다. 평로군은 안녹산과의 싸움 중에 발해만을 건너 산둥 지역에 상륙했다. 이정기는 765년 절도사 지위를 장악했으며 당 조정도 이를 승인했다. 이정기는 산둥성의 치주淄州, 청주靑州를 중심으로 영역을 확대하여 산둥과 허베이河北·허난河南·안후이安徽·장쑤·후베이湖北·후난湖南 일부를 아우르는 최대의 절도사 세력으로 성장했다.[4]

이렇게 형성된 이정기 세력은 당에 구속되지 않는 통치체를 만들고, 당이 인정하는 조공무역 바깥의 민간무역을 허용했다. 이정기의 무역개방 정책에 편승해서 신라·발해·일본의 상인들도 민간무역에 공공연히 나섰다. 이정기는 당 조정으로부터 평로치청절도사平盧淄靑節度使, 요양군왕饒陽郡王, 해운압신라발해양번사海運押新羅渤海兩蕃使 등의 관직을 받았다. '해운압신라발해양번사'에서 '압押'은 관청의 관리 업무를 뜻하고 '양번兩蕃'은 신라와 발해 두 지역을 가리킨다. 이정기가 신라·발해 등 동방과의 외교·교민·무역 대외업무를 책임졌음을 알 수 있다.[5]

이정기는 산둥 반도의 해양권과 대운하 북부지역을 장악하면서 당나라를 심각하게 위협하는 세력이 되었다. 781년 이정기가 사망하자 그의 아들 이납李納이 뒤를 이었다. 이납은 당 조정의 강경책에 대응하면서 제濟나라를 칭했다. 당은 현실을 인정하고 관직을 내려 이정기 가문의 영역에 세습 지배를 인정하지 않을 수 없었다. 이납 이후에는 다시 그의 아들 이사고李師古와 이사도李師道가 뒤를 이었다. 이사고와 이사도는 한편으로는 당 조정에 복종하면서 또 한편으로는 제나라를 강력한 국가조직으로 독립시키려 했다. 이들은 당나라에 대항한 망명자들을 불러 모았으며 당을 공격하는 데 적극적이었다. 특히 이사도는 낙양을 함락하려고 일을 꾸미기도 했는데 이는 당 조정을 타도하고 제국으로 나아가려는 의지로 해석되기도 한다. 결국 당 헌종憲宗은 이사도의 군을 공격하기 위해 모든 절도사를 동원한다. 이사도는 일시적인 화해를 구상했으나 넓은 영토와 수십만의 군사가 있다는 이유로 실천에 옮기지 않았다. 이사도의 군사책임자 유오劉悟는 몰려오는 절도사들의 군대를 막지 않았고 오히려 이사도를 살해했다. 이때가 819년인데, 이로써 4대에 걸쳐 55년간 중국 동부를 다스린 이정기 가문이 무너지고 말았다.

장보고는 이정기 세력을 공격하는 군사활동을 통해 성장했다. 이정기 가문의 최대 라이벌은 인접한 장쑤성 서주徐州의 절도사 왕지흥王智興이었다. 왕지흥은 다른 근왕군勤王軍과 연합하여 이사도의 제나라에 대공세를 취했다. 이때 선봉에 나선 부대가 서주절도사 소속의 무령군武寧軍이다. 무령군의 병력은 8000천명에 달했다. 장보고와 정년은 무령군에 속해 종군했는데, 두 사람 모두 토벌전투에서 공을 세워 소장小將이라는 장교 지위로 승진한다.

평로치청절도사 이정기와 무령군 소장 장보고는 지위나 권력에서 차이가 있지만 세력 기반의 상당 부분을 공유했다. 이정기가 지배한 산둥 지역에는 고구려와 백제에서 끌려온 유민과 인신매매 등으로 유입된 신라인이 상당수 존재했다. 이들은 서로 융합하며 언어·문화·종교 등에서 한족과 다른 정체성을 지닌 재당신라인 사회를 형성했다. 장보고는 이정기 가문이 패망한 뒤 흩어진 신라인 사회를 다시

결집하는 구심점이 되었다.[6]

그러나 장보고는 군사적으로 당나라와 대결했던 이정기 가문과는 다른 길을 걷는다. 장보고는 군사활동보다는 무역활동에 주력했다. 그는 재당신라인들을 관리하는 업무를 수행하면서 해상무역에 적극 뛰어들었다. 전투가 일단락되면 비용 때문에라도 군대를 줄이게 된다. 무령군에도 감군정책이 실시된 것으로 보이고 장보고도 이를 새로운 환경으로 받아들여야 했을 것이다. 이정기 가문이 대륙 안에서 세력을 확장하며 당나라 중앙정부와 충돌했다면, 장보고는 바다에서 새로운 발전 방향을 모색하고 활동 공간을 확보하는 데로 나아갔다.

3_청해진의 형성과 지중해 네트워크 국가

장보고 개인의 행적에 관한 기록은 신라로 돌아온 뒤에 집중되어 있고 흥미로운 이야깃거리가 많다. 일반적으로 장보고는 828년 당나라의 관직을 사임하고 귀국하여 흥덕왕興德王(재위 826~836)에게 청해진 설치를 요청한 것으로 알려져 있다. 그러자 흥덕왕이 그를 청해진 대사로 삼고 군사 1만명을 주었다는 것이다.

이 대목을 꼼꼼하게 짚어볼 필요가 있다. 먼저 『삼국사기』의 「신라본기」 기록을 그대로 옮기면 이렇다. "(흥덕왕 3년) 여름 4월에 청해 대사 궁복이, 성은 장씨인데(일명 보고保皐) 당의 서주에 들어가 군중 소장이 되었다가 후에 귀국하여 왕을 뵙고 병졸 만명으로써 청해를 지키게 되었다(청해는 지금의 완도이다)."[7] 기록만 보면 신라 왕이 장보고를 직접 '대사大使'로 임명했는지 알 수 없다. '대사'는 신라 관제에는 존재하지 않고 당나라에서는 군진급 책임자에 해당하는 관직이었다. 그렇다면 신라 왕이 관직을 준 것이 아니라 당나라의 관직을 들고 신라에 들어온 것으로 해석하는 편이 더 그럴듯하다. 당나라의 관직을 들고 왔다 하여 신라의 능력이 평가절하되는 것은 아니다. 장보고가 귀국하기 1년 반 전인 826년에 신라 정부가 "한산漢山 이북의 여러 주군 사람 1만명을 징발하여 패강浿江에 300리의 장성을 쌓게 하였다"는 기록도 있을 만큼 신라는 만만치 않은 군사력을 지녔다.[8] 다만 신라 정부가 해상 경영에 필요한 수군을 정규군으로 갖추고 있었다고 보기는 어렵다. 흥덕왕 3년 기록에서 "병졸 만명"을 운운한 것은 장보고에게 스스로 병력을 조직하고 운영하는 '권한'을 준 것으로 보는 것이 합리적이다.

더 중요한 문제는 왜 신라가 갑자기 귀국한 외래인 장보고에게 거대 병력을 지휘하는 권한을 주었을까 하는 점이다. 장보고는 신라 조정에 아무런 연고도 없는 인물이기에 의아할 수밖에 없다. 우선 신라가 내세운 표면적인 이유는 해적 소탕이었다. 해적이 창궐하는 데에는 경제적 배경이 있기 마련이다. 흉년과 기근이 반복되면 인신매매 무역이 확대되고, 자연스럽게 도적과 해적이 창궐한다. 그러나 도적과 해적을 막기 위해 국가 안에 독립적으로 군사권을 행사하는 영역을 허용하는 것이 자연스러운 일은 아니다. 장보고라는 이질적인 요소가 신라의 국가 영역 안에 끼어들 수 있었던 것은 당시의 국제질서를 이용한 결과로 추론해볼 수 있다.

당 중앙정부 입장에서 보면 신라 역시 번진세력의 일원이다. 당은 이정기 가문의 번진을 진압하면서 신라 군대를 동원한 바 있다. 이때 기록에는 "(819년) 가을 7월에 당의 운주절도사 이사도가 반역하자 당 헌종은 이를 쳐서 토벌하려고 양주절도사 조공趙恭을 보내 우리 병마를 징발하니 왕은 칙지를 받들고 순천군장군 김웅원金雄元에게 명하여 갑병 3만명을 거느리고서 돕게 하였다"라고 되어 있다.[9] 장보고가 이러한 예를 활용했을 가능성도 있다. 당나라와 신라 양쪽 모두에게 자신이 양주절도사와 김웅원이 한 역할을 겸할 수 있는 인물이라는 기대를 불러일으키는 것이다. 장보고는 국가 간 관계의 틈새에서 새로운 통치 영역을 확보했을 가능성이 높다. 청해진은 그 이전까지는 당과 신라의 국가권력이 조직해내지 못한 새로운 공간이었다.

그런데 『삼국사기』에는 장보고의 무역활동에 대한 기록이 전혀 없다. "(816년) 흉년으로 백성이 굶주려서 (당나라) 절동浙東 지역으로 가서 먹을 것을 구하는 자가 170명이었다"는 정도의 기록만 남아 있다.[10] 이는 당나라에 건너가 기근을 피할 수 있을 정도로 교류가 활발했던 재당신라인의 경제권이 존재함을 암시한다. 그러나 신라에서 공식적으로 재당신라인 사회의 존재를 인정한 기록은 없다.[11]

장보고와 재당신라인의 무역은 일본 승려 엔닌圓仁(794~864)의 기록에서 확인할 수 있다. 엔닌은 당나라로 구법求法 여행을 떠나 총 4편의 일기를 남겼다. 여기에는 당나라 문헌에 없는 세세한 사회 실정과 재당신라인이 주도한 동아시아 해운 상황이 담겨 있다. 엔닌은 836년 6월부터 847년 12월까지 총 9년 6개월 동안 자신의 신변을 중심으로 595건의 기록을 남겼는데, 그중에서 재당신라인을 언급한 것이 92건에 달한다.[12] 엔닌은 여행 도중 신라인 무역상, 선박 기술자,

항해사, 통역사, 숯장사, 상인, 낭자 등 다양한 직업에 종사하는 신라인을 지나는 곳마다 만나고 도움을 얻었다. 엔닌의 일기에 등장하는 이들의 활동 범위는 중국 최남단 광주廣州로부터 명주明州, 소주蘇州, 양주揚州, 초주楚州, 연수현漣水縣, 문등현文登縣, 적산포赤山浦까지 중국 대륙 동쪽 전역을 포괄하고 있었다. 이들은 해운과 무역활동을 중심으로 여러 기능이 연결되는 거대한 네트워크 조직을 형성하고 있었다.

한편 일본에도 재일신라인 사회가 형성되어 있었고, 이들은 재당신라인 사회와 네트워크로 연결되어 있었다. 엔닌의 일기에는 재일신라인이 여럿 등장한다. 엔닌이 적산법화원赤山法華院에서 만난 이신혜李信惠는 일본 다자이후大宰府에서 8년을 살았으며 장보고가 일본에 다녀오면서 데려온 이다. 엔닌이 당나라에 행자로 데려온 이는 데이유만丁雄滿인데, 그는 재일신라인으로 통역 역할을 수행했을 것으로 추측되고 있다. 청해진 병마사 최운십이랑崔暈十二郎에 관한 기록도 있는데 '랑'은 일본 이름에 자주 쓰이는 한자다.[13]

장보고는 재당신라인을 기반으로 청해진에 진출해 전례없는 씨스템을 만들어냈다. 그는 청해진에 요새를 건설하고 병력을 두었으며 무역선단을 조직했다. 청해진은 도자기를 독자적인 수출 상품으로 삼고 그 생산에 투자했다. 청해진은 군항이자 무역항이자 생산기지 역할을 하면서, 신라인과 재당·재일 신라인을 관리하고 국적이 다른 상인조직들을 연결하는 거점 역할을 했다.

그렇다면 이러한 장보고의 활동은 어떤 점에서 혁신적일까? 지금까지 학계에서는 장보고가 새로운 국제질서와 무역모델을 만든 점에

장보고의 해상 네트워크 ⓒ중앙일보 특별취재팀

주목해왔다. 먼저 국제관계와 해양영토 형성이라는 측면에서 장보고의 해상 네트워크를 '동아시아 지중해' 모델의 하나로 평가하기도 한다. 이는 여러 국가 간 관계의 중요성을 부각하는 장점이 있으나 대륙과 해양을 지나치게 분리해 객관적인 현실 인식을 방해할 수도 있다. 한편 무역활동에 초점을 맞춰 장보고에 의한 무역 네트워크의 확대와 심화를 강조하기도 한다. 이 경우 재당·재일 신라인 사회 사이의 네트워크 관계를 더욱 구체적으로 이해할 수 있으나, 자칫 장보고의 활동을 경제·무역 분야에 한정하는 결과를 가져올 수도 있다.[14]

나는 장보고와 재당신라인이 국가조직과 경제씨스템의 새로운 모델의 단초를 보여준 점에 주목하고 싶다. 청해진은 당나라나 신라와는 다른 원리로 조직되고 운영되었다. 청해진은 제조업·상업·운송업 등 여러 기능이 복합된 거점이었으며, 각각의 기능은 국제적으로 연결된 네트워크형 조직에서 수행했다. 또한 이러한 경제씨스템에 필요한 군사·행정·외교 업무를 독자적으로 수행함으로써, 집권적 국가에서 분리된 분권형 국가조직의 모습을 갖추었다. 요컨대 청해진 네트워크는 동아시아 고대사회에서 그 유례를 찾기 힘든 '네트워크 지역' 또는 '네트워크 국가'의 성격을 지녔다. 장보고는 재당신라인과 본국 신라인을 포괄하는 동아시아 지중해의 신라인 네트워크와 신라 왕국의 정치적 도움을 결합하여 고대국가의 집권적 질서와 차별화되는 해양 질서를 만들었다. 이러한 해양 네트워크 속에서 산업 활동과 교역, 그리고 인적·문화적·사상적 교류가 이루어졌다.

장보고는 신라의 골품제 아래에서 인정받을 수 없는 사람이었고 골품제 체제에 편입되지도 않았다. 대신 그에게는 '청해진대사'라는 전무후무한 직책이 있었다. 그는 이를 기반으로 해양에 관한 전권을 행사하며 군사조직·상인조직·행정조직을 결합한 복합적인 체제를 창출했다. 그는 청해진을 거점으로 산둥 반도와 저장성浙江省의 여러 지역과 저우산 군도舟山群島, 한반도의 서해안과 남해안, 제주도, 일본 큐우슈우九州의 하까따博多 등 도시들을 유기적으로 연결했다. 청해진은 군항이자 무역항으로 기능하게 하면서, 민간상인조직을 통해 재당신라인과 본국 신라인을 연결하며 각각 역할을 분담하도록 했다.[15]

4_신라 골품제 국가의 반격과 망국의 길

청해진의 장보고 세력은 활기를 띠며 발전했는데 한편으로 이는 신라의 집권적 국가체제가 약화됨을 의미했다. 집권체제를 이완시킨 요소는 신라의 국가조직 내부에 있었다. 당시 골품제에 의한 귀족세력의 강화는 왕위계승을 둘러싼 투쟁을 격화시켰다. 왕권을 장악할 때의 이익이 컸기 때문에 왕위계승을 노리는 귀족집단은 지방 군진세력과 연합해서라도 권력을 얻으려 했고, 이에 따라 청해진도 신라 왕국의 내분에 간여하게 된다.

기록에 나타난 장보고는 두 얼굴을 하고 있다. 흔히 알려진 것은 『삼국사기』의 「신라본기」나 『삼국유사』에 전하는 장보고의 모습이다. 여기서 장보고는 자신의 딸이 왕비가 된다는 것을 전제로 왕위쟁탈전에 참여했다가 암살당하는 인물로 그려진다. 반면 『삼국사기』의 「열전」에 기록된 모습은 또 다르다. 장보고는 정년에게 군사를 나누어주면서 손을 잡고 울며 이렇게 말한다. "그대가 아니면 능히 화난禍難을 평정할 사람이 없다." 나라와 백성을 생각하는 간절한 마음이 묻어난다.[16]

장보고가 특정 왕위 후보를 지원하고 그 댓가로 딸을 왕비로 들이는 논의를 한 것은 사실이다. 장보고의 경력으로 미루어 그가 계산 없는 순진한 행동을 했으리라고 보기는 어렵다. 그런데 장보고가 왕위쟁탈전에 개입한 것은 개인적 야욕을 채우기 위해서가 아니라 청해진 세력의 강화와 신라 왕권의 약화가 맞물린 상황 때문으로 짐작할 수 있다. 장보고의 군사력을 이용해 왕위에 오르는 김우징金祐徵,

즉 신무왕神武王(재위 839)과 장보고의 관계도 원래부터 상하관계였다고 보기 어렵다. 장보고가 청해진을 설치한 것은 828년이다. 김우징은 그때 시중 직에 있었고, 그의 오른팔 격인 김양金陽은 청해진 가까이 있는 무주의 도독이었다. 836년 흥덕왕이 죽자 김제륭金悌隆과 김균정金均貞이 왕위를 다투었다. 김균정이 왕위쟁탈전에서 패해 전사하고 그 아들 김우징은 목숨을 보전하기 위해 곧바로 청해진으로 도주했다. 그가 청해진을 도피처로 삼았다는 것은 이곳이 신라 왕국의 힘이 닿지 않는 세력권이었음을 말해준다. 청해진은 신라 왕국으로부터 일정하게 자립할 수 있는 경제력과 군사력을 함께 지닌 것으로 보인다. 또한 김우징이 절체절명의 순간에 장보고에게 몸을 의탁한 것으로 보아 이미 청해진 설치를 전후로 친분관계를 맺고 있었을 가능성이 높다.

『삼국사기』의 「열전」 장보고 편에는 장보고가 병력을 나누어 5000명을 정년에게 주고 정년은 신라에 들어가 반란한 자들을 죽이고 왕을 세웠다고 쓰여 있다. 「열전」 김양 편에는 이 작전에 대해 좀더 구체적으로 기록돼 있다. 김양은 5000명의 군사를 이끌고 무주와 남원을 공격했으며, 이후 평동장군平東將軍으로 다시 출전했다. 이때 김양순金良順이 합류하고 김우징은 염장廉長, 정년 등 여섯 장수를 보냈다고 한다. 병력의 상당 부분은 장보고 측이 제공했으나, 병력의 지휘는 김양이 주도한 것으로 보인다. 김양이 지휘한 군대는 무주 철야현(나주)과 달벌(대구) 전투에서 국면을 결정하는 승리를 거두고, 김우징은 신무왕으로 왕위에 오른다.

839년 신무왕은 즉위하자마자 장보고를 감의군사感義軍使로 삼고 식읍 2000호를 내렸다. 이는 대단한 대접이었다. 후백제의 견훤이 처음 궐기하여 무진주를 습격한 후 한남군漢南郡 개국공을 자칭하며 식읍 2000호를 얻은 바 있다. 이후 후당後唐이 견훤에게 승인한 것이 백제 왕과 식읍 2500호였음을 감안하면 장보고의 위상을 짐작할 수 있다.[17] 신무왕이 죽고 문성왕文聖王(재위 839~857)이 즉위한 뒤에는 장보고를 진해장군鎭海將軍으로 봉했다. 장보고의 직책이었던 '대사'는 신라가 부여한 것이 아니라 당에서 가져온 것이었는데, 이에 신라는 다시 '장군'이라는 직책을 부여한 것이다. 이는 장보고를 진골귀족의 반열로 인정한 것으로 볼 수 있다.

장보고가 장군에 봉해졌다는 사실은 고대국가 신라에서 중대한 의미를 띤다. 장보고는 지방민이자 하층민 출신이다. 그러나 신라는 완강한 골품제의 위계에 따른 집권적 제도에 입각해 있었다. 신라는 왕경인과 지방민을 구분했으며 상대등·시중·병부령 등 최고 관직을 진골귀족에게만 내렸다. 장보고의 급격한 부상은 지방세력의 강화와 골품제의 약화를 의미하는 사건이었다. 이 때문에 장보고는 기득권 세력의 불만을 집중적으로 맞는 표적이 되었을 것으로 추측된다. 장보고가 결국 암살당한 것은 그가 국가의 체제를 위협하는 결정적 불안요인으로 인식되었기 때문일 것이다.

장보고의 죽음과 관련해 상상력을 덧붙이면 권력 경쟁의 요소가 더해졌을 가능성을 생각해볼 수 있다. 김우징이 신무왕으로 즉위하는 데 가장 큰 공을 세운 것은 장보고와 김양이다. 이들은 네트워크 국가와 골품제 국가를 각각 대표하는 정치적 라이벌이 되었을 수 있다. 장보고를 직접 암살한 염장이 무주 출신이고 김양은 무주도독을 지낸 바 있으므로 염장과 김양 사이에 모종의 관계가 있었을지도 모른다. 혹자는 장보고의 독점력과 군소 해상세력과의 갈등을 거론하기도 한다. 장보고가 서남해안 일대에 근거를 둔 군소 해상세력가들을 단속·억제하고 대외적으로는 재당신라인 사회를 자신의 명령체계 아래 조직함으로써 무역 이익을 독점했다는 것이다. 특히 노예무역으로 막대한 이익을 거두어왔던 세력들이 입은 타격은 매우 심각해서, 장보고의 해상 통제에 대해 불만을 갖고 문제를 제기했으리라고 보는 것이다.[18]

문성왕이 장보고의 딸을 둘째 왕비로 맞이하려 했으나 조정의 반대에 부딪히자, 장보고가 왕을 원망해 반란을 일으켰다는 것이『삼국사기』「신라본기」의 기록이다. 그러나 장보고가 방심한 상태에서 자객에게 속수무책으로 당한 것을 보면 그가 반란을 모의하거나 결행한 것 같지는 않다. 그가 정말로 반역자였다면 그를『삼국사기』「열전」에 의로운 인물로 수록할 수 있었을까? 그리고『삼국유사』에서는 장보고는 군사행동을 취하지 않았으며, 문제가 발생한 것은 신라가 약속을 이행하지 않았기 때문임을 지적하고 있다.

장보고의 죽음은 신라 사회에 매우 중대한 결과를 초래했다. 장보고를 죽이고 청해진을 접수한 귀족층의 대리인 염장, 이를 조장하거나 묵인했을 김양, 장보고와 갈등했던 군소 해양세력 모두 청해진 씨스템을 유지·발전시킬 능력이 없었다. 장보고가 암살된 것은『삼국사기』에 의하면 846년(문성왕 8)이고, 일본 역사서인『속일본후기續日本後記』에 의하면 841년이다.[19] 청해진은 이후 얼마간 유지되다가 851년에 사라졌다. 이를『삼국사기』는 이렇게 기록하고 있다. "(문성왕)

엔닌의 여행기 등을 토대로 2005년 중국 룽청 시(榮成市) 적산법화원에 세워진 장보고 기념관의 장보고 동상. 무게 6톤, 높이 8미터에 달한다. ⓒ중앙일보 특별취재팀

13년 봄 2월에 청해진을 없애고 그 백성을 벽골군碧骨郡(지금의 김제)으로 옮겼다."[20] 노를 잡고 돛을 부리던 청해진 사람들에게 괭이와 쟁기를 쥐게 하는 과정에서 지배층은 핏빛 가득한 탄압과 폭력을 행사했을 것이다. 그러나 이는 어리석은 짓이었다. 신라는 청해진 씨스템과의 혼합·융합을 통한 개혁의 기회를 버리고 망국의 길로 걸어 들어갔다. 청해진의 잔여세력은 다시 바다로 흩어졌다. 일부는 해적으로

변신하여 일본열도를 침범하기도 했고, 또 일부는 지방의 군사세력으로 전환해 신라 왕국을 해체하는 요소로 작용했다.

장보고는 우리 고대역사상 가장 국제적인 인물이었다. 장보고 세력은 근대 이전에 당나라, 일본, 심지어 발해와도 무역을 한 유일무이한 집단이며, 범신라인들을 조직해 해상 네트워크를 구축하고 동아시아 지중해 씨스템을 형성한 혁신가였다. 장보고의 죽음과 함께 평화적인 동아시아 지중해 네트워크는 무너졌고, 동아시아의 바다는 위계적 국가에 의해 억압되거나 방치된 공간으로 남았다. 그러니 청해진의 소멸에 대해서는 단재 신채호 선생의 어투를 빌려 다음과 같이 탄식하지 않을 수 없다. "신라 왕국은 골품제의 기득권을 지키다가 멸망해버렸다. 아아, 장보고의 죽음과 청해진 폐쇄의 원인을 알고 어찌 중대하다 아니하랴."

6장

위기지학과 분권화의 사상운동가

주자

1_동아시아 전근대의 흔적

한국 사회는 중세 혹은 근세 이래 유교의 강한 영향 아래 있었다. 급속한 경제발전 속에서도 유교식 가부장제는 굳건히 유지되어 사회 전반에 권위적이고 위계적인 질서와 문화를 온존시켰다. 위계적 질서의 책임이 유교에만 있는 것은 아니겠지만 근현대 시기의 유교는 전통을 혁신하고 현대화하는 데 소극적이었고, 일부 유림들은 시대착오적인 발언과 행동을 일삼았다. 그러나 시간은 흐르고 시대는 변화한다. 딸아이를 키우면서 분명히 드는 생각은 유교 전통의 가례가 앞으로 계속될 수 없다는 것이다. 결혼한 여성에게 대가족 안에서 전통적인 며느리 역할을 하도록 기대하는 것은 이미 오래전부터 가부장적 인습으로 비판받아왔다. 관혼상제의 형식뿐만 아니라 일상적인 생활방식에서도 반反유교적 정서가 작동하는 것 같다.

우리 사회는 급속한 산업혁명 뒤에 더 급속한 문화혁명을 겪는 중이다. 새로운 가치는 오리무중이고 화폐와 물질에 대한 의존은 강화되었다. 경쟁과 갈등의 격화는 분열된 인격과 피로한 사회를 만들고 있다. 아이들과 젊은 세대가 겪고 있고 앞으로 겪어야 할 고난이 걱정이다. 이는 산업화와 민주화를 이끌어왔다고 자부하는 기성세대의 책임이 크다. 기성세대가 스스로 버텨낼 수 있는 지속 가능한 비전과 모럴을 만들어냈는가를 생각하면 자괴감에 빠지지 않을 수 없다. 그간 진보세력은 상대 세력을 비판하는 데 주력했다. 이제는 스스로 사상의 빈곤함을 돌아볼 때다(물론 보수세력은 더 말할 것도 없다). 이를 위해서는 산업화 이전으로 거슬러 올라가, 근대 이전 사상의 빛나는 성취와 함께 그 흔적을 객관적으로 바라볼 필요가 있다. 근대의 진보사상이 동아시아 전근대 사상의 혁신성으로부터 무언가 배울 것이 있을지도 모른다. 이러한 자기성찰이 이루어지지 않으면 서양의 충격이 밀어닥친 그 시점의 혼란을 반복하게 될 것이다.

2009년 가을의 일이다. 둘째 아이와 함께 전통의 가치관을 공부하려는 마음에서 답사여행에 참여한 적이 있다. 문화유산 답사의 대가인 유홍준 선생이 이끄는 모임이니 나로서는 절호의 기회라고 생각했다. 영남 서부지역을 돌아보는 일정이었는데, 합천 영암사 터, 거창 수승대, 추모공원, 동계고택, 달성의 도동서원 등이 답사지에 포함되었다. 그중에서 도동서원과 동계고택은 볼거리보다는 유교의 정신적 가치를 돌아봐야 하는 곳이었다.

도동서원은 김굉필金宏弼(1454~1504)을 배향한 곳으로, '도동道東'은 유교의 도가 동쪽 즉 조선으로 건너왔음을 뜻한다. 김굉필은 정여창鄭汝昌, 조광조趙光祖, 이언적李彦迪, 이황李滉으로 이어지는 오현五賢 계보의 선두이다. 김굉필은 평생 '소학동자小學童子'를 자칭했다. 새벽부터 의관을 정제하고 온종일 꿇어앉아 『소학』을 암송했다고 한다. 나도 큰아이와 함께 『소학』을 읽으려 한 적이 있다. 지금의 현실에는 잘 맞지 않고 특히 여성에게는 너무 고리타분한 느낌이어서 포기하고 말았다. 『소학』은 사서四書와 오경五經을 공부하기 전 초급의 예의범절을 숙지하라는 의미가 강하다. 그런데 김굉필은 평생 『소학』을 끼고 살았다 하니 이런 정도로 과연 '도가 동쪽으로 건너온 것'이라고 할 수 있는가 하는 의문이 생겼다. 깊고 넓게 학문을 추구해야 할 이들이 초급의 교재를 붙들고 거기 나온 그대로 일사불란하게 흉내를 낸다면 조롱의 대상이 되지 않을까.

동계桐溪 정온鄭蘊(1569~1641)의 고택에서는 답답한 마음이 더 강해졌다. 정온은 광해군 시절 영창대군을 옹호하다 귀양살이를 했고, 병자호란 때는 '명나라를 배반하고 청나라에 항복하는 것은 옳지 않다'며 끝까지 전쟁을 주장했다. 인조가 청나라 태종에게 항복하자, 정온은 칼로 배를 찔러 자살을 시도했다고 한다. 정온은 충절과 의리의 상징으로 표상되었으나, 도학이 추구하는 것이 인조나 명나라 황제들 같은 어리석은 군주에 대한 맹목적인 충성심이었나 싶었다.

조선에서 처음으로 도의 계보, 즉 도통道統을 거론한 것은 조광조 등 사림파였다. 이들은 기묘년에 도덕적 명분을 앞세워 스승인 김굉필을 도학의 계승자로 추대하고, 이 계보를 멀리는 고려 말의 정몽주鄭夢周로까지 소급해 올라갔다. 그러나 이러한 계보는 학문적 공로와

달성 도동서원 중정당 현판(위), 거창 동계 고택 전경(아래) ⓒ문화재청

무관하게 정치적 주도권을 잡기 위해 작성된 것이며 붕당정치의 연장이었다는 비판도 있다. 이황은 충절과 의리라는 도의적 덕목 외에 학문적·사상적 공로를 좀더 중시해야 한다는 견해를 내비쳤다.[1]

어쨌든 조선의 유학자들은 사화士禍라는 시련을 돌파하고 사상적·정치적 성취를 이루어냈다. 이 점에서는 조선 유학의 도통보다 유교 자체의 중세적 혁신성에 주목해야 한다. 선조에서 정조 시기까지 유학자들은 실질적으로 왕권을 논평하고 견제할 수 있는 정치적 권위를 확보했다. 관료제 안에서 기득권을 쥔 유학자뿐 아니라 재야의 사족층도 정치적 권위를 얻고 공론을 형성할 수 있었다. 군왕도 수양을 통해 도덕성을 확보해야 정통성을 인정받을 수 있었다. 유학자들이 본질적으로 추구했던 것은 단지 군왕에게 의리를 지키는 것이 아니라 보편적 이성을 관철시키는 것이었다.

근대 이전 동아시아가 이념과 가치를 공유하는 세계였다면, 그 세계를 연 것은 유교를 정립한 중국의 주자朱子(1130~1200)다. 주자학은 당시 동아시아에 펼쳐진 유례없는 세계성이자 혁신성이었다. 주자학은 중세가 끝나갈 무렵 수명을 다하고 문화적 반발에 직면하지만, 그것이 남긴 씨스템상의 흔적은 오늘날에도 완전히 사라지지 않았다. 동아시아 발전모델이 일정한 성과를 거두었던 것도 동아시아 근대 이전의 유산이 작용한 측면이 있다. 동아시아 근세와 주자학의 당대적 혁신성을 살펴보면서 오늘날 우리가 무엇을 할 것인지 다시 생각해볼 일이다.

2_주자의 공부길

주자의 학문에 대해 보통 사람이 말을 보태기는 쉽지 않다. 그래서 인간으로서 주자의 삶에 먼저 접근해보려고 한다. 마침 읽기 적당한 주자 평전이 나와 있다. 미우라 쿠니오三浦國雄의 『인간 주자』라는 책이다. 청나라 시기 왕백전王白田의 『주자연보朱子年譜』야말로 주자 평전의 결정판이라 할 수 있지만, 이는 주자를 과도하게 신격화한 텍스트다. 이에 반해 미우라 쿠니오는 주자를 인간적인 모순을 짊어진 채 괴로워한 인격자로 보려 했다.[2]

둘째 아이에게 『인간 주자』를 읽힌 뒤, '공부하는 사람' 주자를 만든 인상적인 대목을 생각나는 대로 말해보게 했다. 그랬더니 어린 시절, 좋은 스승들, 엄청난 공부, 지나친 강직함을 꼽았다. 현재 시점에서 젊은 감각으로 되돌아본 주자의 모습이 바로 그런 것이리라 싶어 둘째 아이가 말한 방식으로 주자의 삶을 다시 살펴보았다.

첫째로, 어린 시절 주자에게는 뚜렷한 문제의식이 있었다. 아버지 주송朱松이 하늘을 가리키며 "보아라, 저것이 하늘이란다"라고 하자 주자는 "하늘 위는 무엇입니까?"라고 되물었다. 주자는 대여섯살 때부터 천지사방의 바깥이 궁금해 골똘히 생각한 나머지 병이 날 지경이었다. 주자가 가장 일찍 읽은 책은 『효경孝經』인데, 일독한 후 나무에 "이렇게 하지 않는 것은 인간이 아니다"라고 쓰기도 했다. 열살 즈음 『맹자』를 읽고 "성인은 나와 동류이다"라는 구절에 뭐라 형용할 수 없는 기쁨을 느꼈다고 한다.

하늘을 보며 그 끝을 궁금해하는 것은 지극히 어린아이다운 생각이지만, 결국은 그 생각의 깊이와 폭에 따라 나아갈 길이 갈리는 것 같다. 그 시절 유년기에 『효경』이나 『맹자』를 읽은 이는 많았겠지만 그들이 모두 주자가 간 길을 따른 것은 아니다. 누구나 완성된 인격에 대한 동경심을 가질 수는 있다. 그러나 살아 있는 인간으로서 완성에 미치지 못하는 절망감을 정면으로 응시하는 이는 드물다. 주자도 유년기에는 성인이 되는 것을 쉽게 생각했으나, 나이가 들수록 성인의 경지를 어렵게 생각했다고 한다. 성인을 향한 길이 어려움을 실감하면서도 그에 대한 격렬한 갈망을 그치지 않는 것은 쉬운 일이 아니다. 주자는 죽기 직전까지 정진을 거듭했다.

둘째로, 주자에게는 좋은 스승이 있었다. 대단한 성현도 스승으로부터 배운다. 첫 스승은 부친 주송이었다. 주송은 나종언羅從彦 (1073~1135)을 통해 북송의 정자학●을 배웠는데 나종언의 스승은 정자 문하의 양시楊時(1053~1135)였다. 주자는 열네살 이른 나이에 부친을 여의었다. 주자는 부친의 유언에 따라 부친의 세 벗, 즉 호헌胡憲, 유면지劉勉之, 유자휘劉子翬를 스승으로 섬겼다. 이들은 주자가 과거 공부에 얽매이지 않도록, 고전의 구절을 훈고·주석하는 데서 그치지 않고 나아가도록 이끌었다. 예민했던 소년기에 주자는 세 스승을 통해 입신영달이나 명예를 위한 학문이 아니라 자신의 삶 자체를 위한 학문, 즉 위기지학爲己之學이라는 기본방향을 세울 수 있었다.

●
정자학 **程子學**

중국 송나라 유학자 정호(程顥)와 정이(程頤) 두 형제를 높여 정자(程子)라고 일컫는다. 이들은 주돈이 등 다른 도학자에 비해 더 정통적으로 전통 유학을 계승했다. 정호의 사상은 남송대 육상산을 거쳐 명대 왕양명으로, 정이의 사상은 남송대 주자로 이어졌다.

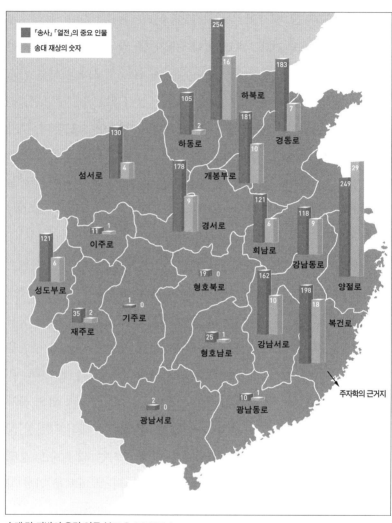

송대 각 지방의 유명 인물 분포 ⓒ사계절출판사

주자의 사상적 방향을 결정해준 또 한명의 스승은 양시, 나종언과 함께 '남검(난젠)南劍의 세 선생'으로 불리는 이동李侗(1093~1163)이다.

이동은 나종언의 제자로, 마음을 고요히 하면 심心은 허虛가 되며 도리를 얻게 된다는 궁리窮理와 독서법의 요체를 전수받았다. 주자는 평생 동안 이동을 네번 만난다. 스물넷에 관직에 부임하는 도중에 이동을 처음 만나고 스물아홉에 귀향하는 길에 두번째로 만난다. 서른하나에 세번째로 만나 수개월간 곁에 머무르고, 서른셋에 마지막으로 수개월간 함께하며 가르침을 구한다.

어찌 좋은 스승뿐이겠는가. 주자는 좋은 친구도 두었다. 주자는 서른네살에 수도 임안臨安(지금의 항저우)에서 두살 연하인 장식張栻(1133~1180)을 만나 이후 장식이 죽기까지 약 20년 동안 서로 강한 영향을 주고받았다. 장식은 남송南宋 초기 금金나라와의 굴욕적 화평을 주도한 실권자 진회秦檜와 격렬하게 대립하면서 항전을 주장했던 재상 장준張浚의 아들이다. 장식은 스승 호굉胡宏으로부터 불교배척론, 양이론攘夷論, 심心의 통찰 같은 중국 후난湖南 지역의 학문 전통을 이어받았다. 주자의 또다른 사상적 동지는 일곱살 아래의 여조겸呂祖謙(1137~1181)이다. 여조겸은 스무살 전후로 주자와 알게 되었는데 이로부터 20년 후 주자를 방문해 40일간 지내면서 함께 『근사록』*을 편찬한다. 두 사람은 평생 세번 만났을 뿐이지만 많은 서신을 주고받았고, 주자는 장남의 공부를 맡길 정도로 여조겸을 깊이 신뢰했다. 이들 세 사람 즉 주자, 장식, 여조겸은 '동남삼현東南三賢'으로 불리는 학

●

『근사록』 近思錄

중국 남송대 주자와 여조겸이 함께 편찬한 성리학 해설서. '북송의 네 선생'으로 불리는 주돈이, 정호, 정이, 장재의 글을 주제별로 묶은 선집이다. '근사'란 『논어』에 나오는 "간절하게 묻고 가까이서 생각하다(切問而近思)"라는 구절에서 따온 것으로, 인간들이 날마다 쓰는 것(人倫日用)과 밀접하게 관련된 사상이다.

문적 영웅이자 맹우였다.[3]

셋째로, 주자는 지극히 겸손하고 성실한 태도로 공부에 임했다. 주자 역시 처음에는 고전학자로 출발했지만 학문적 방황을 거듭하고 새로운 길을 마다하지 않았다. 그는 20대에는 정靜의 철학, 30대에는 동動의 철학을 맴돌다 40대에 이르러 자신의 정론을 확립했다. 주자의 저서는 40대 이후 폭포수처럼 쏟아진다. 주자는 이후에도 계속 새로운 학문 대상을 찾아냈으며 60대에 이르러서 또 새로운 각성에 도달한다. "61세가 되어서야 간신히 이렇게 깨닫게 되었으니 만약 작년에 죽었다면 그것은 개죽음이 아니었겠는가?"[4] 주자의 이 말은 두고두고 기억할 만하다. 공부에서 완성을 자신하는 것만큼 어리석은 일이 있을까.

이쯤에서 주자의 공부법을 한번 살펴보자. "우선 붉은 연필로 해석이 뛰어난 곳에 줄을 긋고 그 부분을 숙독하여 잘 음미하여보면 붉은 줄이 쳐진 부분이 몹시 번잡하게 생각되었다. 그러면 이번에는 다시 붉은 줄 가운데에서 더욱 중요한 부분에 검은 줄을 긋고 그곳을 더욱 숙독하여 음미했다. (…) 여기까지 오면 얻을 것이 매우 적어져 단지 한두 구절만이 문제가 되는 것을 깨닫게 된다." 처음에는 넓게 읽어가되 그 의미를 계속 응축해서 마지막에는 단순하고 강력한 법칙으로 환원하는 것이 주자의 방식이다.[5] 공부는 단순히 시간을 채우는 것만으로는 효과가 없다. 그저 따라 읽는 데 급급해하지 말고 생각하고 의심하면서 자기 나름대로 핵심을 구성해가야 기억에도 오래 남고 다른 곳에도 응용할 수 있다.

넷째로, 주자는 과하다고 표현해도 좋을 정도로 엄격한 성격이었다. 이러한 엄격함이 인생에 역풍을 불러 오기도 했다. 확실히 주자가 당중우●를 탄핵한 사건을 보면 그의 성격의 일면을 짐작해볼 수 있다. 주자는 쉰세살에 지방관리인 당중우를 탄핵했는데 40여일 사이에 여섯차례에 걸쳐 1만 5000자에 달하는 탄핵문을 조정에 올렸으며 공적 생활은 물론 사생활까지도 파헤쳤다고 한다. 다소 도가 지나친 집요한 행동이었다. 친구 장식이나 여조겸도 주자의 성격이 치우친 점을 지적하고 충고했다고 한다. 주자 자신도 그 점을 알아서 여조겸에게 "당신은 '온후'하지만 나는 '폭한暴悍'하다"라고 말했다. 확실히 인간이 완벽해진다는 것은 매우 어려운 일이다. 사람은 얼마가 되었든 넘치는 부분과 모자라는 부분을 함께 지닌다. 그러니 자신을 돌아볼 줄 아는 겸손이 중요할 수밖에 없다.

둘째 아이는 주자가 만년에 겪은 정치적 억압도 그의 성격과 처신 때문 아닌가 하는 의심을 내비쳤다. 그런 측면이 있기는 하다. 지방에만 있던 주자는 예순다섯 나이에 황제에게 발탁되어 중앙정부에서 근무했는데, 당시 조정의 실권자를 기탄없이 비판하면서 불과 45일 만에 쫓겨나고 말았다. 그러나 이는 단순히 주자 개인의 문제가 아니라 당시의 정치적 대립구조나 주자에 우호적이었던 세력의 성격과

●
당중우 唐仲友(1136~1188)

중국 절강성 금화(金華) 출신의 관리. 지방관으로서 선정을 베푼 것으로 알려졌으며, 경제(경세와 제도)의 학문을 제창했다. 주자에게 탄핵을 받을 당시 그는 태주(台州)를 다스리고 있었다. 주자는 당중우가 심한 가뭄으로 흉년이 든 고을에 세금을 독촉해 주민을 뿔뿔이 흩어지게 하고, 공금을 횡령하거나 쓸데없는 공사로 공금을 낭비하는 등 수십가지 죄목이 있다 하여 여섯차례나 탄핵했다. 그러나 그 죄목에는 당시 생활상으로 볼 때 탄핵거리가 되지 않을 것들도 적지 않아, 이 일은 오히려 주자에게 더 큰 부담이 되었으며 당중우가 시련을 딛고 학문적으로 일가를 이루는 계기가 되기도 했다.

관련된 문제이기도 하다. 주자의 탄핵을 기폭제로 해 도학 반대파가 결집하여 도학을 '거짓학문(위학僞學)'으로 규정하고 탄압했다. 이는 주자의 학문이 사상적으로, 그리고 사회적·경제적으로 상당한 혁신성을 지니고 있었음을 암시하는 대목이다. 이 점은 뒤에서 다시 살펴보기로 하자.

이렇게 주자의 삶을 더듬는 동안 둘째 아이가 주자의 단정함과 근면함을 높이 사니 부모 입장에서 은근히 뿌듯한 기분이 들었다. 다만 한편으로는 그러한 모범생 같은 태도가 세상에 짓눌린 젊은 세대의 자기검열이 아닌가 걱정도 됐다. 그러나 혁신가라고 해서 꼭 괴짜의 모습을 해야 하는 것은 아니다. 단정하고 성실한 모습이 오히려 혁신가의 모습일 수 있다. 젊은 세대에게 무턱대고 체제를 부정하거나 저항하라고 충고한다면, 그 또한 기성세대의 횡포라는 생각도 든다. 새로운 세대가 스스로 판단하여 자신의 길을 열어갈 것이라고 믿는 수밖에 없다.

3_국가가 아닌 개인 주도의 지식씨스템

한국은 산업화와 함께 민주화를 달성했다는 칭송을 받는다. 그러나 이제는 그 산업화와 민주화의 질적 내용과 지속가능성을 따져볼 때가 되었다. 국제환경의 변화와 사회적·경제적 양극화 속에서 한국의 보수세력과 진보세력은 극단적인 대립을 벌이고 있다. 정치권이나 재계의 상층부와 평범한 사람들 사이의 공감대도 제대로 형성되지 못하고 있다. 권력과 이익을 다툴 뿐 합리성과 자기성찰의 힘은 부족하다. 스스로의 힘으로 자연스럽게 근대화에 이르기보다는 일제 등 외세의 압박을 받으며 타자를 추격하는 방식으로 살아온 결과가 지금 나타나는 것이 아닐까. 어느 집단도 제대로 된 체계적 이성과 윤리, 존재론과 도덕론을 갖추고 있지 못한 것 같다.

"주자에게서 새로운 점은 무엇인가?"라는 질문은 중국 철학에서 늘 되풀이되는 질문이다. 주자 이전의 유학은 국가체제를 보완하기 위한 것이었다. 과거제를 위한 학문은 문장을 잘 구사하거나 경전을 암기하고 해석하는 방식으로 이루어졌다. 주자는 과거제를 위한 학문에서 벗어나야 한다고 생각했다. 이는 황제의 전제권력으로 주도하는 지식형성과 인재충원 씨스템에 대해 원심력을 작동시키는 것이다. 주자는 끊임없이 이성과 윤리, 존재와 도덕을 종합하고자 했다. 그는 인도人道와 천도天道를 인격 속에 통합하는 학문, 즉 위기지학爲己之學을 추구했다.

위기지학을 체계화한 것은 주자학파의 고유한 공로이고, 그것이 주자학파 특유의 사상이 되었다.[6] 공자는 단지 위기爲己와 위인爲人을 구분할 뿐이었다. 공자는 『논어』의 「헌문憲問」 편에서 "옛날의 학자는 나를 위하였고 오늘의 학자는 남을 위한다古之學者爲己 今之學者爲人"라고 했다. 이때의 '나'는 인격의 완성을 추구한다는 긍정적인 의미를 지닌다. 그러나 공자는 '나'를 특별한 개념으로 설정하지는 않았다. "나를 극복하고 예로 돌아간다克己復禮"고 말할 때 '나'는 극복해야 할 대상이기도 하다.

북송시대의 장재張載(1020~1077)와 정이程頤(1033~1107)는 위기지학 개념을 발전시키고 그와 관련된 학문적 내용이나 방법, 구체적 모범에 대해서도 자세히 논의했다. 장재는 위기지학을 자기강화의 과정으로 인식하고 그 과정을 성취하는 단계가 되면 자연스럽게 예를 실천하는 모습을 보인다고 보았다. 정이는 진지眞知라는 개념을 제시했다. 지知는 깊고 얕음의 차이에 따라 여러가지 단계가 있는데, 진지에 이르면 알기만 해도 곧 태연하게 행할 수 있다고 했다.

주자는 여기에 체인體認이라는 방법을 제시했다. 체인은 경전에 등장하는 개념과 원리를 이해하고 그것을 지식화하는 데서 나아가 몸으로 체득하도록 하는 것, 즉 사상의 육체화다. 취업이나 승진 등 실리를 위한 공부가 대세가 된 요즘에 비춰보면 주자의 공부법은 자못 통렬하다. "오랜 시간을 들여 서서히 그 도리에 익숙해가는 동안 그 도리와 자신은 일체가 된다. 그러나 요즘 사람들은 도리는 도리, 자신은 자신이므로 전혀 관계가 없다고 생각한다."[7]

주자의 사상은 중세 신학과 같은 절대론적 윤리설의 측면과 함께 유기체 우주론에 바탕을 둔 형이상학의 성격도 지닌다. 여기서 중요한 것은 주자가 북송의 이학理學을 집대성하면서 주돈이●의 태극太極 개념을 이리로 해석한 데 있다. 주자는 현실에는 자연과 인륜의 이법이 다양하게 존재하고 이러한 이법을 포괄하는 우주의 궁극적 원인

●

주돈이 周敦頤(1017~1073)

중국 북송대 사상가. 송대 유학의 형이상학적 사유는 그로부터 비롯했다고 본다. 그는 『태극도설(太極圖說)』이라는 짧은 책을 통해, 만물의 근원이 태극이며 태극이 실제로 만물을 형성한다는 사상에 근거한 형이상학을 제시했다. 이는 우주에 대한 도가의 설명을, 창조물의 진화적 과정을 이야기한 『주역』의 개념과 결합한 것이다. 그의 사상은 이후 주자가 성리학을 체계화하는 데 바탕이 되었으며, 『주역』 또한 주자와 남송대 성리학자들에 의해 위대한 경전으로 평가받았다.

이 있다고 보았다. 이것이 초월적이고 형이상학적 의미를 갖는 태극이다. 주자학에서는 만물을 주재하는 궁극자를 설정하되 인격을 지닌 신의 존재는 부정했다. 대신 태극이 인간에 내재하기 때문에 마음을 통해서 그 체득이 가능하다고 강조했다.[8]

주자는 정이의 말을 새롭게 해석한 바 있다. "사려가 싹트지 않고 사물이 아직 도달하지 않은 때가 희로애락의 미발未發이며 이때가 심心의 '적연부동寂然不動'한 체體이며 천명天命의 성性은 거기에 본질 그대로 완전하게 구비되어 있다. 그 존재방식에는 과부족이 없으며 또 편기가 없으므로 중中이라 한다."[9] 좀더 도식화해보자. 마음은 천도에 통하는 것으로 그 본질은 성性, 체體, 중中, 적연부동寂然不動과 같이 희로애락이 발현되지 않은 상태다. 그러한 본질이 현실화하면 정情, 용用, 화和, 감感하여 천하의 일에 통通하는, 희로애락이 발현하는 상태가 된다. 본질은 이理와 형이상形而上의 개념과 관련되고, 현실은 기氣와 형이하形而下의 개념과 관련된다. 주자는 이 두 개념을 서로 뗄 수 없는不相離 관계로 보았다.

언젠가 세상 일에 지쳐 마음과 몸이 힘들던 시기가 있었다. 그때 자신을 수련해온 오랜 벗이 내게 이렇게 충고했다. "결국은 자기 자신의 문제인데, 공부가 필요하지. 자신의 내공을 키우는 데에는 정공靜功과 동공動功의 방법의 있는데, 정좌하고 수련하는 것이 윗길이네. 그런데 자네의 경우 고요히 자신을 응시하기는 쉽지 않을 테니, 먼저 몸을 움직이는 운동을 통해 마음을 모아보시게. 움직임을 거듭하다 보면 그 밑바닥에서 단단한 고요함을 찾을 수 있을 것이네." 이/기理/氣, 성/정性/情, 체/용體/用, 중/화中/和의 개념을 깨우치게 해주면서, 직업으로서의 공부 방법과 방향을 새롭게 모색하게 해주는 말이었다.

주자가 말하는 바는 나 자신과 우주는 분리되어 있지 않으니 인도와 천도가 만나는 지점을 응시하고 깨닫는 일이 중요하다는 것이다. 그에 의하면 만물을 주재하는 것은 황제나 고관대작이 아니라 궁극적인 '도리'다. 도리를 아는 자는 군자이고 모르는 자는 소인이다. 군자가 되려면 이익을 위해서가 아니라 자신의 깨달음을 위해 공부해야 한다. 지배계급의 마음을 적잖이 불편하게 만들 수 있는 말이다. 지위의 높고 낮음을 막론하고 자칫 소인배가 될 수 있는데다 편의에 따라 학문과 사상을 동원하기도 어려워질 것이기 때문이다. 위기지학이 추구하는 '도道'는 단순히 인격완성의 문제를 넘어 정치사상으로 발전할 잠재력을 지닌 것이었다.

주자는 조직적이고 집단적으로 사상운동과 교육운동을 전개했다. 주자는 제자들과의 수많은 문답을 통해 사상체계를 단련해나갔으며 주자와 그 제자들은 상하관계가 아니라 동료관계에 가까웠다. 제자들은 관립학교에서 벗어나 서원과 학사로 결집했다. 주자는 백록동서원白鹿洞書院을 재건하여 서원 교육의 대강과 학칙을 정한 바 있다. 또한 선친인 주송을 기념하는 자양서원紫陽書院을 설립했으며, 한천정사寒泉精舍, 무이정사武夷精舍, 고정서원考亭書院, 죽림정사竹林精舍 같은 서재와 학사를 세워 제자들과 함께 생활했다. 집권적 통치체제의 기득권 세력에게는 부담이 될 수 있는 움직임이다.

기존 체제에서 이런 주자를 순순히 받아들이기는 어려웠을 것이다. 주자는 중앙 정계에 진출하는 순간부터 공격의 표적이 되었다. 주자에 대한 탄핵문을 보면 주자학단이 성장하는 면목과 그에 대한 통치계급의 불안감을 뚜렷이 읽을 수 있다. 유덕수劉德秀는 다음과 같은 말로 주자를 탄핵했다. "위학僞學의 수괴는 몸은 필부이면서 도리어 군주의 권력을 훔치고 천하를 호령합니다. 바라옵건대 위학의 서적을 모조리 없애십시오!" 또 호굉°은 이렇게 상소했다. "주희朱熹는 간사한 소인배로서 장재와 정호의 학설을 도용하고 소박한 음식을 먹는 것을 이용하여 마귀를 물리친다는 요술을 부리며 청년들을 미혹하고 사방에서 덕행이 부족한 이들을 끌어 모아 자신의 패거리를 짓고 있습니다."[10]

감정을 담은 비방이지만 그 말에서 사실의 일단을 엿볼 수 있다. 주자는 도학의 학설을 종합했으며, 청년들과 함께 공부하고 사상과 교육의 힘으로 황제의 전제적 권력을 제한하기에 이르렀던 것이다.

4_도학파의 사상운동과 군주전제권의 제한

당나라 말과 오대십국五代十國의 혼란을 수습한 북송北宋 태조太祖(재위 960~976) 조광윤趙匡胤은 강력한 집권제를 추구했다. 그는 유명한 배주석병권盃酒釋兵權의 일화를 남겼는데, 그 내용은 이러하다. 군권을 장악하고 있던 대신들이 조광윤을 황제로 추대했다. 조광윤은 즉위한 뒤 그 대신들을 불러 모아 술잔을 건네며 물었다. "여러분은 그럴

●
호굉 胡紘(1137~1203)
송의 학자로 주자를 위학과 역당의 수괴라고 탄핵했다. 장식의 스승인 호굉(胡宏)과는 다른 사람이다.

뜻이 없겠지만 부하가 부귀를 탐내 여러분에게 누런 옷을 입혀놓으면 어찌하지 못할 것 아니오?" 조광윤은 대신들에게서 병권을 회수하고 각 지방 절도사들에게 부관을 파견하여 재정 등을 감독하게 하는 등의 조치로 황제의 권한을 강화했다.

시간이 지나면서 황제의 독단적 권력에 대항하는 움직임이 일었다. 이른바 '붕당朋黨'이 출현한 것이다. 북송 4대 황제 인종仁宗(재위 1022~1063)이 황후를 폐하려 하자 재상 여이간呂夷簡은 이에 영합했는데, 간관諫官이던 범중엄●은 이를 강력히 비판하고 여이간의 부패를 지적했다. 여이간은 범중엄을 지지하는 세력을 붕당의 죄목을 걸어 축출했지만 그 기세가 꺾이지 않았다. 당시 구양수歐陽脩는 공개적으로 '붕당론'을 전개하면서 황제의 측근세력을 규탄했다. "군자와 군자는 '도'가 같으면 의기투합하여 붕당을 짓고 소인과 소인은 '이익'이 같으면 붕당을 짓는다"라는 것이 구양수의 주장이었다.

북송 중기의 붕당은 '정학正學'이라고도 하는데, 이는 일정한 학파는 아니지만 주자학파의 선구적 움직임이라는 관점에 착안한 용어다. 범중엄, 구양수, 손복孫復, 호원胡瑗 등이 일으킨 정치·사상 운동으로서의 '정학'은 유학을 당대의 지배적 시대 사조로 확립했으며, 사대부 학자 관료들의 사고방식과 가치관 형성에도 크게 영향을 미

●

범중엄 范仲淹(989~1052)

중국 북송대 정치가이자 학자. 인종 재위기에 관리제도 정비와 인재 양성, 무력 강화 등에 대한 개혁안을 올려 1041년부터 1048년까지 7년간 정치개혁이 실시되었다. 당시 사회가 워낙 부패한 탓에 그의 시도는 성공하지 못했으나, 왕안석이 그의 개혁을 이어받아 송나라 최대의 개혁을 단행하게 된다. 「악양루기(岳陽樓記)」 등의 작품을 남겼다.

동아시아사 또는 중국사에서 송대宋代는 진한秦漢 이래 가장 격변이 심한 시기라 할 수 있다. 당·송 변혁기 가설에서는 송대 이후 귀족제와 군벌세력이 제거되고 전제적 군주권이 강화되며 이를 뒷받침한 것이 사대부 계층이라고 본다. 다른 한편에서는 송대 이후 군주권의 전제화에 맞선 재상권 또는 신권의 강화에 주목하기도 한다. 더 근본적으로 관료제 밖의 사대부 사회와 군주의 관계가 변화했다는 논의도 있다.

여기서 눈여겨볼 것은 주자의 정통론正統論이다. 정통에는 제왕지통帝王之統과 성현지통聖賢之統이 있는데, 이는 흔히 치통治統과 도통道統으로 불린다. 송대 이후 활발해진 도통 논의는 주자에 의해 기본 틀이 마련되었다. 주자의 도통론은 유가의 정통성 문제뿐만 아니라 일반적인 권력의 정통성 문제까지 함축한다. 도통론에서 성인은 곧 사대부를 표상하기 때문에 군주의 권력이 사대부의 권력에 의해 제약되고 정당성을 부여받는다는 것을 의미한다.

북송의 괴멸은 남송에서 정통 논의를 더 강화했다. 북송 말기 금나라가 남하하여 침공하자 북송 내부에서는 화친파와 주전파가 격렬히 대립했다. 금나라의 공격에 북송의 휘종徽宗은 남쪽으로 도주하고 태자가 흠종欽宗으로 즉위했다. 일시 휴전에 이은 재침공으로 금나라는 휘종, 흠종 등 3000여명을 포로로 잡았고 북송은 멸망했다(정강의 변. 1127). 이에 휘종의 9번째 아들이 남경에서 고종高宗으로 즉위했으나 금나라의 추격으로 양주·진강·태주·온주 일대로 도주했다. 금나라는 1130년 진강에서의 전투 이후 퇴각했다. 중앙집권제를 유지하려는 세력은 외부세력의 침입에 타협적인 태도를 취했는데, 도학세력은 이에 대해 격렬하게 비판했다.

북송 시기 왕안석도 중화와 오랑캐를 구분하는 강경한 대외관을 표명했지만, 실제 대외정책에서는 강경책과 타협책을 함께 사용했다. 왕안석의 신법당新法堂과 그에 반대하는 구법당舊法堂은 외부세력에 대한 인식의 차이는 크지 않았다. 그러나 실제 대응에서 보수세력은 현실론을 강조했고 왕안석은 당위론을 주장하면서 신법을 밀고 가려했다.

민병희 「도통과 치통, 성인과 제왕: 송-청중기의 도통론을 통해본 사대부사회에서의 군주권」, 『역사문화연구』 40, 한국외국어대학교 역사문화연구소 2011; 박지훈 「북송대 왕안석의 대외관과 화이론」, 『동양사학연구』 106, 동양사학회 2009.

쳤다. 이러한 시대 사조 속에서 왕안석王安石(1021~1086)의 개혁 이념도 정립되었다.[11] 왕안석은 북송시대의 개혁정치가로 남송 초기까지 큰 영향력을 행사했다. 유교는 물론 도교와 불교의 소양도 깊었으며 당송팔대가唐宋八大家의 한 사람으로 기억되는 명名 문장가이기도 하다.[12] 이후의 도학은 왕안석의 학문을 넘어서는 것을 중요한 과제로 삼았다.

왕안석이 추진한 주요 정책은 부국강병을 통해 집권제 국가의 강화를 도모하는 개혁이었다. 청묘법青苗法은 춘궁기에 국가가 농민에게 직접 청묘전青苗錢을 대출해주는 것으로 국가가 금융을 장악하는 시도라 할 수 있다. 균수법均輸法은 조세 물자의 유통과 가격 결정을 국가가 주도하는 것으로 국가가 상업을 장악하려는 정책이었다. 보갑법保甲法은 국가가 국방을 담당하기 위해 농민가구 10호戶를 1보保로 하고 1보마다 보정保丁 1인을 선출하도록 한 제도다.

도학세력은 왕안석의 개혁정책에 비판적이었다. 그러나 왕안석의 개혁을 '혁신'으로, 도학파를 '반개혁'세력으로 규정할 수만은 없다.

북송 중기 요와 서하의 침공 위협으로 인한 대외적 위기와 심각한 국가재정 부족에 직면하여 당시 황제인 신종(재위 1068~1085)은 왕안석을 기용하여 '신법新法'이라는 개혁정책을 시행했다. 이들 시책은 부국강병, 대지주·대상인 억제와 중소농·중소상인 보호 등을 목표로 한 것이었다. 왕안석의 개혁은 신법 실시 당시부터 보수파 관료들의 극심한 반대에 부딪쳤으며, 신종 이후의 정치적·사회적 불안의 책임을 왕안석에게 돌리려는 분위기가 확산되었다. 남송 시기에는 왕안석에 대한 부정적 평가가 일반화되었고, 명·청 시기에는 이런 분위기가 고착되었다. 명대에는 왕안석을 간신열전에 등재하기까지 했다.

왕안석이 구법당이나 도학자들에 의해 지나치게 당파적인 관점에서 평가되었다는 견해도 있다. 왕안석이 정권을 잡고 개혁을 추진한 기간은 6년(1069~1075)에 불과하다. 그리고 이 기간에도 영민한 청년 황제 신종이 국정 전반을 총괄하면서 개혁을 밀고 나갔으므로 왕안석 개인의 독자적 개혁으로 보기는 어렵다는 것이다. 왕안석의 개혁은 유가적 도덕정치의 전통을 지키기 위해 추진된 보수적 개혁인데, 구법당과 도학자들에 의해 상앙商鞅·한비자韓非子·왕망王莽과 같이 법가적 이념으로 유가적 전통을 말살하려는 패도주의로 매도되었다는 것이다.

한편 왕안석의 개혁이 현실주의적 자세와 법치 위주 사고방식의 이질성 때문에 수구적 관료들과 도덕을 중시하고 인치주의적 사고방식을 지닌 도학파들의 반대에 부딪혔다는 견해도 있다. 왕안석은 『주례周禮』에 담긴 국가상에 기반하여 국가가 현실정치를 주도하도록 구상했으며, 이를 위해 도덕적 소양보다는 실무능력을 지닌 인재를 발탁하고, 부국정책을 통해 재정을 확보하려고 했다. 이는 당시 정치행위의 규범으로 신봉되던 공자의 『춘추春秋』를 강조하는 입장과는 대립된다는 것이다.

신채식 「왕안석 개혁의 성격검토」, 『동양사학연구』 51, 동양사학회 1995; 이범학, 「왕안석 개혁론의 형성과 성격」, 『동양사학연구』 18, 동양사학회 1983.

주자는 왕안석에 대해, "그가 개혁을 추진하려 한 일은 불가피하기까지 한 것이었지만, 그의 학學이 올바르지 못하였기 때문에 개혁이 올바른 방향으로 가지 못하였다"라고 평가했다. 왕안석을 전면 부정하지는 않았으나, 왕안석의 사상체계에 대해 도학자로서 대안을 제시해야 함을 뚜렷이 인식하고 있었던 것이다.[13] 왕안석의 개혁은 강력한 중앙집권적 방식을 통해 추진되었고, 도학파는 이를 법가적 위계질서의 구축으로 받아들였다. 도학파는 보수세력인 구법당舊法黨과는 달리, 왕안석에 대한 비판을 단순히 비판으로 끝내지 않았다. 이들은 왕안석에 대한 비판과 대립을 통해 자신들의 사상체계와 세력을 만들어갔다. 그리하여 군주권을 일부 제약하면서 전제적 국가씨스템을 더욱 분권화된 씨스템으로 전환하려 했다.

5_경제혁명에 부응한 적응적 혁신의 사상

중세·근세에 진행된 경제혁명에 부응하기 위해서는 중앙집권적 국가씨스템을 강화하는 것보다는 지방분권화 씨스템을 구축하는 것이 유리했다. 주자학은 사상과 사회씨스템 양쪽에서 이를 수행했다. 주자학은 군주의 전제권에서 벗어난 인간학과 자연학을 구축했으며, 발전하고 있는 소농의 생산력과 생산관계를 보완하는 지방 사대부 계층을 형성했다.

8세기에서 12세기에 이르는 동안 중국은 역사상 유례를 찾기 힘든 경제적 발전을 이룩했다.[14] 발전의 시작은 농업 발달이었다. 북중국의 주요 작물이 기장에서 밀로 바뀌었고, 더 중요하게는 남중국의 쌀 농업이 급진전했다. 토지관리, 파종·제초를 위한 쟁기 및 써레와 함께 신품종과 다모작 기술이 보급되었다. 치수에 용이한 논의 형태가 고안되고 물을 이동시키기 위한 장치가 개발되었다. 전세계적으로 가장 복잡하고 정교한 농업이 13세기 남중국에서 이루어졌다.

이러한 농업형태는 많은 노동력이 필요했다. 따라서 농민에 대한 엄격한 인신적 속박을 완화하고 노동력을 중앙정부가 아닌 지방 차원에서 관리·감독할 필요가 있었다. 그리하여 송대에는 이전 시기에 비해 좀더 자유로워진 전호佃戶가 형성되었으며 이들 상당수가 장원제에 편입되었다. 토지는 자유로이 매매되었는데, 장원의 중심지역에서는 지주의 감독 아래 집약적 농법이 행해졌고, 변두리에서는 토

12세기 북송 화가 장택단(張擇端)이 그린 〈청명상하도(清明上河圖)〉. 북송 수도 개봉(開封)의 번화한 생활상을 잘 보여준다.

지를 분할해 전호에게 대여했다. 독립된 전호의 경우도 생산에서 갑甲의 단위로 조직되었으며, 수리 등에 필요한 노동력의 징발은 지주가 담당했다. 전호는 소비 차원에서는 명목상 독립된 단위였으며, 장원 재판권 아래 편입되었으나 그 재판권이 법률적으로 인정된 것은 아니었다.

지방의 지주와 장원은 농업기술을 전파하고 시장을 성장시키는 기반이었다. 농업기술 전파로 농업 생산량이 늘면서 시장이 확대되고, 상업적 계산과 화폐 사용의 필요가 커졌다. 또한 시장이 성장하면서 수로교통이 수월한 지역을 중심으로 초기자본주의 성격을 지닌 도시가 형성됐다. 이러한 경제혁명은 과학기술 혁명과 맞물렸다. 당시 남중국은 세계적으로 가장 뛰어난 경제력과 과학기술 수준을 보유하고 있었다. 시장과 도시가 발달하며 나타난 문제를 해결하는 과정에서 수학·의학·지리학·천문학 등이 발전했다.

이러한 시기에 주자는 발전된 생산력과 시장씨스템에 부응하는 더욱 객관화된 사상체계를 구축했다. 그는 당시 실크로드와 해상로를 통해 유입된 서유럽의 신문물, 인도를 통해 전파된 음운학이나 불교학 등에 크게 영감을 받았다. 그리하여 종래 전제주의 체제로부터 어느정도 독립한 독자적인 존재론(자연학)과 도덕론(윤리학)의 종합을 시도한다. 주자학은 곧 존재적 의미의 이理와 규범적·가치적 의미의 이理를 함께 논한 것이다. 훗날에는 윤리학 쪽으로 많이 기울었으나, 주자의 윤리학은 기본적으로 자연학을 바탕으로 한다.

먼저 존재 개념으로서 이理와 성性은 전국시대 이래 기氣 철학과 송·원대에 발전한 과학기술을 토대로 한 것이다.[15] 주자에 의하면 만

미야지마 히로시의 소농사회론

근래 한국·중국·일본 학계에서는 유럽사와 다른 차원에서 동아시아 역사의 공통성을 강조하는 동아시아론이 제기되었다. 이는 1930년대부터 1970년대 전반까지 유럽사의 발전 개념에 입각해 한중일 삼국의 내재적 발전을 구명하려 한 시도와 대비되는 흐름이다. 특히 일본인 역사학자 미야지마 히로시宮嶋博史는 비교사에 입각해 동아시아론을 제기하면서 내재적 발전론을 비판했다. 그는 내재적 발전론이 '내재'를 강조하다가 외부와의 관계를 경시했고 '발전'의 모델로서 서구 근대 모델을 그대로 적용했다고 지적한다. 그런 문제의식에서 제시한 것이 '소농사회론'이다.

미야지마의 소농사회론을 요약하면 다음과 같다. 16세기 무렵 동아시아 지역에서는 집약적인 벼농사가 일반화되면서 소농민이 생산주체로 성장했다. 중국에서는 송대에서 명대에 걸쳐 소농사회가 형성되었고, 한국에서는 조선 후기에, 일본에서는 토꾸가와 시대 전기에 소농사회가 성립되었다. 그 결과 사대부·양반·무사 등 지배층이 토지귀족의 성격을 잃고, 국가 이념으로서 지위를 얻은 주자학을 체화한 관료들에 의한 통치체제가 구축되었다. 이 시기 동아시아에는 세계적으로 유례없는 높은 토지생산성과 인구밀도가 나타났다. 소농사회 이후에는 유교적 근대의 패러다임, 주자 사상의 근대성이 큰 역할을 했다.

그러나 이러한 소농사회론에도 한계는 있다. 미야지마는 소농사회론 역시 동아시아 발전의 근원을 묻는 타율과 내재의 문제에 대해 답하지 못한다는 것을 인정했다. 그는 한중일 삼국의 전통사회 구조를 하나의 범주로 설명했지만, 현재와 미래 전망에 대해서는 선뜻 결론을 내리지 못하고 있다. 그의 동아시아론은 국가와 계급의 문제를 시야에 넣지 못해 현실적 대안을 구성하기 어렵다는 것이 약점으로 지적되기도 한다.

미야지마 히로시 「한·일 양국의 역사를 다시 본다: 동아시아사의 입장에서」, 『아시아리뷰』 3(1), 서울대학교 아시아연구소 2013; 왕현종 「동아시아 비교사의 방법과 의미: 미야지마 히로시의 동아시아 근대사론」, 『역사비평』 105, 역사비평사 2013.

물은 이理와 기氣, 다른 말로 성性과 기질氣質이 합쳐져서 생겨난다. 오늘날의 개념으로 말한다면, 기氣는 자연 세계를 구성하는 물질적 기본 원소다. 그것은 일종의 유체流體인데, 기氣가 짙어지면 유형의 사물이 되고 옅어지면 다시 무형의 기氣로 돌아간다. 기氣가 질서를 갖는 것이 이理이고, 이理는 질서 그 자체다. 기氣는 일기一氣, 음양陰陽, 오행五行으로 나눌 수 있는데, 음양은 운동성의 측면을, 오행은 감각적 성질을 나타낸다. 기체상태에 해당하는 기氣가 응결된 것이 고체상태의 질質이다. 주자는 음양과 오행, 기와 질이 합성하여 만물을 이룬다고 보았다. 즉, 일기一氣로부터 시작하여 음양·오행을 거쳐 만물, 그리고 인간에 이르는 자연학의 체계를 세운 것이다.[16]

한편 주자는 존재 개념과 다른 차원의 이理와 성性을 논하며 윤리적 가치체계에 입각한 사회질서를 구성해냈다. 인간사회의 조직원리인 이理는 우주에 뻗어 있는 이理의 가장 완전한 발현형태다. 이理는 이미 인간의 마음속에 성性으로 갖추어져 있는, 인의예지의 가치이념이다.[17] 주자는 하늘의 본성이 인간 안에 있으며 마음을 떠나 객관적으로 존재하는 만물의 이치를 궁구할 것을 주장했다. 그리하여 황제만이 하늘과 소통할 수 있다는 관념을 파괴했다.

주자와 주자학 집단은 발전된 동아시아 소농체제에 부합하는 자연학과 윤리학의 사상체계를 집대성하고 그에 기반하여 집권적 국가체제를 내부로부터 혁신하고자 했다. 지방에 있던 사족계층은 주자학을 통해 자신을 훈련하고 지방민을 통제할 수 있었다. 이러한 방식으로, 방대한 국가체계를 중앙집권적으로 운영하는 것에 비해 조직화의 비용을 크게 절감하고 체제의 내구성을 증대시켰다. 사족계층은 제국의 위계제를 통째로 뒤집은 것은 아니지만, 위계제의 성격을 변화시켰다. 그들은 상대적으로 개인적이고 지방적인 존재였으며 독자적인 윤리체계를 가진 '견고한' 집단이었다.[17] 요컨대 그들은 위계제에 복무하는 중세적·근세적 존재이면서도 지방적이고 개인적이라는 점에서는 분권적이고 네트워크적인 존재였다.

주자학 집단이 독립변수로 작용하여 사회씨스템 전체를 전환시켰다고 말하기는 어려울 것이다. 그러나 씨스템 전환에 부응하고 이를 촉진하는 적응적 혁신이라는 측면에서 본다면 주자학 집단의 사상과 운동은 역사상 유례를 찾기 어려울 정도로 뛰어난 것이었다.

7장

민주주의 헌법의 발명가

존 로크

1_민주주의 헌법이라는 위대한 발명품

집에서나 학교에서나 우리 세대 청년 시절을 회고하는 일은 조심스럽다. 자칫 꼰대들 이야기를 지겹게 반복하는 것처럼 들릴까 싶어서다. 청소년이나 청년 모두 입시니 취업이니 하는 컨베이어 벨트 위에 초조하게 서 있는 마당에 '우리는 이랬노라'고 말 건네기가 미안하기도 하다. 그래서 어쩌다 아이들이 먼저 관심을 보여주면 고마운 마음이 든다.

아이들은 중학교에서 고등학교로 올라가면서 여러가지로 힘든 경험을 하는 것 같다. 둘째 아이도 이 시기에 부모는 다 이해하지 못하는 고뇌를 경험했던가 싶은데, 다투기도 하고 또 금방 끌어안기도 하고 그랬다. 어느 날 아이는 질풍노도의 시기를 함께 해준 데 대한 고

마음과 미안함을 전했다. 그리고 선물로 아빠의 청년 시절을 추억할 기회를 주겠다고 했다. 그렇게 해서 아이와 함께 본 것이 〈변호인〉이라는 영화다. 아이는 영화에 깊이 몰입했고, 그 시절을 헤쳐온 아빠를 격려해주었다. 아이가 아빠의 청춘을 고리타분한 이야기만은 아닌 것으로 느끼게 되다니 참 고마운 일이었다.

아이에게 영화에서 어떤 장면이 인상적이었는지 물었다. 아이는 마지막 장면을 먼저 언급했다. 고 노무현 대통령을 모델로 한 주인공 '변호인'이 나중에 시위 혐의로 '피고인'이 되자, 그를 변호하기 위해 법정을 가득 메운 동료 변호사들이 재판장의 호명에 한명씩 일어나는 대목이다. 사실 나는 이 장면에 공감하지 못했다. 이후 실제 현실에서 펼쳐진 우여곡절을 모두 생각해보면 너무 낙관적인 결말이다. 현실에서는 주인공이 말한 것처럼 세상을 변화시키는 것이 쉽지 않다고 생각하는 이들이 많을 것이다. 영화가 허구 내지 창작임을 밝히는 처음 자막과 달리 마지막에는 실제 일어난 일인 것처럼 자막을 넣었지만, 정의의 강물이 그렇게 넓은 폭으로 흘렀던 것 같지는 않다.

아이는 변호인과 고문 경찰이 법정에서 논쟁하는 대목도 이야기했다. 팽팽하게 맞선 두 배우의 연기는 대단했지만 이들이 벌인 격렬한 설전은 계속 평행선을 달린다. 변호인이 "학생과 시민이 책을 읽는 것이 국보법 위반이라고 판단하는 근거가 무엇이냐"라고 묻자, 경찰관은 "그것은 내가 아니라 국가가 판단한다"라고 소리친다. 그 경찰관은 대를 이어 공안 경찰직에 종사하고 있으며 용기있는 증인의 뒤통수를 치기도 하는 고문 전문가다. 그런 노회한 이가 너무 흥분해서 쉽게 본심을 드러내고 말았다.

영화가 흥행에 대성공한 것은 이미 감동할 준비를 하고 극장에 온 관객들 덕이 크다. "대한민국 헌법 제1조 2항, 주권은 국민에게 있고, 모든 권력은 국민으로부터 나온다, 국가란 국민입니다!"라는 주인공의 포효가 깊은 감동을 준 데는 민주주의의 후퇴라는 정치환경이 크게 작용했다. 한국은 민주주의가 공고화됨을 보여주는 기준이라고 하는 두번의 평화적 정권교체 절차를 거쳤으나, 보통 사람들의 삶의 질을 개선하는 실질적 민주주의로까지 나아가지 못했다는 비판을 받는다. 게다가 보수파 정부의 등장 이후 국가기구가 민주주의에 반하는 행위에 동원되었다는 논란에 자주 휩싸임으로써, 한국 민주주의는 '자유 없는 민주주의'illiberal democracy로 퇴행하고 있다는 위기감이 높아졌다. 헌법을 새삼 되돌아봐야 할 현실 상황이 영화에 대한 감동을 만들어냈다. 그리고 우리 아이에게는 아빠의 젊은 시절을 가여운 마음으로 동정하게 만든 것이다.

이런 민주주의의 위기나 불안정성은 보수정권이 단독으로 만들어내는 것이 아니다. 영화 〈변호인〉이 절절히 옹호하는 헌법체제를 불안정하게 만든 데에는 진보세력의 책임도 없지 않다. 한국의 보수세력이 '자유'민주주의를 실질적으로 부정해온 극우적 전통에서 벗어나지 못하고 있다는 것은 굳이 더 말할 것도 없다. 그러나 다른 한편에서 진보세력은 자유주의를 자주 자유지상주의 또는 신자유주의와 혼

자유주의 liberalism

개인의 자유에 우선을 두는 입장으로, 그 기원은 17~18세기 영국의 홉스, 로크 등으로 거슬러 올라간다. 경제학에서는 개인이 자기 재산을 이용할 권리를 보호하는 것을 뜻하며, 여기서 이상적인 정부는 그런 권리를 뒷받침하는 법과 질서 등 최소한의 조건만을 제공한다.

동해왔고, 헌법을 통해 개인을 국가와 국민으로 통합하는 일의 가치와 그 책무를 중시하지 않았다.

민주주의 헌법은 근대역사상 최대의 발명품이고 대한민국 헌법도 그에 기초해 만들어졌다. 대한민국 헌법이 대한제국의 멸망, 일제의 패퇴, 미군의 진주 등에 따라 자동적으로 형성되었다는 견해도 있고, 만민공동회 활동, 3·1운동, 대한민국 임시정부의 자발적 소산이라는 주장도 있다.[1] 그러나 그 기원을 어디서 구하건 간에, 대한민국 헌법의 의의는 민주주의 헌법의 틀 안에 존재한다. 민주주의 헌법은 기본적으로 근대 시민혁명의 소산이며, 민주주의 헌법의 가치와 내용을 확대·심화하는 것이 곧 시민혁명의 과정이라 할 수 있다.

근대 시민혁명이 최초로 발생한 것은 1688년과 1689년 사이 영국이었고, 이 영국혁명의 사상적 골조는 존 로크John Locke(1632~1704)를 비롯한 휘그 혁명파가 형성한 자유주의다. 그런데 흔히 영국혁명은 부르주아 혁명으로, 로크는 부르주아 사상가로 너무 성급하게 규정

●

자유지상주의 libertarianism

정치적으로 언론의 자유, 경제적으로 국가 간 자유무역, 사회적으로 최소한의 복지, 그리고 타인에 대한 침해를 제재하는 것을 제외한 최대한의 자유를 추구한다. 미국에서 극단적 자유주의를 가리킬 때 흔히 사용되나, 키트셸트(Herbert Kitschelt) 같은 학자는 우파 권위주의에 대립되는 개념으로 들기도 한다.

●

신자유주의 neo-liberalism

1980년대 이후 경제학의 주류가 된 입장으로, 워싱턴 DC에 본부를 둔 미국 재무부, IMF, 세계은행의 지지를 받는다는 점에서 '워싱턴 컨센서스' 견해로도 불린다. 고전 자유주의와 마찬가지로 최소한의 정부를 옹호하며, 정치적으로 개인의 재산권과 자유시장을 지키기 위해서라면 민주주의를 희생할 수 있다는 입장이다. 고전 자유주의가 중세적 규제와 억압에 대항한 것이라면, 신자유주의는 수정자본주의의 국가 개입에 반대하는 것이다.

대한민국 헌법은 1948년 7월 17일 제정되어 그후 9차례의 개정을 거쳐 오늘에 이르고 있는 성문헌법이다. 정부는 일제에서 해방된 지 3년 만인 1948년 5월 10일 제헌국회를 구성하여 자유민주주의와 사유제, 대통령제와 단원제를 골자로 하는 건국헌법을 제정했다. 대한민국 헌법의 골격은 건국헌법에서 형성되었고, 건국헌법은 19세기 말 이래 1945년 해방의 시기에 국가형성을 둘러싼 사상적 역정 속에서 형성되었다. 성리학의 정신세계와 군주제의 전통에 대한 기대는 동학농민혁명과 만민공동회를 거치면서 사라졌고, 한일합병에 의해 현실적 뿌리를 상실했다. 3·1운동은 '민족'이라는 대의 위에 새로운 근대국가를 형성하려는 흐름을 만들었는데, 이 흐름은 둘로 분열되어 해방 후 남쪽에는 자유민주주의와 사유제를 옹호하는 대한민국이, 북쪽에는 인민민주주의와 국유제를 옹호하는 조선민주주의인민공화국이 수립되었다.

대한민국에서는 건국헌법 제정 이후 이승만정부 존속을 위한 두차례의 헌법 개정이 이어졌다. 그러나 이승만정부의 독재와 부정선거에 항의하는 학생들에 의해 주도된 4·19혁명으로 이승만정부가 무너졌다. 이에 따라 의원내각제 채택을 중심으로 하는 1960년 헌법 개정이 이루어졌고, 다시 부정선거 주모자를 처벌하기 위한 헌법 개정이 있었다. 5·16 군사쿠데타 이후에는 대통령제와 단원제로 환원하는 1962년 헌법이 공포되었고, 박정희정부 유지를 위한 삼선 개헌과 유신헌법 개헌이 이루어졌다. 박정희 사후 전두환정부를 출범시키기 위해 대통령 간선제를 골자로 한 1980년 헌법 개정이 이루어졌다.

그러나 1980년 이후 군부에 저항하는 광범한 민주화운동이 진행되었다. 아래로부터의 민주화 압력은 점점 더 거세어졌고 1987년 6월항쟁 이후에는 정권과 민주화세력 지도자 사이의 협상이 이루어졌다. 그 결과 9번째 헌법 개정이 진행되는데, 대부분의 사회적·경제적 이슈는 배제한 채 최소한의 민주적 절차를 회복시키는 선에서 신속하게 추진되었다. 1987년 헌법은 상해임시정부의 법통과 4·19 민주이념을 계승한다는 점을 전문에 명시했으며, 대통령 직선제와 단임제를 실시하도록

한 점, 편제상 국회를 정부의 장 앞에 위치하도록 한 점, 헌법위원회를
폐지하고 헌법재판소를 신설한 점, 자유주의 시장질서를 보장하는 한
편 경제민주화를 위한 국가개입을 허용하는 점 등을 특징으로 한다.

법제처 국가법령센터 사이트(http://www.law.go.kr); 서희경 『대한민국 헌법의
탄생』, 창비 2012; 임혁백 「1980년대 민주화 이후 한국 민주주의의 기회와 제
약」, 『광복 70주년 대한민국 7대과제』, 사회과학협의회 2015.

된 측면이 있다. 한국에서도 자유주의는 시장적 자유와 상층계급 이
익을 옹호하는 것으로 협소하게 이해되곤 했다. 결국 출발점이 다른
보수세력과 진보세력이 함께 자유주의를 공격한 셈이 되었다. 한국
의 민주주의가 불안정성과 위기 상황을 극복하려면 헌법과 국가에
대한 성찰과 합의가 필요하다. 이를 위해서는 근대 민주주의 국가체
제의 골격을 만든 영국혁명과 로크 사상의 혁신성을 재인식할 필요
가 있다.

2_영국혁명이 낳은 책, 『통치론』

존 로크의 『통치론』은 대학의 권장도서 목록에 거의 빠지지 않고
등장한다. 그런데 이 목록을 작성하는 이들도 분과학문의 벽을 넘어
선 시야를 갖기가 쉽지 않다. 나도 경제학 전공의 울타리 안에서 지

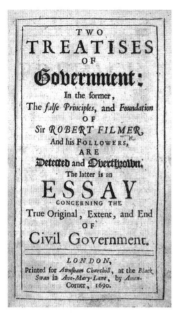

로크의 『통치론』 1690년 간행본
ⓒThe British Library

내다 보니 최근에서야 로크가 근대역사상 가장 중요한 존재에 값한다는 점을 깨닫게 되었다.

인물이나 저작의 중요성은 아무래도 지금 이곳에 무엇이 필요한가에 대한 고민 속에서 평가해야 할 것이다. 현재 세계는 시장경제나 계획경제 그 이상의 것을 필요로 하고 있다. 그렇다면 오히려 애덤 스미스, 데이비드 리카도, 카를 맑스를 거슬러 올라가 그 원천이 되는 로크의 사상에 주목할 필요가 있겠다.

로크는 17세기 당시로서 가장 안정적이었던 성직자의 길을 가지 않았다. 그 대신 팔방미인을 방불케 하는 기질을 따라 학자·교수·의사·행정가·정치가 등 다방면에서 두각을 나타냈다. 그러나 로크의 삶을 관통하는 것은 혁명가·실천가로서의 정체성이다. 그의 여러 활동은 근대사회로의 문을 열어젖힌 영국혁명의 길로 귀결되었다.[2]

로크가 열살이 되던 해 영국은 내전에 들어갔으며, 청교도였던 부친은 의회군에 가담했다. 로크는 의회파와의 인연으로 웨스트민스터 스쿨에 진학했다. 이후 옥스퍼드 대학의 크라이스트처치 칼리지에서 문학사와 문학석사 학위를 받고 종신직에 해당하는 연구원 자격을 얻었다. 그는 대학에서 그리스어·수사법·도덕철학 등을 강의했다.

전환기의 선구적 지성들이 전통적인 학문방식에서 벗어나려 하는 것은 흔히 목격되는 바다. 로크도 석사학위를 받은 뒤에는 더 자유롭고 다양한 지적 관심사를 추구했다. 특히 로크를 매료시킨 것은 새로 등장한 화학실험과 의학이었다. 로크는 옥스퍼드에서 보낸 15년 동안 화학자 로버트 보일[●]과 데까르뜨로부터 큰 영향을 받았다. 부유한 귀족이었던 보일은 집 안에 실험실을 차려놓고 지식인들을 불러 모았는데, 로크도 그 모임의 일원이었다. 또한 당시는 아리스토텔레스의 형이상학과 스콜라 철학이 지배적이었으나 새로운 지식을 추구하는 이들에게는 데까르뜨 철학이 영향력을 확대하는 중이었다.

확실히 의학은 근대적 사고를 대표하는 측면이 있다. 동아시아에서도 루쉰이나 쑨 원, 그리고 서재필이 의사의 길을 걷다가 혁명가의 길에 들어섰다. 로크의 삶도 의학을 연구하며 크게 바뀌었다. 로크는 당시 정계의 거물이었던 애슐리 경[●]의 주치의 겸 조언자가 되어 런던

로버트 보일 Robert Boyle(1627~1691)

아일랜드 리즈모어의 부유한 가문에서 출생한 자연철학자. 연금술 전통에 기반한 화학이라는 분야를 종래의 의학으로부터 분리된 새로운 영역으로 개척했다고 평가된다. 일정한 온도에서 기체의 압력과 그 부피는 서로 반비례한다는 보일의 법칙으로 유명하다. 보일이 집 안에 차려놓은 실험실에는 옥스퍼드 인근의 젊은 과학자들이 출입했으며 로크도 보일과 교류하면서 평생 우의를 나누었다.

앤소니 애슐리쿠퍼 Anthony Ashley-Cooper(1621~1683)

영국의 찰스 2세에 맞선 휘그당 세력의 지도자로 로크의 후원자로 유명하다. 1621년 잉글랜드 남부 도싯주에서 출생했으며, 1640년 하원의원으로 정계에 투신했다. 1666년 신병 치료차 옥스퍼드를 방문하여 로크의 치료를 받은 이후 정치적 동지관계로 발전했다. 1672년에는 섀프츠베리 백작령을 창설하고 백작 지위에 오르게 된다. 이후 찰스 2세에 반대하는 정치활동을 전개했으며, 국왕세력의 탄압 속에서 1683년 네덜란드 암스테르담에서 병사했다.

으로 이주했고 그의 저택에서 1667년부터 1675년까지 8년간 지냈다. 로크는 여기서 과학실험에 필요한 시설을 확보하고 저명한 의사 씨드넘Thomas Sydenham을 만나 임상 경험을 쌓았다. 로크는 애슐리와의 돈독한 관계 속에서 런던의 정치에 관여하면서 과학·신학·철학 문제를 토론하는 그룹을 운영하기도 했다.

애슐리는 1672년 섀프츠베리 백작이 되면서 최정상의 지위에 오르지만, 국왕이 추구하는 친가톨릭·친프랑스 정책에 반대하는 휘그 세력의 지도자로 변신해 궁정파와 대립했다. 섀프츠베리의 정치적 부침은 로크의 삶에도 많은 영향을 미쳤다. 섀프츠베리는 1679년 휘그의 선거 승리와 함께 권력에 복귀하면서 3년 반 동안 프랑스에 머물던 로크를 귀국하게 했다. 이 시기 섀프츠베리의 휘그당은 가톨릭 교도인 요크 공 제임스를 후계로 삼으려는 찰스 2세와 대립하여 제임스의 왕위계승권 박탈을 위해 왕위계승 배제법안을 추진했다. 로크는 배제법안 추진과정에서 국왕에 대한 저항을 합법이라고 주장하며 섀프츠베리의 최측근으로 활동했다. 그러나 찰스 2세는 이러한 배제법안을 무산시키는 한편 휘그당의 주요 인사를 체포하고 감시했다. 위협을 느낀 섀프츠베리는 1682년 네덜란드로 망명해 그 이듬해 병사했다. 로크도 1683년 네덜란드로 망명했고, 1684년에는 크라이스트처치 칼리지의 종신 연구원직을 박탈당했다.

로크는 네덜란드에 망명해서도 혁명과정에 관여했을 것으로 추측된다. 네덜란드에서 로크가 가장 가깝게 지낸 정치적 동료는 찰스 모어던트 경*이었다. 찰스 2세의 왕위를 계승한 제임스 2세의 전제정치에 대한 불만이 커지면서 의회와 국교회의 지도자들이 은밀하게 제임스 2세의 사위인 네덜란드의 오렌지 공 윌리엄에게 영국 원정을 요청했다. 영국에서 망명한 찰스 모어던트는 윌리엄의 핵심 조언자였으며 윌리엄과 군사행동을 함께했다. 로크는 제임스 2세의 장녀인 메리와 함께 5년 반의 망명 생활을 마치고 귀국했다.

『통치론』은 로크가 귀국한 이후 익명으로 출판한 저술이다. 그 초고는 배제법안을 둘러싼 토리와 휘그의 대립과정에서 일찌감치 작성되었다. 즉 혁명을 사후에 정당화하기 위한 것이 아니라 사전에 혁명을 고취하기 위한 저술이라는 이야기다. 『통치론』은 정치철학자나 헌법사상가의 학문적 관심에서 나온 것이 아니다. 이는 전제군주에 반대하는 혁명운동 속에서 형성된 민주주의의 성과다.

로크의 『통치론』은 『제1론』과 『제2론』으로 나뉘는데, 시민정부에 대해 논의한 것은 『제2론』이다. 한때 로크가 네덜란드에 머문 마지막 해인 1688년에 『제2론』 집필이 '준비'되었다고 여겨졌으나, 최근에는 배제법안 입법운동 무렵에 집필되었다는 쪽으로 의견이 모아지고 있다. 구체적인 연대의 추정은 논쟁적인 요소를 안고 있다. 1679년 가을에 집필이 시작되었다고 보는 경우는 『통치론』을 배제법안, 즉 왕위계승과 관련된 정치적 문헌으로 이해하는 것이다. 혹은 1681년 옥스퍼드 의회 해산 이후 집필이 시작되었다고 보는 경우, 『통치론』은

●

찰스 모어던트 Charles Mordaunt(1658~1735)

영국의 귀족이자 군사지도자로 명예혁명을 군사적으로 뒷받침했다. 16세에 영국의 지중해 함대에 입대했으며, 북아프리카에서 전공을 세웠다. 영국에 돌아와 요크 공 제임스의 왕위 계승을 반대하는 정치활동에 참가했고 국왕세력의 탄압으로 1686년 네덜란드에 망명했다. 1688년 오렌지 공 윌리엄과 함께 대규모 네덜란드 함대를 이끌고 영국을 침공하여 윌리엄이 왕위에 오르는 것을 뒷받침했다.

토리당과 휘그당

영국의 토리당과 휘그당은 1688년과 1689년에 걸친 영국혁명을 전후로 형성된 정파다. 찰스 2세가 친프랑스·친가톨릭 정책을 노골화하자 이에 반대하는 세력들이 의회와 지방에서 결집했는데, 이것이 휘그당이다. 이들은 친국왕세력인 토리당과 대립했다. 휘그당은 찰스 2세가 후계자로 지목하고 있던 요크 공 제임스를 왕위계승 서열에서 배제하고자 했다. 이러한 배제운동은 실패로 끝나고 결국 제임스 2세가 즉위하며 휘그당에 대한 대대적인 탄압이 전개되었다. 이에 휘그당 일부 세력은 네덜란드로 망명했고, 1688년 11월 오렌지 공 윌리엄의 군사적 침입, 12월 제임스 2세의 프랑스 도피, 1689년 2월 윌리엄과 메리의 공동 즉위 등 일련의 사건으로 구성되는 '영국혁명'이 전개된다.

이러한 영국혁명 과정에서 토리당과 휘그당이라는 정치세력이 확고한 형태를 이루게 된다. '토리'Tory나 '휘그'Whig 같은 별명은 원래 경멸감을 표시하는 말이었으나 점차 자부심을 나타내는 것이 되었다. 제임스 배제파는 아일랜드 총독 오먼드 공에게 반란모의 혐의를 전가하기 위해 토리라는 아일랜드 강도 두목을 위증자로 동원했으나 실패했다. 이후 왕당파는 토리라는 이름이 배제파의 근거없는 악의를 드러낸다고 보고 오히려 이러한 명칭을 널리 사용했다. 휘그는 스코틀랜드 맹약파 반란자들의 명칭이지만 잘 알려져 있지 않았는데, 왕당파 언론에서 토리와 휘그를 앞세워 논의를 전개함으로써 정치세력을 대표하는 명칭으로 자리 잡게 되었다.

이태숙 「명예혁명과 휘그, 그리고 휘그 역사해석」, 『영국연구』 15, 영국사학회 2006.

더욱 근본적인 반란의 정치를 이론적으로 정당화하기 위한 급진적인 저술로 파악된다.[3]

3_로크 사상과 영국혁명에 대한 해석

영국혁명과 관련하여 로크를 해석·평가하는 견해는 크게 세가지로 나눌 수 있다. 첫째는 영국혁명을 보수적 혁명으로, 로크를 보수적 사상가로 보는 견해다. 둘째는 영국혁명을 보수적 혁명으로, 로크를 급진적 사상가로 보는 견해다. 셋째는 영국혁명을 급진적 혁명으로, 그리고 로크를 급진적 사상가로 보는 견해다.

1688년과 1689년 사이 영국에서는 세계사적 사건이 연달아 일어났다. 1688년 11월에 네덜란드의 오렌지 공 윌리엄이 군대를 이끌고 영국에 침입했으며, 12월에는 당시 영국 왕 제임스 2세가 프랑스로 도피했고, 1689년 2월에 윌리엄과 메리가 영국 왕에 공동으로 즉위했다. 빠르게 전개된 이 사건들에 대해 다양한 설명과 소견이 있지만, 이 혁명이 '명예로운' 것이었다고 평가한 것은 휘그의 관점에 입각한 것이다.

'명예혁명'이라는 휘그적 해석은 19세기의 머콜리Thomas B. Macaulay, 20세기의 트리벨리언George M. Trevelyan 등 휘그 역사가들에 의해 우월적 지위를 확보했다. 머콜리에 의하면, 1688년과 1689년 사이 영국혁명은 합의에 기초한 비혁명적 혁명, 가톨릭에 대한 프로테스탄트의 혁명, 영국인의 예외성에 입각한 혁명, 사회적 변화가 없는 귀족적 성격의 혁명이라는 성격을 띤다. 휘그와 토리는 처음에는 서로에게 경멸적인 존재였으나, 이들은 영국혁명을 통해 자부심에 찬 존재로 재탄생한다.[4] 트리벨리언의 『영국혁명 1688~1689』은 머콜리의 테제를 반복한다. 트리벨리언은 영국혁명을 명예롭다고 평가할 수 있는 요소로 혁명이 무혈로 이루어졌다는 점, 따라서 혁명에 뒤따르는 폭력을 피할 수 있었다는 점을 강조했다. 또한 그는 영국혁명을 자유주의적·보수주의적인 것으로 평가했다. 제임스 2세를 축출한 것은 혁명적 행위이지만 국왕의 불법에 대항해 국법을 회복한 것은 혁명적 행위로 볼 수 없고, 혁명 후 정부는 새로우면서도 오래된 형태라는 것이다. 트리벨리언은 혁명은 모든 계급이 연합하여 국민 전체가 달성한 것이며 그 결과 자유의 확보와 국력의 신장이 이루어졌다고 보았다. 반세기 동안 적대해온 세력들이 연합하는 기적을 통해 왕과 신민 간의 계약이 헌정의 뼈대를 이루었는데, 이는 영국적 미덕의 출현과 승리를 의미한다는 것이다.[5]

로크가 영국혁명을 대표하는 사상가로 인식되었기 때문에 영국혁명과 함께 로크의 사상도 보수적인 것으로 평가받기도 했다. 이러한 평가의 대표적인 사례가 크로퍼드 맥퍼슨●이 내놓은 1950년대 초의 논문들이다. 뒤에서 다시 이야기하겠지만 맥퍼슨은 로크가 무제한적

●

크로퍼드 맥퍼슨 Crawford Macpherson(1911~1987)

캐나다의 정치경제학자로 토론토 대학 교수를 지냈으며, '소유적 개인주의'(possessive individualism) 이론을 전개한 것으로 유명하다. 그에 따르면 개인은 개방적 시장에서 매매되는 노동 기능만을 소유한 존재이고 이들로 이루어진 사회에서는 소비에 대한 이기적이고 끊임없는 갈구가 인간 본성으로 간주된다. 맥퍼슨은 이러한 소유적 개인주의의 요소가 홉스나 로크 등의 사상에 존재한다고 주장했다.

재산 축적을 정당화함으로써 부르주아 계급의 이익을 대변했다고 해석했다. 이러한 맥퍼슨의 견해는 상당히 오랫동안 로크에 대한 정통적인 해석으로 군림했다. 맥퍼슨은 급진적인 입장에서 로크를 해석했지만, 이러한 평가는 아이러니컬하게도 영국혁명에 대해 보수적인 평가를 내리는 입장과 궤를 같이하고 있다.

한편 보수적인 영국혁명에 급진적인 로크 사상이 큰 영향력을 미치지 못했다는 견해도 있다. 로크 사상이 휘그와 혁명을 뒷받침한 것이 아니라 오히려 상당한 거리가 있다는 것이다. 휘그는 윌리엄과 연합하여 제임스 2세를 축출하는 데에는 성공했으나, 입법과정에서 윌리엄의 보수적 입장에 밀렸다. 윌리엄이 영국에 침입한 이후 즉위하기까지, 런던의 휘그는 윌리엄파와 연합하여 제임스 2세의 복귀를 막고 강제로 퇴출시켰다.[6] 제임스 2세의 퇴출과 윌리엄의 즉위에 성공한 이후에는 왕에게 어떤 권리를 주고 어떤 권리를 제한하는가 하는 것이 문제시되었다. 이 문제를 문서화한 것이 '권리선언'이다. 권리선언의 초안은 휘그가 주도해 작성했으나, 이 선언에 가장 큰 영향력을 행사한 것은 휘그가 아니라 윌리엄이었다. 윌리엄은 휘그가 당초 구상한 대로 메리 여왕의 배우자로만 존재하는 것을 거부했고 왕위에 제공되는 권리에 제한이 가해지는 것을 용납하지 않으려 했다. 권리선언은 윌리엄의 불만과 압력이 작용하여 변질되고 축소되었다. 포괄적 헌정개혁은 포기되었고, 새로 제안된 법안은 제외되고 과거로부터 내려온 권리만이 담겼다. 권리선언은 왕위를 제공하는 조건으로 기능하기보다는 단순 선언에 그치고 말았다.[7]

애쉬크래프트Richard Ashcraft나 프랭클린Julian Franklin 같은 학자들에

1688년 11월 윌리엄이 영국에 상륙하고 제임스 2세는 프랑스로 도피해버린 상황을 처리하기 위한 의견수렴 과정에서 의회의 귀족원(상원)은 결정을 주저했다. 이에 따라 휘그 세력과 윌리엄이 연합하여 귀족세력을 압박하는 움직임이 나타났다. 제임스의 권력 복귀를 막는 결정을 추진하기 위해 평민원(하원)을 선출했고 여기서 휘그가 다수를 확보했다. 의회가 개최되자 의원들은 윌리엄이 계속 통치할 것을 요청했다. 왕위 문제에 대해서는 상원이 관망하는 자세를 취하는 가운데 하원에서 왕위의 공석을 확인하고 윌리엄과 메리의 즉위를 결의했다.

하원에서는 왕의 권력 범위에 관해 토론하여 고래古來의 권리를 규정하는 법과 새로 제정할 법에 대한 보고서를 작성했다. 그러나 급격한 변화를 피하려는 이들과 타협하여 후자는 누락하고 전자만을 하원에서 승인했다. 이후 왕의 권리를 제한하는 '권리선언'에 대해 반발하는 윌리엄을 설득하고 상원과의 합의를 이끌어내서, 결국 1689년 2월 즉위식과 함께 '권리선언'을 낭독했다.

'권리선언'에는 제임스 2세에 대한 고발, 13개 항에 달하는 제임스 2세의 위법행위, 고래古來의 법과 권리를 옹호하고자 하는 의회의 목표, 왕을 의회의 통제 아래 두기 위해 불법으로 선언한 6개 항목, 더욱 적극적으로 신민의 자유와 권리로 선언된 7개 사항, 왕위와 후계의 사항, 선서문 등이 포함되었다. 1689년 12월에는 이 '권리선언'을 법으로 전환하여 '권리장전'을 제정했다.

휘그 세력이 생각한 '권리'는 두가지 차원의 것이었다. 하나는 고대 헌정과 역사적 경험에 의존한 것이고, 또 하나는 자연법적 계약과 이성에 기초한 것이다. 1688년과 1689년 당시에는 아득한 옛날부터 있어온 권리를 회복하는 것으로 한정되었다. 그러나 그 이후에는 모든 사람이 양도할 수 없는 권리를 갖고 태어났으며 정부는 이들의 동의에 기초해 구성되어야 한다는 새로운 권리에 입각한 헌정 개념이 확대되어갔다.

이태숙 「명예혁명과 휘그, 그리고 휘그 역사해석」, 『영국연구』 15, 영국사학회 2006; 송규범 「명예혁명과 로크의 『정부론』」, 『서양사론』 106, 한국서양사학회 2010.

의하면, 혁명과정에서 휘그 내부도 분화했다. 휘그 급진파는 제임스 2세를 반역자로 규정하고 그가 도피하기 전에 이미 왕위를 상실한 것으로 인식했다. 제임스 2세의 왕권 상실 이후 정치권력은 국민에게 되돌아갔다고 보는 것이다. 로크가 개념화한 바에 따르면 '자연상태'로 복귀한 셈이다. 이 경우 권력을 얻은 국민은 새로운 헌정체제를 수립할 수 있다. 로크의 견해는 이러한 휘그 급진파를 대표했다. 그러나 대다수 휘그는 왕위계승 문제에 집중했고 정부 해체에는 동의하지 않았다. 이들은 왕조의 연속성을 유지하려 한 점에서 토리와 같은 입장에 선다.[8]

1688년과 1689년 영국 내로만 범위를 한정한다면 영국혁명은 급격한 변화를 피하고 싶은 사람들이 수행한 것이며, 국민의 저항과 정부 해체에 대한 로크의 주장은 거부된 것으로 볼 수 있다. 그러나 역사의 큰 흐름을 살펴보면 영국혁명은 매우 보편적인 형태의 근대혁명으로 진전되었다. 로크의 사상은 또한 헌정체제의 골격을 규정한 것으로 볼 수 있다.

영국혁명은 근대사의 예외적 사건이 아니라 '첫번째 근대혁명'이었다.[9] 영국혁명의 본질은 종교 갈등이 아닌 근대국가 체제의 수립이었다. 왕당파건 혁명파건 모두 근대국가의 필요성을 인식했으나, 혁명파는 절대군주를 앞세운 프랑스 모델 대신 정치적 참여를 확대하는 네덜란드 모델에 주목했다. 그 과정에서 영국혁명은 20세기 혁명들보다는 무혈적이지만 18세기 프랑스혁명과는 유사한 수준의 폭력성·대중성·분열성을 지니고 있었다.

혁명파는 1689년 이후 새로운 유형의 국가를 만들어냈다. 혁명파

제임스 2세 치하에서 악명을 떨치던 판사 제프리가 1688년 군중에게 에워싸인 모습

는 절대주의 국가를 거부했으나, 국가 자체를 거부한 것은 아니었다. 국가가 엘리트의 관습적 충성에 의지하기 어려운 상황에서 혁명파는 새로운 국가모델을 창출했다. 로크는 혁명파의 일원으로 혁명적이고 개입적인 '자유주의' 헌정체제 모델을 만들었다.

4_전제주의에 대항한 헌법사상

로크의 헌법사상이 집약된 것은 『통치론』이다. 이 가운데 『제1론』은 왕권신수설을 주장하던 로버트 필머*를 비판하는 내용이며, 『제2론』에서는 근대 민주주의 정치이론이 전개된다. 일반적으로 로크의 사상은 영국·프랑스·미국의 혁명가들에게 널리 보급되어 근대 민주주의 헌법의 골격을 마련한 것으로 평가되고 있다. 헌법학자들은『통치론』에 나타난 근대 헌정체제의 핵심 요소를 자연상태와 자연권 이론, 국가권력에서의 인민주권설, 국가권력의 분립론, 저항권 이론 등으로 이해하고 있다. 이러한『통치론』의 구성요소들은 영국혁명에 참여한 로크의 문제의식을 감안할 때 더욱 생동감 있게 읽힌다.

저자는 대개 자신이 주장하는 바를 책의 서두와 말미에서 명확히 전달하고 싶어 한다.『제2론』은 제2장 '자연상태에 관하여'로 시작해, 제19장 '정부의 해체에 관하여'로 마무리된다. 이를 보면 제임스 2세의 전제체제를 해체하고 인민주권의 입헌체제를 성립하고자 한 로크 헌법사상의 기본 골격을 알 수 있다.

먼저 로크가 자연상태를 상정한 것은 국가권력의 원천이 자유롭고 평등한 상태의 모든 인간에게 있음을 밝히기 위한 것이다. 그는 제2장 서두에서 다음과 같이 말한다.

> 정치권력을 올바로 이해하고 그것을 그 기원으로부터 도출하기 위해서 우리는 모든 인간이 자연적으로 어떤 상태에 처해 있는가를 고찰해야 한다. 그러한 상태란 사람들이 타인의 허락을 구하거나 그의 의지에 구애받지 않고, 자연법의 테두리 안에서 스스로 적당하다고 생각하는 바에 따라서 자신의 행동을 규율하고 자신의 소유물과 인신을 처분

●

로버트 필머 Robert Filmer(1588~1653)

영국의 정치가이자 사상가. 청교도 혁명 때 국왕파로 활약했고 왕권신수설을 주장했다. 그의 사후 출간된『부권론』(1680)은 왕권을 곧 국가권력으로 보고 이것이 신이 내린 가부장권에 기초한다는 주장을 펼쳐, 많은 휘그 사상가들이 논박하고자 한 표적이 되었다.

할 수 있는 완전한 자유의 상태이다. 그것은 또한 평등의 상태이기도 한데, 거기서 모든 권력과 권한은 호혜적이며 무릇 어느 누구도 다른 사람보다 더 많이 가지지 않는다.[10]

로크에 의하면, 자연상태에서는 그것을 지배하는 자연법이 있고 인간들 사이에 어떤 복종관계도 상정되지 않는다. 자연상태에서 자연법의 집행은 모든 사람의 수중에 맡겨져 있어서 모든 사람은 자연법의 위반자를 처벌할 권리가 있다. 자연법은 "남의 피를 흘리는 자는 제 피도 흘리게 되리라"(창세기 9:6)라는 구절처럼 분명한 것이다. 이성은 명명백백하고 그에 따른 질서는 실정법과 관련된 교묘한 재주나 정교한 논쟁보다 이해하기 쉽다. 실정법은 자연법에 기초할 때에만 올바르며 자연법의 규제에 따라야 하는 것이다.

로크는 절대군주제를 자연상태와 비교하면서 통렬하게 비판한다. 그는 자연상태에서 인간이 자기 자신의 사건에 대한 재판관이 되므로 재판이 편파적으로 이루어질 수 있다는 점, 악한 본성·정념·복수심으로 타인을 과도하게 처벌할 수 있다는 점 등이 폐단이 될 수 있음을 인정한다. 그렇지만 그는 절대군주 역시 일개 인간에 불과하다는 점을 상기시킨다. 그가 생각하는 절대군주제 사회는 "한 사람이 다수를 좌지우지하고 그 자신이 관련된 사건에서 자신이 재판관이 될 수 있고 그의 기분이 내키는 대로 무슨 일이나 그의 신민들에게 할 수 있으며, 그렇게 집행하는 것에 대해서 누구도 이를 의문시하거나 통제할 수 있는 최소한의 자유마저 가지지 못한 곳"[11]이다.

로크가 결정적으로 고심한 것은 전제정부의 해체와 새로운 헌정

홉스와 로크

홉스Thomas Hobbes(1588~1679)는 영국에서 목사의 아들로 태어나 옥스퍼드 대학에서 스콜라 철학을 전공했다. 옥스퍼드 졸업과 동시에 부유한 윌리엄 캐번디시 가문과 가정교사로 인연을 맺으면서 평생 후원을 받았고, 베이컨·가상디·데까르뜨 등 유럽의 대학자들과 교류하는 기회를 가질 수 있었다. 스튜어트 왕조를 지지하는 정치가로 지목되어 청교도혁명 직전에 프랑스로 망명한 바 있으며, 여러차례의 정변 속에서도 군주정체에 대한 지지를 철회되지 않았다.

홉스는 자연학을 철학의 기초에 두었으며, 존재를 물체와 그 운동만으로 설명하려는 유물론의 입장을 취했다. 감정이나 정서를 외적 자극에 대한 반응으로 인식했으며, 인간의 의지도 외적으로 결정되는 것으로 보았다. 그에게 본질적으로 선한 것은 존재하지 않는다. 선과 악, 옳고 그름은 상대적인 것으로 국가와 법이 성립되었을 때에 판정의 기준이 생기는 것이다. 인간은 본래 이기적인데 모든 사람이 자기 이익만을 끝까지 추구하는 '자연상태'에서는 '만인의 만인에 대한 투쟁'이 일어날 수밖에 없다. 그러므로 각자의 이익을 위해 계약으로써 국가를 만들어 자연권을 제한하고, 국가를 대표하는 의지에 그것을 양도하여 복종한다는 것이다.

로크는 계약에 의해 국가가 만들어진다는 홉스의 생각을 계승하면서도 또 한편으로는 홉스와는 다른 인간관을 구축했다. 홉스가 인간을 경쟁적이며 이기적인 피조물로 보았다면 로크는 인간을 대체로 점잖은 존재로 간주했다. 홉스는 자연상태를 전쟁과 무정부 상태로 인식했으나, 로크는 자연상태를 분쟁을 해결하기 위한 권위를 가진 공통의 우월자가 없음에도 이성에 따라 공존하는 비교적 평화로운 상태로 보았다. 로크는 자연상태를 자연법의 지도 아래 사람들이 자신의 권리와 책임을 결정하는 상태로 인식한 것이다.

최양수 「존 로크 헌법사상의 재조명」, 『연세법학연구』 5[2], 연세대학교 법학연구원 1998.

체제의 수립에 관한 것으로, 이를 『통치론』 말미에서 논하고 있다. 로크는 정부를 해체하는 요인을 적시하면서 권력의 소재가 인민에게 있음을 확인한다. 로크는 정부가 해체되는 경우를 외부로부터 전복되는 경우와 내부로부터 해체되는 경우로 구분한다. 그중 내부로부터 해체되는 경우는 입법부가 변경된 경우와 입법자들이 자신들이 임명된 목적에 상반되게 행동한 경우로 나뉜다. 이를테면 군주가 입법부가 정한 법률을 자의적으로 대체한 경우, 입법부 활동을 방해한 경우, 자의적으로 선거인단이나 선거방법을 변경한 경우, 인민을 외국세력에 넘기는 경우, 집행권을 방기하는 경우 등이다. 로크는 군주가 입법부를 제거하려 하거나 입법부나 군주가 인민의 자유와 재산을 침해하여 박탈하려 할 때 이들 행위의 주체는 '전쟁상태를 재개하는 반란자'가 된다고 본다.[12]

로크는 인간이 자신들의 재산(생명, 자유, 재산)을 보존하기 위해 자연상태에서 사회로 들어간 것으로 보았다. 인민은 스스로 입법부를 선출하고 권한을 부여하여, 사회 구성원이 행사하는 권력을 제한하고 지배력을 억제하는 법률과 규칙을 제정한다. 그런데 입법부나 최고 행정권자가 기본적인 규칙을 침해하면 그 수중에 맡겨진 권력은 신탁 위반으로 상실되고 만다. 이때 권력은 인민에게 되돌아가며 인민은 그들의 원래 자유를 회복할 권리, 새로운 입법부를 구성할 권리를 갖게 된다.[13] 로크의 정치철학은 이러한 저항권 이론을 통해 내적으로 긴밀하게 짜인, 완결된 논리구조를 갖추었다. 그는 자연상태 이론에서 출발하여 사람들의 동의를 국가 형성과 정당성의 유일한 근거로 보는 계약이론을 거쳐, 이러한 국가의 권위도 인민이 합법적으로 해체하여 이를 다시 세울 수 있음을 논증하는 데서 끝맺는다. 이는 정치권위를 능가하는 최고의 힘이 궁극적으로 인민에게 있음을 의미한다.[14]

로크는 영국혁명 과정에서 당시 유일한 통치형태로 간주되었던 절대군주제가 시민사회와는 양립할 수 없다는 강렬한 문제의식을 전개했다. 그는 자연상태, 동의, 저항권 등 개념과 이론을 통해 인민주권의 사상을 확립했다. "주권은 국민에게 있고 모든 권력은 국민으로부터 나온다"라는 대한민국 헌법정신도 이러한 세계사 속의 성과에 기반을 두고 있다고 할 수 있다.

5_혁명적 아이디어를 담은 재산권 이론

로크의 『통치론』은 주권 문제와 더불어 재산권 문제를 다룬다. 공적인 것과 사적인 것을 통일적으로 다룸으로써 근대적인 정치철학과 법사상의 기본 골격을 제시한 것이다. 로크는 시민사회 및 정부의 존재 이전에 그리고 그와 독립적으로 재산에 대한 자연권이 있음을 강조했다. 『제2론』 제5장 '재산권에 관하여'에서는 매우 선구적이면서도 논쟁적인 내용을 전개하고 있다. 로크는 우선 재산권에 대한 기본 개념과 노동가치설을 제기한다.

대지와 모든 열등한 피조물은 만인의 공유물이지만, 그러나 모든 인간은 자기 자신의 인신person에 대해서는 재산권property을 가지고 있다.

이것에 관해서는 그 사람 자신을 제외한 어느 누구도 권리를 가지고 있지 않다. 그의 신체의 노동labour과 그의 손의 작업work은 당연히 그의 것이라 할 수 있다.[15]

그런데 '소유적 개인주의' 이론을 전개한 맥퍼슨은 로크가 유산자를 옹호한 것으로 평가했으며 더 나아가 로크가 재산권을 절대화한 것으로 해석했다. 맥퍼슨은 로크가 자신이 제기한 노동가치설을 끝까지 유지하지 못했다고 보았다. 로크는 한편에서는 유산자와 무산자를 구분하는 유일한 합법적 기준이 노동이라고 주장하면서, 또 한편에서는 사람들이 화폐 도입에 암묵적으로 동의함으로써 재산의 불평등이 사회계약에 의해 정착되었다고 말한다. 맥퍼슨에 따르면, 이는 곧 자연상태에서 개인의 사유재산에는 자연법상의 일정한 한계가 부과되지만 화폐 사용과 더불어 사유재산의 자연법상 한계가 일거에 폐지됨을 의미하는 것이다. 맥퍼슨은 로크가 재산권 이론에 근거해 노동계급과 유산계급의 분리를 정당화하고 그들 간 차별성의 연원을 자연상태에서 발견했다고 본다.

그러나 맥퍼슨의 논의를 비판하는 수정주의 연구자들은 맥퍼슨이 17세기 영국을 '소유적 시장사회'로 규정하는 것은 잘못이라고 본다. 18세기 말 영국에서나 논의될 수 있는 소유적 개인주의를 로크가 정당화했다고 볼 수는 없다는 것이다. 17세기의 관심사는 그보다 기본적인 문제들, 이를테면 불안정한 유럽의 정치질서, 자기보존, 국가건설, 정치적 자유 등이었다. 로크가 재산권 개념을 논한 것은 무제한적 축적을 옹호하려는 것이 아니라 절대군주나 부패한 대의기구로부

터의 침해를 막으려는 것이었고, 사유재산 소유자에게 배타적 통제력을 부여한 것도 아니라는 이야기다.[16]

로크의 진심은 『제2론』 제5장의 서두와 말미에서 엿볼 수 있다.

나는 하느님께서 인류에게 공유물로 준 대지 (…) 어떻게 해서 소유권을 가지게 되었는지를 (…) 보여주기 위해서 노력하겠다.

그 자신을 위해서 너무 많이 떼어내거나 그가 필요로 하는 것보다 많은 것을 취득한다는 것은 부정직할 뿐만 아니라 무익한 일이었다.[17]

서구 전통에서 초기상태란 개인의 소유·이용·양도의 권리가 모두 영(0)인 상태를 말한다. 그러나 시간이 흐르면서 공공재산에도 개인의 권리가 누적되었고 로크는 이를 역사적인 권리로 인정했다. 로크의 시대에 관습법 전통은 재산권이 있는 자에게 선거권을 부여하는 것이었다. 당시 의회파 가운데 평등파는 거의 모든 사람이 사유재산을 지녔으므로 의회에 참여해야 한다고 주장했다. 로크 역시 평등파 입장에서 정부·법·국왕에 우선하는 자연상태에서의 재산권을 강조한 것으로 볼 수 있다.

자연이 제공하고 그 안에 놓아둔 것을 그 상태에서 꺼내어 거기에 그 자신의 것을 보태면, 그럼으로써 그것은 그의 소유가 된다.

노동에 의한 개량이 가치의 훨씬 커다란 부분을 차지한다.

자연의 사물들은 공유로 주어지지만 (…) 발명과 기예를 통해서 삶의 편익을 개선했을 때 그가 사용한 것의 대부분은 전적으로 그의 것이며 다른 사람과의 공유물이 아니다.[18]

로크의 생각은 애덤 스미스의 『국부론』(1776)으로 이어지는 핵심 아이디어를 제공했다. 로크는 특히 노동가치설을 제기하여 생산경제를 옹호함으로써 근대사회 형성에 기여했다. 노동으로 얻은 재산이 다른 모든 재산의 근본적인 토대가 된다는 재산권 개념에 대한 인식은 생산적 활동의 기초가 되었다. 로크의 노동가치설이 특허법 체제와 결합하면서 발명활동을 보호할 수 있는 공간이 생겼고 이 공간은 새로운 지식을 발견하는 통로가 되었다. 장인세대는 보상가능성이 큰 곳에 노동력을 쏟아붓기 시작했다. 군주의 자의에 의한 재산권 침해를 막으려는 로크의 혁명적 아이디어는 산업혁명으로 가는 흐름으로 이어졌다.[19]

6_근대 세계혁명으로의 길

로크를 비롯한 영국의 의회파 세력은 근대의 문을 열고 민주주의 헌법을 만들어냈다. 로크는 근대 법사상의 중심축을 이루는 주권과 재산권 문제를 통일적으로 해결하는 전형을 제시했고, 이는 민주주의 헌법의 기본 골격을 이룬다.

주권은 최종적 의사결정권 문제다. 주권은 공적인 것이며, 보편적 의지·국가·정치의 영역에 관계된다. 로크는 인민주권에 기초해 형성되는 국가와 그 안에서 규정되는 정치적 삶의 형식을 제시했다. 한편 재산권은 자원을 자유롭게 이용할 수 있는 권리에 관한 문제다. 재산권은 사적인 것이며, 개인적인 욕망·시민사회·경제의 영역에 관계된다. 로크는 군주나 국가가 주도적으로 설정하는 것이 아닌 재산권 체계를 제시했다.

로크가 선도한 영국혁명은 근대 영국의 경제성장을 가능케 한 체제를 만들어냈다. 영국혁명으로 거부권veto을 가진 이들이 늘어나자 국가의 자의적이고 기회주의적인 정책이나 조치는 제할될 수밖에 없었다. 영국혁명 이후 60여년간 권력은 균형을 이루었고, 그 이전 세기의 영국이나 동시대 유럽 대륙의 절대주의 체제에 비해 훨씬 더 강력한 씨스템을 갖출 수 있었다. 입헌체제에 따른 재정혁명을 수행한 영국은 그렇지 못한 다른 나라들을 따돌리고 선두 국가로 부상했다.[20]

그러나 영국혁명은 머콜리나 트리벨리언이 생각한 것만큼 예외적인 혁명이 아니었다. 대중적이고 전국적인 차원에서 폭력의 위협과 공포가 존재했다는 점은 이후 프랑스나 미국 혁명에도 나타나는 특징이다. 또한 인신 및 재산권에 대해 프랑스혁명과 유사한 수준의 급진적 접근이 이루어졌다.

영국혁명의 효과는 단지 영국에만 머물지 않았다. 로크를 비롯한 영국 혁명파의 사상은 프랑스와 미국으로 전파되어 근대세계를 형성했다. 미국 건국의 아버지들 가운데 한 사람인 토머스 제퍼슨Thomas Jefferson(1743~1826)은 프랑스혁명 정신에 동조하는 공화파의 지도자였다. 그런 그가 역사상 위대한 세명의 위인을 꼽으면서 뉴턴, 베이컨과 함께 로크를 거론했다고 한다. 로크는 미국혁명의 지도자들에게도 길잡이 역할을 한 셈이다. 또한 로크의 사상은 근대 헌법의 골격을 형성하고 산업혁명과 경제발전의 길을 여는 데에도 기여했다. 그뿐만이 아니다. 곰곰이 생각해보면, 한국의 제헌헌법은 물론 1987년 헌법과 민주화 과정에도 그의 그림자가 드리워져 있음을 깨달을 수 있다.

제 4 부

✳

⚙

○

조직의

혁신가들

8장

시장과 도시를 만든 사람들

베네찌아의 상인

1_분권적 도시와 시장을 찾아서

이딸리아는 먼 나라다. 한국과는 지리적으로도 멀지만 구체적인 관계를 맺은 경험도 드물다. 그러나 사람들은 음식을 통해 이딸리아와 적잖은 친밀감을 쌓아나가고 있는 모양이다. 한국인이 좋아하는 서양음식 가운데 삐자나 스빠게띠 등 이딸리아 음식은 빼놓을 수 없다. 젊은이들에게는 중국 음식이나 일본 음식, 심지어 한국 음식에도 밀리지 않을 것 같다. 축구를 좋아하는 이들에게도 이딸리아는 아주 가까운 나라다. 축구 팬의 경우 국내 리그보다 이딸리아 리그를 선호하는 이들이 제법 있을 것이다.

이딸리아에 대해 내가 흥미를 느끼는 분야는 역사다. 이딸리아 역사가 우리 사회의 진로를 상상하는 데 큰 도움을 주리라고 생각하기 때문이다. 이딸리아는 로마제국 붕괴 이후 가리발디*의 통일운동 전까지 오랫동안 집권적인 국가체제를 수립하지 못했다. 근대국가에 익숙한 한국인들에게는 통일 전의 이딸리아가 마치 진공상태처럼 상상하기 어려울 수 있다. 그러나 집권적 국가와 대기업의 대안을 떠올릴 때 분권적 도시와 시장을 특징으로 하는 중세 이딸리아는 참고할 만한 사례가 된다.

급속한 산업화와 민주화 과정을 겪으면서 한국인들 사이에서는 몇가지 편견 혹은 왜곡된 이미지가 생겨났다. 바로 '시장'이나 '도시'는 나쁜 것이라는 막연한 오해다. 학교 행정에 관여하면서 학생들과 등록금 문제로 논의를 한 일이 있다. 학생들 입장에서는 등록금 부담이 과하다는 생각을 갖기 마련이고 부담을 줄이는 쪽으로 주장을 하게 된다. 그래서 예산 내역을 함께 따져보았는데, 어느 학생이 취업 지원 예산을 삭감하자고 했다. 그 학생은 "학교가 '시장' 논리를 따라가면 안 된다"라는 말을 덧붙였다. 교수 사회라고 해서 예외는 아니다. 한국의 사립대학은 운영 재원을 학생과 학부모에게 대부분 의존하고 있다. 그래서 교육체계를 학생과 노동시장의 수요에 맞추는 구조 개편의 압력이 일상적으로 작용한다. 이때도 같은 말이 나오곤 한다. "학교가 '시장' 논리를 따라가면 안 된다!"

이미 노동시장이나 교육시장은 존재하고 작동하고 있음에도 이

●
주세뻬 가리발디 Giuseppe Garibaldi(1807~1882)

이딸리아의 장군이자 정치가. 공화파의 혁명운동에 적극 가담하고 이딸리아 통일전쟁에서 '붉은 셔츠 군대'를 조직해 시칠리아 섬을 치는 등 크게 활약했다. 이딸리아 통일의 '3대 영웅' 가운데 한 사람이다.

'시장'이라는 말을 매우 불편하게 받아들이는 정서가 있다. 시장은 생산과 거래 과정에 필요한 정보와 장소를 제공하는 제도이자 조직이다. 시장은 오랜 역사를 통해 비교적 꾸준히 성공의 기록을 남겨왔다. 물론 시장이 모든 문제를 남김없이 해결하는 것은 아니지만, 무턱대고 이와 대치해야 한다고 말하는 것은 옳지 못할 뿐 아니라 게으른 태도다. 이제 우리는 참여하고 보완하고 진화시켜야 할 제도의 일종으로서 시장에 접근해야 한다.

어느 땐가 농산물 수입 개방을 반대하는 시위 중에 "농업은 산업이 아니다"라는 피켓 문구를 보고 무슨 뜻인가 잠시 의아해한 적이 있다. 농업이 보호를 받아야 하는 산업이라면 또 모르겠는데, 아예 산업이 아니라니… 이보다는 덜하지만 "도시는 꽃, 농촌은 뿌리"라는 슬로건도 본 적이 있다. 도시와 농촌은 일정한 분업관계에 있고 그 관계를 어떻게 발전시켜야 할지는 중요한 과제다. 그렇다고 해서 농업이나 농촌의 근본적 지위를 강변하는 것이 얼마나 효과가 있을까 싶었다. 차라리 브로델Fernand Braudel의 말처럼 "도시는 운명"임을 진지하게 받아들인 뒤 거기에서 다시 시작하면 어떨까 싶다. 이를테면 밀집되고 집권화된 도시와는 차별화된 능력과 매력을 지닌, 넓고 분권적인 도시-농촌의 네트워크 지역을 발전시키는 것을 농촌지역의 활로로 생각해본다.

바다의 문제도 심사숙고해야 할 시점이다. 이딸리아 도시국가들의 경우 무역을 위한 해상 네트워크 형성을 도모하며 그 거점을 놓고 경쟁을 벌였다. 경쟁이 소모적으로 치달으면서 전체 무역이 쇠퇴하고 말았지만, 그 이전까지 바다는 성장의 원동력이었다. 반면 중세 동아시아는 바다에 대한 관심이 적었고 바다는 주인 없는 공간으로 여겨졌다. 그래서 근대국가 개념이 서양으로부터 급작스럽게 도입되자 해결책을 찾기 어려운 영토 분쟁 문제를 안게 되었다. 과거 주권 개념이 희박했던 동아시아의 바다는 갈등의 잠재적 화약고가 되고 있는 셈이다.

NLL 문제로 여야 간 정쟁이 치열하던 무렵 동창모임을 가진 적이 있었다. 참석한 이들이 다들 온건하고 합리적인 이들이라 마음을 놓은 탓인지, 종교문제나 정치문제는 화제에서 피해야 한다는 처세법을 잠시 잊었다. 나는 영토나 영해를 배타적 주권 문제로 접근하면서 해결책을 논의하는 정상 간 대화록을 공개하는 등의 행위가 남북 혹은 동아시아 협력에 도움이 안 된다는 평소 생각을 이야기했다. 정치권은 몰라도 전문가들 사이에서는 상식에 속하는 얘기라 여겼는데, 반응이 싸늘했다. 협력을 위해 국경선 개념을 약화시킬 필요가 있다는 논리가 국가 주권을 포기하라는 말처럼 여겨진 듯했다.

국가의식이 팽창한 정도에 비해 남북한 또는 한중일 간 문명적 공유기반은 취약한 편이다. 집권적이고 위계적인 국가는 경쟁적·폭력적 속성을 지닌다. 이러한 정치적 방식으로는 국가 또는 국민 단위를 가로질러 지역공동체를 건설할 수 있는 가능성이 매우 낮은 현실 조건을 인정할 수밖에 없다. 그렇다면 또다른 길을 상상해야 한다. 국가 대신 시장·도시·네트워크가 동아시아에서 좀더 많은 역할을 하는 방법을 생각해보는 것이다. 그것이 지금 중세 이딸리아 상인들의 혁신성을 다시 살펴보려는 이유다.

2_『베니스의 상인』의 윤리

이딸리아의 도시 베네찌아는 셰익스피어의 희곡 덕분에 '베니스'라는 영어식 이름이 익숙하다. 이 도시의 명성을 드높인 데에는 셰익스피어의 공로가 클 것이다. 그러나 베네찌아라는 도시 자체의 매력도 무시할 수 없다. 베네찌아는 영화제로도 유명한데, 화려하면서도 정돈된 역사적 드라마가 펼쳐지는 커다란 극장 같은 이미지를 지니고 있다. 역사 저술가인 시오노 나나미塩野七生는 베네찌아를 '바다의 도시'라고 불렀다.[1] 바다는 베네찌아의 주거공간이자 활동공간이다. 바다가 극장의 무대라면 배우는 상인이다. 베네찌아는 '상인의 도시'이기도 하니 말이다. 셰익스피어가 『베니스의 상인』에서 베네찌아라는 무대에 상인과 금융업자를 등장시킨 데는 그만한 이유가 있었던 것이다. 희곡에 등장하는 경제주체들의 계약과 분쟁 과정은 당시 베네찌아에서 경제제도가 어떻게 작동했는지를 보여준다.

『베니스의 상인』은 두 사람의 상인, 즉 해외무역업자인 안또니오와 금융업자인 샤일록을 양 축으로 하여 벌어지는 대립과 갈등의 이야기다. 안또니오는 샤일록에게 자금을 차입하려고 하면서도 샤일록의 고리대금업을 인정하지 않는 태도를 보인다. 샤일록은 구약의 야곱과 라반의 이야기를 인용하며 야곱이 꾀를 내어 아저씨 라반의 양을 차지한 것을 '검약에 의한 번성'thrift이라고 주장한다. 이에 대해 안또니오는 야곱의 행위가 이자놀이와는 무관한 '사업상의 모험'venture이라고 반박한다.

샤일록은 자신의 경제행위의 본질을 검약으로, 안또니오는 자신

야곱과 라반의 이야기

야곱은 구약성서 창세기에 나오는 인물로 아브라함의 손자이자 이삭의 작은아들이다. 아버지 이삭은 사냥에 뛰어난 큰아들 에서를 더 사랑하고, 어머니 리브가는 천막에 머물며 자기를 돕는 야곱을 사랑한다. 야곱은 형에게 빵과 죽을 주고 장자권을 사거나, 어머니와 짜고 형과 아버지를 속여 아버지의 축복을 가로채기도 한다.

야곱은 혼인을 위해 외삼촌인 라반의 집에 가서 머무르게 된다. 야곱은 라반의 작은딸 라헬을 사랑하여 7년간의 노동을 기꺼이 바치나, 라반은 야곱을 속여 큰딸 레아와 결혼시키고, 야곱은 라헬을 얻기 위해 7년을 더 일한다. 야곱은 이렇게 얻은 두 아내와 그들의 몸종에게서 12명의 아들과 1명의 딸을 얻는다.

라반에게 속아 넘어갔던 야곱은 이후 라반과의 독특한 계약을 통해 재산을 늘려간다. 야곱은 줄무늬나 색깔이 있는 양을 품삯으로 받기로 하나, 라반은 가축 떼 중에서 무늬와 색깔이 있는 양을 빼돌린다. 야곱은 이에 개의치 않고 양치기들 사이에서 전해온 방법과 하느님의 축복에 힘입어 무늬와 색깔 있는 양을 불려나간다.

재산을 모은 야곱은 고향으로 돌아가려 하지만, 라반은 야곱을 추격하여 야곱의 가족과 재산에 대한 소유권을 주장한다. 야곱은 본격적으로 라반의 불의와 부정을 지적하며 항변하고, 하느님은 야곱의 호소를 들어준다. 라반은 자신의 딸들과 외손자들의 안녕을 야곱이 보장한다는 조건으로 서로의 하느님을 걸고 침략하지 않는다는 계약을 맺는다. 이로써 야곱과 라반 사이의 갈등은 해소되고 함께 잔치를 벌여 먹고 즐긴 후 각자의 길을 떠난다.

『구약성경』 창세기 29~31장.

의 경제논리를 모험으로 규정하고 있다. 두 사람 모두 이윤을 추구하는 경제인이지만, 샤일록은 일관된 경제논리를 추구하고 안또니오는 경제논리와 윤리성을 섞어서 이야기한다. 무역업자인 안또니오는 친구의 채무에 대해 목숨을 담보로 한 연대보증에 나선다. 이는 경제적으로도 윤리적으로도 무모한 행위다. 반면 샤일록의 행위는 비교적 쉽게 납득할 수 있는 범위에 있다. 그는 소비나 사치보다는 부 자체를 목적으로 지속적 축적을 하는 검소한 삶을 사는 것 같기도 하다. 어찌 보면 안또니오의 됨됨이가 종잡을 수 없고 그의 이상주의는 공허한 반면 샤일록의 됨됨이는 오히려 단단해 보이기까지 한다.[2] 그러나 베네찌아가 발전한 경제사적 과정을 고려해보면, 안또니오의 자부심을 어느정도 이해할 수 있다.

베네찌아는 개펄에 기둥을 박고, 돌을 쌓고, 수로를 만들고, 섬을 연결하여 만든 도시다. 베네찌아인들은 육지와 바다를 오가며 무역을 해서 먹고살았다. 바다는 육지보다 훨씬 더 위험한 세계였으며 위험에 대처하려면 강력한 연대의 윤리가 필요했다. 안또니오와 바사니오는 무역을 통해 서로 신뢰하고 위험을 공유하는 관계가 되었을 것이다. 베네찌아의 금융은 바로 이런 무역업자들이 연대해 무역을 위한 금융기관을 설립한 것이 주류를 이루었다. 반면 위험을 회피하고 안정된 이자 수입만을 추구하는 샤일록은 베네찌아 경제에 기생하는 존재였다. 그는 존경받지 못하는 이방인이다. 안또니오가 멸시한 것은 그처럼 베네찌아의 부의 원천인 무역에 기여하지 않는 기생적인 금융업이었다. 셰익스피어가 사회경제 구조에 해박하지는 못했을지라도 19세기까지 문화적으로 유럽의 최선봉에 있었던 베네찌아

셰익스피어의 희곡 『베니스의 상인』 줄거리는 이렇다. 베네찌아의 상인 안또니오는 친구 바사니오의 구혼자금을 마련하기 위해 고리대금업자 샤일록에게 돈을 빌려줄 것을 청한다. 유대인 고리대금업자인 샤일록은 평소 자신을 비난해온 기독교도 안또니오가 자신에게 부탁을 하자 복수를 고려한 계약조건을 내건다. 기한 내에 돈을 못 갚을 때에는 안또니오의 살 1파운드를 떼어간다는 것이다. 우정을 위하여 안또니오는 위험한 계약조건을 받아들인다.

바사니오는 안또니오가 빌려준 돈으로 포샤에게 청혼하기 위해 벨몬트로 간다. 포샤는 아버지의 유언에 따라 제비뽑기로 신랑감을 정해야 한다. 바사니오는 운이 좋은 사람으로 제비뽑기에 성공하여 포샤의 신랑감으로 선택되는데, 그 순간 안또니오의 상선이 폭풍에 휩쓸려 실종되어 안또니오가 파산했다는 소식을 접한다.

한편 베네찌아에서는 샤일록이 계약서에 명시된 대로 안또니오의 살 1파운드를 요구하고 있었다. 재판관으로 변장한 포샤는 샤일록에게 더 좋은 조건으로 자비를 베풀 것을 권고하지만 샤일록은 계약을 엄격하게 집행해줄 것을 요청한다. 포샤는 살 1파운드를 잘라가되 피는 한방울도 흘리지 않고 정확한 양의 살만 잘라야 한다는 판결을 내린다. 더나아가 법정은 샤일록의 살인 의도를 문제 삼아 재산 몰수와 기독교도로의 개종을 명령한다.

현실에서는 포샤가 재판관이 된 것은 명백한 불법이다. 더군다나 인육을 자른다는 계약 자체가 기괴한 것이긴 해도 살아 있는 사람의 살을 베어내면 당연히 피가 나게 되어 있고, 계약에는 예외없는 필연적 사실을 굳이 명시할 필요가 없다. 포샤의 판결은 계약 당사자들 사이에 암묵적으로 합의된 내용을 문서의 자구가 애매함을 들어 뒤집는 것이다. 샤일록이 기독교 신자를 능멸했다는 죄목은 해당 법정에서 다룰 사건이 아니며 재산 몰수나 개종 요구의 법적 근거도 없다.

김문규 「『베니스의 상인』에 나타난 경제논리와 윤리의 문제」, 신영어영문학회 1999년 추계학술발표회.

의 실상을 아예 모르지는 않았을 것이다. 다만 그가 베네찌아의 사회와 경제에 좀더 정통했다면 '유대인' 샤일록보다는 '기생적 금융업자' 샤일록을 더 부각시켰을 것이다.

극 중 바사니오는 다른 인물만큼 성격이 뚜렷하게 드러나지는 않으나 그 역시 전형적인 베네찌아 상인이다. 결혼을 위한 그의 노력은 그리스 신화에서 이아손이 황금양털을 얻기 위해 떠나는 모험과 같은 것이다. 포샤도 마찬가지다. 재력과 미모와 지혜를 함께 갖춘 이 여인은 지위가 보장된 왕족들을 물리치고 통찰력을 지닌 상인 바사니오와 결혼하겠다는 결단을 내린다. 셰익스피어는 16세기 후반을 살았고 그렇다면 포샤도 중세의 영향력에서 벗어나기 어려운 인물이다. 그럼에도 모험과 혁신의 시대에 걸맞는 인물을 동반자로 선택한 것이다.

포샤가 안또니오를 구한 방법도 다분히 베네찌아적이다. 포샤는 법정에서 '살 1파운드' 계약 건의 모순을 파헤친다. 포샤가 어느 한 이해 당사자의 편에 서서 재판을 진행하는 것이나 샤일록의 전 재산을 빼앗는 것은 비현실적이고 무리가 있다. 피 한방울 흘리지 않고 살을 베어 가라는 판결도 억지스럽다. 그러나 포샤의 판결이 당사자 간 계약을 존중해야 한다는 법의 원칙 대신 공허한 인도주의적 잣대를 들이댄 것으로 폄하되어서는 곤란하다. 베네찌아가 생명선을 대고 있던 해외무역은 계약 불이행을 방지하는 것이 절대적으로 중요한 사업이었다. 계약 불이행의 위험을 줄이기 위해 베네찌아가 발명한 제도가 법정이다. 분쟁을 해결하는 장소인 법정으로 계약주체의 신뢰도에 대한 다면적 정보가 집결되었다. 샤일록과 안또니오의 계

『베니스의 상인』 4막 1장에서 샤일록이 말하길, "그게 법이오?"

약이 분쟁의 원인이 되었다면, 베네찌아 법정은 그 계약이 존중받을 만한 것인가를 판단해야 했을 것이다.

포샤의 판결은 쌍방 간 계약의 합법성을 보장하는 베네찌아 경제체제의 근간을 흔드는 것으로 볼 수도 있다. 그러나 인육을 취한다는 계약 내용이 부당하다는 것은 상식적인 판단이기도 하다. 법과 계약은 모든 상황을 구체적으로 조문화할 수 없고 따라서 상식과 도덕에 맡기는 부분이 생긴다. 시장에서는 당사자 간 계산을 통해 거래가 행해지는데, 그 계산은 완전하지 않으며 거래도 일정한 제도의 틀 안에서 이루어진다. 따라서 시장에서는 거래에 관한 사적 계약이 존중되어야 하지만, 그 거래에서 윤리성이 배제되는 것은 아니다. 베네찌아는 시장 거래의 안전과 질서를 유지하기 위해 강력한 공동체적 규범을 작동시켰다. 샤일록이 거래가 아닌 사적 복수를 위해 계약을 이용하는 것은 오히려 계약의 질서를 어지럽힐 수 있다. 그렇게 본다면 포샤는 베네찌아 사회와 경제의 구성원리에 부합하는 판결을 한 것이다.

3_도시와 바다를 잇는 시장 네트워크

경쟁은 생존과 발전에 불가결한 요소다. 그 때문에 경쟁력을 갖추는 것을 중요하게 여기는데, 경쟁력의 주요 원천을 '규모'에서 찾는 경우가 많다. 즉 상당한 규모를 갖춘 국가나 기업이 아니면 생존과 발전이 어렵다고 여긴다. 그러나 대규모 국가나 기업이 처음부터 존재하지는 않으며, 규모의 불경제●라는 말도 있으니 규모가 크다고 해서 꼭 경쟁에 유리한 것은 아니다. 중세 베네찌아는 최대인구가 겨우 10만을 오가는 도시 규모로 지중해·흑해·대서양을 아우르는 방대한 시장 네트워크를 효과적으로 운영했다.[3]

베네찌아가 주변에서 중심으로 떠오른 것은 이슬람 세력이 떠오르고 비잔틴제국이 쇠퇴하면서부터다. 이슬람 세력이 지중해에 진출하고 이딸리아 남부를 점령하면서, 베네찌아가 유럽 대륙의 관문이 될 기회가 생겼다. 베네찌아가 결정적 전기를 맞이한 것은 1082년이

●
규모의 불경제

'규모의 경제'와 반대되는 개념으로 모든 생산요소를 똑같은 비율로 변동시킬 때, 총 생산량이 생산요소의 증가율보다 더 작은 비율로 증가하는 현상을 말한다. 이를 규모에 대한 수익 감소라고도 부른다.

다. 노르만족이 비잔틴제국에 침입하자 이에 비잔틴 황제가 베네찌아에 지원을 요청하면서 그 댓가로 통상권을 부여했다(황금칙서). 이후 베네찌아는 동방 산물에 대한 거의 독점적인 무역권을 행사하며 번영의 기초를 닦았다.

베네찌아는 1204년의 제4차 십자군에 깊이 관여하면서 지중해의 강자로 주도권을 쥐게 된다. 1198년 교황 이노켄티우스 3세는 이슬람 세력으로부터 예루살렘을 되찾기 위해 십자군 결성을 촉구하는 칙령을 내놓았다. 당시 대규모 십자군을 운송할 수 있는 능력은 베네찌아와 제노바Genova 정도만이 보유한 상황이었다. 십자군 대표와 베네찌아 사이에 병력 운송에 관한 협정이 이루어졌고, 1202년 십자군이 출발했다. 예상보다 적게 모인 십자군 병력은 예루살렘으로 향하는 대신 진로를 변경하여 기독교 도시인 자라Zara를 함락했고, 1204년에는 비잔틴제국의 수도 콘스탄티노플(지금의 이스탄불)을 점령했다.[4] 이 과정에서 비잔틴제국이 멸망하고 베네찌아가 비잔틴 영토의 약 40퍼센트가량을 획득했다. 베네찌아는 영토 정복과 방어에 재원과 인력을 소모하는 등 시행착오와 댓가를 치렀지만 전략적 요충지를 장악함으로써 장기적으로 경제를 발전시킬 토대를 마련했다.

베네찌아는 이딸리아 반도 동쪽의 아드리아 해를 통해 유럽 도시들과 지중해를 연결하는 역할을 수행했다. 아드리아 해에서는 소금과 곡물 무역이 중요했다. 베네찌아 정부는 수입의 상당 부분을 소금 판매에 의존하고 있었고, 정부 소금관리국에서 베네찌아 생산 소금의 판매장소·판매량·가격에 대한 방침을 정했다. 베네찌아는 곡물 무역에서도 지배적인 위치를 차지했는데, 여기서는 정부 독점이 없었다. 이딸리아 북동부의 밀이 베네찌아로 집결했으나 수확 상태의 변동이 심해 해외로부터도 수출과 수입이 이루어졌다.

요컨대 베네찌아는 동과 서를 중계하는 위치였으며, 이는 서유럽의 성장과 함께 크게 확대되었다. 십자군 전쟁이 설탕·향신료·비단 같은 동방의 산물에 대한 수요를 자극했지만, 역시 핵심적인 변화의 동력은 서유럽의 수출량 증가였다. 서유럽에서 생산된 상품을 동방에 판매할 수 있게 되었던 것이다. 서유럽의 산물 가운데 중요한 것은 직물과 금속이었다. 모직업은 네덜란드 지역을 중심으로 발전했는데, 영국산 양모를 원료로 한 플랑드르산 직물의 품질이 좋았다. 이딸리아 상인들은 동방에서 가져온 비단·향신료 등을 플랑드르산 직물과 교환했다. 플랑드르와 이딸리아 사이의 중간지점이 프랑스 샹빠뉴Champagne였는데 이곳이 서유럽 상업의 중심지가 되었다. 한편 독일 남서부 콘스탄츠Konstanz와 스위스 북부에서는 리넨 제조업자가 성장하고 독일에서는 은광이 개발되었다. 베네찌아는 독일과 가깝다는 지리적 이점을 살려 독일인들을 위한 거처와 창고를 제공하며 북유럽과의 시장 네트워크 형성을 주도했다.

서유럽의 모직물과 금속에 대한 동방의 수요가 증가하면서 동방과의 무역, 즉 레반트Levant 무역이 점점 더 중요해졌다. 동방 지역과의 시장 네트워크는 1204년의 제4차 십자군 이후 더욱 탄탄한 조직을 갖추었다. 베네찌아는 해상무역에 종사하는 상인집단을 군사적 통제력을 확보한 거래소 조직으로 전환했다. 군사력을 갖춘 거래소는 무역을 보호하고 활성화하는 거점 역할을 수행했다. 베네찌아의 동방 항로에서 가장 중요한 거점은 레반트·이집트·에게 해·흑해로

1511년 시리아의 다마스쿠스에서 맘루크 통치자와 수행원들이 베네찌아 영사 니꼴로 말리삐에로를 맞이하는 모습. 그 뒤로 우마이야 대사원의 지붕이 보인다.

가는 길목에 있는 크레타 섬이었다. 레반트로 가는 선단은 시리아의 아크레 항구를 향하는 경우가 많았으며, 그리스 항로의 종착지는 흑해 항구에서 온 상품들이 집결된 콘스탄티노플이었다. 레반트와 그리스로 가는 상선단을 보호하는 것이 베네찌아 해군의 역할이었다.

베네찌아는 1082년 비잔틴 황제의 황금칙서 발표와 1204년 콘스탄티노플 정복 이후 아드리아 해를 벗어나 동서를 가로지르는 네트워크에 본격적으로 연결되었다. 베네찌아는 이 네트워크를 연결하고 유지하기 위해 정기운송단을 운영했는데, 이는 국제운송제도°의 선구적 형태다. 베네찌아는 정기적인 운송 써비스를 제공하여 지중해·흑해·대서양을 포괄하는 광범한 지역을 연결했다. 제노바를 비롯한 다른 지역에서는 상인들에 의한 사적 운송이 주류를 이루었으나, 베네찌아에서는 정부가 운송과정을 통제하고 기록했다. 상인이 후손 없이 사망할 경우 정부가 사후 관리를 맡기도 했다. 베네찌아의 대규모 정기운송단 제도는 정부의 적극적인 운송관리 정책에 힘입어 마련된 것으로 중세 유럽에서는 거의 유일무이한 씨스템이었다. 베네찌아

정부는 1300년경 전후부터 운송단을 파견하기 시작하여 최종적으로는 갤리 상선단, 순례 선단, 면화 선단, 포도주 선단 등 네가지 종류의 정기운송단 제도를 운영했다.

4_시장을 뒷받침한 제도들

무역은 국제적 차원의 시장 거래다. 표준적인 경제학 이론에 따르면 시장 거래에 영향을 미치는 가장 중요한 요소는 수요자와 공급자가 제시하는 가격이다. 그런데 수요자와 공급자가 만나려면 필요한 조건이 많다. 거래하려는 상품에 대한 정보를 얻기 위해서는 상당한 노력이 든다. 적당한 거래 상대를 찾아 당사자들 간에 교섭을 거쳐 계약을 한 뒤에도 상품의 인도와 상품 대금 결제에 시간과 비용을 투입해야 한다. 거래 당사자 가운데 어느 한쪽이 원래 계약한 조건과 다르게 행동하면 분쟁이 발생한다. 국제적 차원에서 무역계약이 순조롭게 이루어지도록 하려면 이러한 일련의 과정에 관한 정교한 제도를 갖춰야 한다.

유럽에서 시장 거래가 크게 확대된 것은 11~14세기 상업혁명을

●
국제운송제도

국제운송은 어느 한 나라에서 다른 나라로 물품이나 여객을 이동시키는 활동을 말하며, 일반적으로 정기적 형태를 띤다. 물품을 운송할 때는 물품의 소유권의 이전을 수반하며, 물품의 매도인 또는 매수인이 운송인과 물품의 운송에 관한 계약을 체결한다. 여객을 운송할 때는 여객과 운송인이 운송에 관한 계약을 체결한다. 운송수단에 따라 해상운송·육상운송·항공운송·복합운송으로 구분될 수 있다.

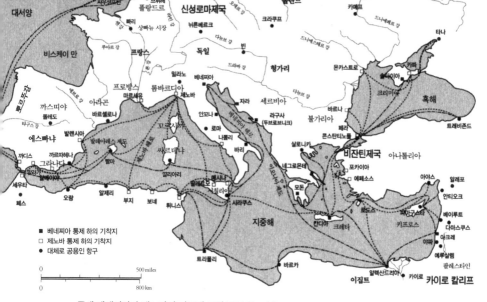

중세 베네찌아와 제노바의 지중해 무역 루트 ⓒ그린비

통해서다. 이 시기에 지중해와 유럽에서는 원격지 무역이 팽창했고 이를 뒷받침하는 여러 제도와 조직이 마련되었다. 흔히 서방의 부富는 이딸리아와 유럽의 상업혁명에서 비롯했다고 생각하는데, 상업혁명은 그것을 뒷받침하는 제도에서 시작되었다고 할 수 있다. 시장 거래를 뒷받침하는 적절한 제도가 등장하기 전에는 교환 이익이 발생하기 어려웠다.[5]

상업혁명 무렵의 무역 확대에 크게 기여한 것은 해외의 무역 대리인● 들이다. 이들은 상인이 감당해야 할 여행 시간과 위험을 줄이고 판매를 다변화함으로써 거래비용을 경감해주었다. 그러나 대리인이

● 무역 대리인

무역은 수출업자와 수입업자의 매매 계약에 의해 이루어진다. 무역 대리인은 수출업자나 수입업자로부터 수수료를 받고 수출입을 중개·알선·보조하는 자로서 무역 거래에 자기명의를 사용하지 않고, 계약대리인으로서 무역의 계약 단계에서만 개입한다.

상인의 통제를 따르지 않으면 거래비용은 줄어들지 않는다. 무역 확대를 위해서는 대리인의 기회주의를 제한하는 제도가 필수불가결했다. 11세기 지중해에서 활동한 이슬람 상인과 이딸리아 상인은 서로 다른 방식으로 해외 대리인 조직을 운영했다.[6]

마그립Maghrib은 유대인 상인의 후예로 10세기에 바그다드 주변의 정치적 불안정이 고조되자 북아프리카로 이주한 이슬람교도들이다. 마그립은 이주과정에서 지중해 전역에 네트워크를 형성했고, 이 네트워크 안에서 해외 대리인의 평판을 점검하는 메커니즘이 만들어졌다. 마그립은 종족 네트워크 안에서 서로를 대리인으로 고용했는데, 네트워크 구성원을 기만한 대리인에 대해서는 전체가 보복을 가했다. 마그립 네트워크는 협동에 의해 정보 흐름의 가치를 높이고 교환 이익을 발생시켰다. 그러나 네트워크의 폐쇄성 때문에 마그립이 아닌 이를 고용하기 어려워 네트워크를 확장하는 데에는 한계가 있었다.

이딸리아 상인들은 마그립이 보유한 다자간 평판 메커니즘을 갖고 있지 못했다. 대신에 정치적 통제와 양자 간 평판에 기초한 제도를 만들어갔다. 12세기 중엽에는 이딸리아 상인 사이에 대리인 조직을 규율하는 제도가 등장했는데, 도시를 통제하는 정치체제가 도시의 해외무역을 조직하는 데 주도적 역할을 수행했다. 도시국가가 주도하여 무역선단을 구성하고 상인연합을 결성했다. 상인들은 해외 대리인과 양자관계를 맺고 렌트를 제공했는데, 해외 대리인은 미래의 무역 투자를 보장받기 위해 정직성을 유지해야 했다.

베네찌아 정부는 정기운송단의 조직과 관리를 주도했다.[7] 그중에서 갤리 상선단[*]은 매년 1회 운항했는데, 처음에는 비잔틴제국과 흑해 구간만 운항하다가 레반트·서지중해·북아프리카까지 확대해 15세기 후반에는 8개 노선을 운영했다. 갤리선은 선주들의 합자에 의해 국영조선소에서 건조되었다. 상선단 운영의 틀은 정부가 세세하게 정했으나 실제 구체적인 운영은 개인에게 위임했다. 정부가 입찰을 통해 개인 투자자와 선장을 모집하고 선단장은 국가가 임명한 관리가 맡았다. 선단 운영은 상인에게 위탁했는데, 운영자금의 공급은 합자와 융자의 네트워크로 이루어졌다. 선박 가치보다 화물·선원·장비 등에 소요되는 비용이 훨씬 컸기 때문에, 상인들의 투자활동이 매우 중요했다. 베네찌아에서 가장 흔했던 투자형태는 꼴레간짜 coleganza(다른 곳에서는 꼬멘다comenda라 불림)였다. 이는 준準합자 형태로, 상인이 투자자금에 대해 정해진 비율을 보상하는 대신에 획득하는 이윤의 3/4을 지급할 것을 약속했다.

한편 면화 선단은 원형 범선으로 구성되어 1366년부터 15세기 말까지 매년 2회씩 운항했다. 정부가 선단에 참여하는 선박을 뽑는 입찰을 실시하고, 입찰자와 선장이 결정되면 상인들과 운송계약서를 작성했다. 선단은 1월 말과 7월 말에 출항해 시리아나 이집트 현지의

● 갤리 상선단

그리스·로마 시대부터 18세기까지 지중해를 중심으로 사용된 범선의 일종이다. 유명한 것은 중세부터 근세 초기에 지중해에서 활약한 베네찌아·제노바 등의 대형 갤리선이다. 길이가 35미터를 넘고, 배 앞쪽에 적선의 선체를 뚫기 위한 충각(ram)을 설치했다. 양쪽 뱃전에 각각 30개 이상의 노(oar) 젓는 자리가 있었으며, 자리마다 노 젓는 사람이 3명 이상 배치되어 있었다. 베네찌아는 전투용의 경(輕) 갤리선과 운송용의 중(重) 갤리선을 운영했다.

3월과 9월 면화 정기시장에서 화물을 선적했다. 포도주 선단도 원형 범선으로 구성되었는데, 크레타산 포도주를 수송하는 역할을 맡았다. 현지 상인들은 베네찌아 현지 대표부에 선적할 상품의 양을 사전에 제출했고, 선단이 크레타 섬에 도착하면 대표부가 상인들에게 선적 사항을 통보했다. 승객운송 전용 선단도 편성되었다. 이는 1380년부터 1530년대까지 매년 2회씩 예루살렘 순례 여행객을 운송했다.

베네찌아 정부는 또한 선구적으로 금융제도를 마련했다. 정부는 시민들에게 장기채권을 발행했다. 초기에는 소득에 기초하여 강제적으로 인수하게 했으나, 나중에는 자발적 구매방식으로 전환했다. 정부채에 대한 이자 지급이 지연되는 일은 있었으나 채무 불이행 사례는 없었다. 중앙은행의 원형이라 할 수 있는 제도도 마련했다. 베네찌아에는 순수한 지급은행으로 방꼬 디 리알또Banco di Rialto가 있었지만, 정부는 발권은행과 재정대리인 역할을 하는 방꼬 지로Banco Giro를 운영했다. 정부채 시장의 형성, 채무·지분 간 스왑[•]의 실시, 평판과 재무비용의 관계 중시, 국제적 금융활동 등 금융수단의 혁신도 있었다.[8]

이와 같이 시장을 뒷받침하는 제도를 형성하는 데 주도적 역할을 한 것은 베네찌아 정부다. 시장 거래를 확대하기 위해서는 항해·군

●

스왑 swap

교환한다(exchange)는 의미의 스왑 거래는 두 당사자가 미래의 자금 흐름을 일정 기간 교환하기로 계약하는 거래다. 이때 교환하는 자금의 종류 및 방식에 따라 두가지 유형으로 구분된다. 금리스왑은 두 당사자가 자신의 자산이나 부채의 금리조건을 교환하는 계약이다. 통화스왑은 두 당사자가 자신의 자산이나 부채를 다른 통화의 자산이나 부채로 전환하면서 금리조건까지도 교환할 수 있는 계약이다.

사·상업 인프라가 필요했으나, 상업혁명 초기 북이딸리아 해안에 이런 인프라는 존재하지 않았다. 베네찌아에서 항구·주택·군사력·관세나 법적 권리 등 인프라를 조직하기 위한 협동이 이루어진 것은 공화주의적 정부가 형성된 이후다.

베네찌아는 게르만의 이동을 계기로 형성된 도시다. 6세기경 롬바르디아족이 침입해 오자 베네찌아 인근 주민들은 개펄지대로 피신했다. 그들은 개펄에 점점이 솟은 섬을 주거지로 정하고 그 섬들을 연결한 신생도시를 만들었다. 베네찌아 안에는 60여개 교구가 각각 통합된 공동체를 이루고 있었고, 넓지 않은 도시구조 때문에 부자와 빈민의 거주지가 구분되지 않았다. 697년 도시의 수반으로 도제˙를 선출하기 시작했으나 사실상 군주제로 운영되었다. 11세기에는 세습 도제권력의 쇠퇴로 귀족가문이 중요한 정치세력으로 부상했다. 중세 다른 도시와 마찬가지로 베네찌아에서도 귀족가문은 유력한 존재였다. 도시를 유지하기 위해서는 유력한 가문들이 협력하여 새로운 정치체를 설립하는 길밖에 없었다. 귀족가문 간 협약이 정치체제의 구성원리가 되었는데, 특정 가문이 협약을 파기하지 않고 모든 가문이 도시 공동의 이익을 위해 협력할 수 있는 제도를 만들어내는가가 관건이었다.

●

도제 Doge

베네찌아 공화국을 통치하던 최고 지도자의 명칭. 지도자를 뜻하는 라틴어 dux에서 유래했으며 오늘날 이 딸리아어 duce, 영어 duke에 해당한다. 도제는 귀족이 선출했으며, 도제로 선출되는 시민은 대체로 명민하고 통찰력 있는 원로였다. 몇몇 예외를 제외하면 종신 임기여서, 베네찌아는 공화국이라는 이름에도 군주제의 요소가 섞인 독특한 정치체제를 유지했다.

베네찌아는 다른 어느 곳보다도 성공적으로 이러한 제도를 구축했다. 베네찌아인들은 도시 안의 분파 형성을 견제하고 구성원들에게 베네찌아의 정치질서와 경제적 번영의 이익을 보장해주었다. 베네찌아에서는 귀족이든 시민이든 자신을 한 가문의 구성원이라기보다는 '베네찌아인'으로 인식했다. 베네찌아의 제도는 스스로 강제력과 지속성을 만들어나갔다.[9]

5_베네찌아의 라이벌, 제노바

당시 베네찌아와 이란성 쌍둥이 같은 도시가 있었는데, 바로 제노바다. 두 도시는 중세의 바다를 누빈 이딸리아 반도의 두개의 심장이었다. 처음에는 지중해를 놓고 베네찌아, 제노바, 삐사Pisa, 아말피Amalfi 등 4개 도시가 경쟁했지만, 아말피와 삐사가 차례로 탈락하고 베네찌아와 제노바의 양강 구도가 이루어졌다.

베네찌아가 정치적으로 더 안정적이고 많은 기록을 남겨 더 높은 명성을 누렸으나, 전문가들 사이에서는 제노바의 선진성을 높이 평가하는 경우가 많다. 브로델은 제노바의 경제가 베네찌아에 비해 훨씬 더 현대적인 금융자본주의 성격을 띠었다고 본다.

나는 베네찌아의 부상이 그 자본주의의 월등한 우월성 때문이라고 하는 설명을 믿지 않는다. (⋯) 자본주의에 대한 독특하고도 현대적인 접근이라는 점에서 제노바가 일순위라는 것을 부정할 역사가는 없다.

(…) 제노바는 선도적 위치에 있었기 때문에 오히려 불리한 면이 있었다. 베네찌아의 우월성이라면 더 전통적이고 덜 대담했다는 점이다. 그리고 그 지리적 위치가 확실히 유리했다. (…) 동쪽이 부의 주 원천이던 조건에서는 레반트로 가는 섬들을 통해 항해루트 시설을 확보한 베네찌아가 우위를 가졌을 것이다.[10]

제노바는 모든 제노바인에게 해외무역을 개방하면서 이민으로 유입되는 인구가 늘어 도시가 급속히 성장했다. 이로써 제노바의 사회적 네트워크가 불안정해지고 제노바 상인이 해외의 무역 대리인들과 맺고 있던 다자적 평판에 기초한 '정치적 동맹' 관계가 작동하기 어려워졌다. 그리하여 제노바는 무역 상인과 대리인 양자 사이에 형성된 평판 메커니즘을 기초로 한 후원자 씨스템을 수립했다. 상인들은 해외 대리인들의 과거 행위에 근거해 고용 유지 여부를 결정하고 높은 임금을 지급함으로써 대리인의 정직성을 유도했다.

확실히 제노바는 베네찌아에 비해 개인적인 성향이 강했다. 제노바에서는 개인이 자신을 '제노바인'으로 인식하기보다 특정 가문의 구성원으로 인식했다. 또한 가문들 사이의 경쟁과 정치적 분열 때문에 강력한 정부가 수립되지 못했다.[11] 개인 소유 선단에 비해 정부가 운영할 수 있는 선단 규모가 작았기 때문에 군대도 민간에 위탁하는 식으로 운영했다. 전투를 위해 함대를 편성할 때 개인 선박을 차출하고 그 댓가로 전리품이나 정복지의 관리감독권과 조세권을 부여하는 방식을 취했다.

제노바는 금융업에서 단연 첨단의 위치에 섰다. 제노바의 상인은행가는 유럽 전체의 지불과 거래를 조절하기도 했다. 1557년부터 1627년까지가 제노바 금융의 시대라고 할 수 있으며, 에스빠냐 금융에 한해서는 17세기 말까지 제노바의 시대가 계속되었다. 제노바 최대의 금융혁신은 1407년 싼 조르조San Giorgio의 창설이었다. 싼 조르조는 정부가 발행한 공채를 보유한 개인 채권자들의 연합체였는데, 이는 반半공적인 조직으로 정부 조세수입을 관리했으며 중앙은행의 역할도 수행했다. 제노바는 베네찌아보다도 낮은 이자로 신용을 제공할 수 있었으며 상인들은 정부채를 단기금융에 활용하기까지 했다.[12]

제노바는 서지중해를 무대로 성장했는데, 서지중해에서 아라곤•이 새로운 경쟁자로 떠올랐다. 이에 따라 제노바는 점차 동방무역에 관심을 두게 되고, 결국 베네찌아와 충돌했다. 베네찌아와 제노바는 네 차례에 걸쳐 해전을 벌였지만 어느 쪽도 해상전투의 승리만으로 상대를 무너뜨릴 수는 없었다. 비협력적 경쟁과 소모전이 이어지면서 양자 모두 막대한 재정 손실을 입게 되고 오스만 튀르크라는 새로운 강자가 등장하면서 함께 쇠퇴의 길에 들어섰다.[13]

●

아라곤 Aragón

1035년 라미로 1세가 이베리아 반도 동북부에 세운 왕국. 1137년 까딸루냐(지금의 바르셀로나를 수도로 함)와 병합해 영토가 삐레네 남반부에서 지중해안에 이르렀다. 프랑스와의 전쟁에서 패해 삐레네 이북으로 넘어가진 못했으나 발레아레스 제도에서 이딸리아 방면까지 관심을 보였다. 1469년 아라곤 왕 페르난도와 까스띠야 여왕 이사벨의 결혼으로 에스빠냐 통일국가의 기초를 세웠다.

싼 조르조 은행

1330년대 무렵 제노바의 싼 조르조 은행 풍경. 『7가지 죄악에 관한 논설』 중에서 '탐욕'에 관한 삽화. ⓒThe British Library

제노바는 1399년 귀족 정부에 대항하는 대중의 반란 이후 평민을 도시의 수반인 도제Doge로 선출했으나, 실제 군사력은 귀족들 수중에 있었다. 도시 상인계급은 귀족으로 전환하지 못했고 잉여자본 대부분을 유동적으로 보유하고 있었다. 이들 상인 자본가가 1407년 싼 조르조 은행을 설립하여 스스로를 조직했다.

싼 조르조 은행은 정부 수입 관리를 맡았고 정부에 대한 채권자가 되었다. 제노바의 상인 자본가들은 수표와 환어음을 사용하고 은행 이체를 통해 지불했다. 불변의 회계단위를 도입해 사업을 결제하는 것이 이익과 권력이 된다는 점도 잘 이해했다. 그리하여 환전과 관련된 모든 사업회계를 고정 무게의 금화로 기록하는 법안을 제정하여, 환전과 거래를 위한 제노바 사업회계의 기준단위를 마련했다. 싼 조르조 은행은 이러한 근대 금융자본주의의 원형을 마련했으며, 300년 뒤에나 등장하는 잉글랜드 은행의 선구적 형태를 띤 독보적인 존재였다.

싼 조르조 은행은 제노바의 4명의 콘술consul에 의해 운영되었고, 제노바 해외 영토의 상당 부분을 직접 또는 간접적으로 통치했다. 15~16세기에는 유럽의 주요 통치자들에게 자금을 제공했으며, 콜럼버스를 후원한 에스빠냐의 페르난도와 이사벨 왕도 싼 조르조 은행의 계좌를 이용했다. 싼 조르조 은행은 17세기에 해외무역에 더욱 깊이 관여하게 되었고, 이에 따라 네덜란드와 영국의 동인도회사와 치열하게 경쟁하였다. 이후 나뽈레옹의 이딸리아 침공에 의해 1805년 싼 조르조 은행은 폐쇄되기에 이른다.

조반니 아리기 『장기 20세기: 화폐, 권력, 그리고 우리 시대의 기원』, 백승욱 옮김, 그린비 2008, 201~08면.

6_비영토적 연결이라는 혁신

베네찌아의 혁신은 상업혁명을 주도하면서 '시장'을 제도적 형태로 확립한 것이라 할 수 있다. 베네찌아의 주도 아래 상업이 전문화되면서 여행상인은 줄고 대리인과 정주상인이 증가했으며, 이들과 관련된 각종 제도가 마련됐다. 물론 시장 네트워크와 시장제도의 형성은 베네찌아만의 업적이 아니라 여러 이딸리아 도시가 함께 경쟁하며 이룬 성과다. 이딸리아 도시들은 모두 나름대로 개성을 지니면서 새로운 연결을 시도했다.

베네찌아는 본질적으로 상업도시였고 이곳의 활력은 무역에서 비롯했다. 전성기가 지나면서 공업이나 금융으로 이행하기도 했으나,

금융산업은 피렌쩨나 제노바만큼 두드러지지 않았다. 피렌쩨는 수입 대체 산업으로 모직물이 발전했으나 전체적으로 은행업으로 전환했다. 제노바는 배후에 산맥이 있어 섬이나 마찬가지였으며, 주요한 사업은 대외적인 무역·전쟁·금융 등이었다. 제노바와 인접한 또다른 도시 밀라노는 배후에 농업생산력이 높은 롬바르디아를 두고 있으면서 이딸리아 동서와 남북 길목의 교차로에 위치해 여러 분야가 고루 발전할 수 있었다.

이렇듯 이딸리아 도시 전체는 '포스트모던 하이퍼스페이스'post-modern hyperspace의 면모를 보여준다. 오늘날 전지구적 자본주의 속에서 초민족·초국가화한 국소경제적 고리들이 비영토적인 '지역'을 만들어내는 경향을 찾아볼 수 있다. 이딸리아의 도시에서도 근대국가의 요소 외에 국가로 환원되지 않는 중세적 요소, 즉 근대국가의 한계를 뛰어넘을 혁신 요소를 발견할 수 있다. 특히 베네찌아와 제노바는 시장제도의 두가지 유형을 보여준다. 베네찌아가 모든 자본주의 국가의 원형이라면, 제노바의 상인은행가 디아스포라는 그에 뒤이은 모든 세계적 규모의 비영토적 자본주의 축적체계의 원형이라고도 할 수 있다.[14]

일반적인 견해로는 베네찌아가 상대적으로 더 내구력 있는 씨스템을 만들어냈다고 본다. 베네찌아는 13세기부터 15세기 말 또는 16세기 중반까지 성공적으로 선두를 유지하는데, 여기에서 중요한 것은 효율적인 공화정부가 존재했다는 점이다. 제노바는 귀족과 상인 자본가가 공화정의 군사력과 재정력을 무기력하게 했다. 부자와 빈민 사이에 큰 격차가 있고 중산층은 소수였으며 국내투자보다는 해외투자에 치중했다. 또 프랑스에 투자하는 옛 귀족과 에스빠냐에 투자하는 신흥 귀족이 갈등했다.[15] 시장 운영은 제노바가 더 현대적이었지만, 시장을 뒷받침하는 공적 제도는 베네찌아가 더 견고했다. 지금 새로운 시대의 도시 네트워크와 네트워크 국가를 상상한다면, 시장과 기업은 물론 국가와 도시 차원에서 다양한 공적 제도가 만들어져야 한다. 여기에서는 시장 네트워크와 공적 제도를 함께 발전시킨 베네찌아의 사례에서 더 많은 영감을 구할 수 있을 것이다.

9장

20세기형 삶의 설계자

헨리 포드

1_도시와 자동차

사람들은 대개 젊은 날을 뚜렷이 기억한다고 한다. 나 또한 그렇다. 1980년 광주민주화항쟁, 1987년 6월항쟁과 13대 대선, 1991년 구소련 붕괴와 1992년 한중수교 등이 선명한 기억으로 남아 있다. 이사건들은 내 공부에도 많은 영향을 미쳤다. 1980년 광주항쟁은 국가권력의 정당성에 대한 고정관념을 전복시켰다. 1987년의 헌법 개정과 대선은 국가에 대한 새로운 기대를 불러일으켰지만, 동시에 제도적 민주화의 내용과 질을 확보하는 일의 어려움을 실감케 했다. 구소련과 중국의 변화는 현실사회주의는 물론 미국을 포함한 세계 전체를 다시 인식하게 했다.

공부와 관련해서가 아니라 지금 내 삶에 더 깊게, 결정적으로 영향을 미친 것은 무엇일까 생각해본다. 그 물음에 관해서라면 두가지 기억이 떠오른다. 바로 '도시'의 풍경과 '자동차'다. 열한살의 어느 겨울날, 나는 서울역에 내렸다. 그날이 내가 도시인이 된 첫날이었다. 지금은 사라졌지만 한없이 웅장하게 느껴지던 서울역사가 지금도 눈에 선하다. 나중에 알게 된 사실인데, 당시의 서울역사는 남만주철도주식회사에서 일본인 건축가인 츠까모또 야스시塚本靖(1869~1937)의 설계안으로 지은 르네상스식 건축물이었다. 그날 나는 서울역에서 신촌 가는 버스를 탔고 이후 서울과 수도권을 전전하며 살았다. 내가 새로운 생활양식에 들어선 입구였던 서울역의 당시 모습을 잊을 수가 없다.

얼마 지나서 도시로의 이주만큼이나 내 일상생활에 결정적인 변화를 준 사건이 생겼다. 학생 부부로 막 신혼생활을 시작하던 무렵이었다. 어쩌다 보니 학교에서 꽤 먼 거리에 거처를 정하게 되었는데 대중교통이 안 좋아, 학교에 오랜 시간 머물러야 하는 아내의 불편이 심각했다. 급기야 아내는 소형차를 하나 마련하자고 주장했다. 나는 학생 신분이라는 점, 자동차는 반환경적 요소가 많다는 점 등을 들어 반대했다. 그러나 마음먹고 하는 아내의 주장을 꺾기 어려웠다. 차를 마련하기 전에는 많은 고민을 했지만 자동차는 이미 대중적인 소비재로 자리 잡은 뒤였다.

1990년대 초는 여러 의미로 내 라이프 싸이클의 변곡점이었다. 그리고 이때는 한국 경제가 글로벌화, 산업·기술구조의 변화 등으로 새로운 국면에 진입하는 경제사적 의미를 띤 시기였다. 한국 경제는 1980년대 후반부터 1990년대 전반까지 중요한 구조 변화를 겪었다.

표면적으로 글로벌화와 함께 새로운 성장 추세를 이어갔지만, 이는 국내 제조업 부문 고용비중의 하향, 무역 의존도의 급속한 증가, 수출입 선의 변동을 수반했다. 이 시기를 통해 한국 경제는 세계 경제와 더욱 밀접한 관계를 맺었고, 반도체·자동차·선박 등이 주력 산업으로 떠올랐다.[1] 이들 제품과 관련한 제조업과 써비스업이 한국 경제의 성장세를 견인했으며 이들 산업이 집중된 수도권과 동남권에서 새로운 도시화가 진전되었다. 1990년대를 전후해 부산·대구 등은 인구 순유출 추세로 돌아섰는데, 경기, 대전·충남, 울산·경남 등은 인구 순유입으로 성장세에 들어섰다.

산업과 도시가 일상생활의 근간을 변화시킨 것은 산업혁명 이래의 역사적 과정이다. 19세기 초 영국의 1차 산업혁명기에 철강과 면 방직업에 주력했다면, 19세기 후반에는 에디슨Edison社의 전기산업과 듀폰Du Pont사의 화학산업이 부상했다. 그러나 지금까지 이어지는 20세기적 일상생활의 기초를 마련한 것은 헨리 포드Henry Ford(1863~1947)가 자동차를 제조하면서 개발한 대량생산 방식이라 할 수 있다. 포드는 자동차나 대량생산 방식을 '발명'했다기보다는 그것들을 개선하고 개조해서 완성하는 '혁신' 능력을 발휘했다. 그러한 '혁신'이 20세기 세계와 인간의 삶을 송두리째 바꿔놓았다.

포드가 시도한 자동차의 대량생산은 포드주의Fordism라고 이름 붙여졌다. 포드에 의해 거대한 단일 작업장과 대단위 노동조합으로 구성된 산업세계가 건설되었다. 자동차산업으로 말미암아 석유의 새로운 용도가 개발되었다. 말과 노새에게 먹일 사료를 생산하던 대평원 지역이 인간을 위해 곡물을 재배하는 땅이 되었다. 도로를 건설하고

도시를 확장했으며, 국가 차원의 도시계획이 이루어지면서 국토·국가 씨스템이 새롭게 구성되었다. 미국의 대중은 자동차 도로 위에서 자유와 풍요라는 아메리칸 드림이 이루어진다고 느끼며 '미국인'으로 다시 태어났다.

포드의 생산방식은 20세기 미국 산업생산력의 근간을 만들었고 볼셰비끼의 러시아에까지 전파되었다. 포드주의는 모든 개발도상국이 지향하는 모델이자 자본주의를 상징하는 하나의 유형으로 자리 잡았다. 20세기는 대량생산을 특징으로 하는 시기였으며, 이 점에서는 21세기에 들어선 지금도 20세기의 연장선에 있다고 볼 수 있다. 소단위의 장인 생산과 중소기업 단위의 시장 거래 같은 유연 전문화●는 일부에 국한된 현상이다. 3D 프린터와 디지털 제조업에 기반한 소량생산 자본주의가 태동하고 있지만 아직은 시작단계에 있다. 우리는 아직 포드가 설계한 세계에 살고 있다.

2_테일러주의: 포드주의를 낳은 '과학적 관리'

포드는 자동차의 대량 소비와 생산을 위해 제품·부품·기계를 표

●
유연 전문화

1982년 쎄이블(Charles Sabel)이 새로운 자본주의적 생산체제를 지칭해 사용한 개념. 장인적 숙련노동력과 최신 기술을 기반으로 하는 독립적인 소기업, 이들 전문화된 소기업 간의 긴밀한 연계구조와 그에 따른 소기업의 지리적 집적, 직무순환과 직무확대를 통한 노동과정의 유연성 증대, 소비취향의 다양화에 대처한 다품종소량생산을 특징으로 한다. 그러나 유연성 개념의 적용범위는 이후 훨씬 더 광범위해졌다.

준화한 일관작업 생산방식을 고안했다. 이러한 조직·기술 씨스템의 밑바탕이 된 것은 포드 이전에 전개되었던 테일러의 '과학적 관리' 운동이라고 할 수 있다. 포드주의는 테일러가 기계공업에서 제기한 효율성 증대라는 목표를 일관작업 생산방식을 통해 자동차 공업에서 추구한 것이다.[2]

미국은 1870년대 중엽에서 1890년대 중엽에 이르기까지 대불황을 겪었다. 불황을 타개하기 위해 기업들은 기업 집중으로 규모를 키우고 생산과정을 조정했다. 생산과정을 조정하는 것은 특히 철강·기계 공업에서 중요한 문제였다. 당시에는 숙련노동자가 생산과정을 통제하고 있었는데, 이는 생산과정을 체계화하는 데 장애물로 작용했다. 생산과정을 조정하는 과제는 기계기사들이 담당했고, 이들은 1880년 설립된 미국기계기사협회ASME를 통해 '체계적 관리' 운동을 전개했다. 이러한 '체계적 관리' 운동의 흐름 속에서 '과학적 관리'가 등장했다.[3]

'과학적 관리'는 기계기사였던 테일러가 생산의 합리화를 위해 고안한 방식이다. 테일러는 자신의 관리법을 '공장관리' '공정관리' 등으로 부르다가 결국은 '과학적 관리'라는 이름을 사용했고 이것이 흔히 테일러주의Taylorism로 불리게 되었다. 테일러의 '과학'은 미드베일Midvale 철강회사에 근무했던 경험을 토대로 형성되었다. 테일러는 실제 생산량이 생산 가능한 양의 1/3에 그친다고 보았으며, 이러한 문제는 숙련노동자들의 '은밀한 태업'soldiering에 의해 발생한다고 판단했다. 그는 태업을 방지하기 위한 작업의 표준을 만들기로 했다. 작업을 표준화하는 데 필요한 개념이 '과업'task인데, 이는 '하루의 공

대불황의 시대

대불황Great Depression은 1870~90년대에 발생한 최초의 세계적 규모의 경제위기를 말한다. 1930년대 대공황 정도의 심각한 경제적 후퇴와 극단적인 붕괴는 일어나지 않았지만, 이전의 유럽 산업혁명과 미국 남북전쟁 이후의 강력한 경제성장과는 대조되는 저성장 현상이 나타났다. 영국은 가장 타격이 심했던 것으로 추측되는데, 1873년부터 1896년까지 불황이 지속됐다는 견해가 많다. 미국에서는 보통 1873년부터 1879년까지의 불황을 대불황이라고 말한다. 이 시기에 유럽과 미국 등 여러 국가에서 가격 붕괴가 일어났으며, 이후 보호무역주의가 강화되었다.

정한 작업'a fair day's work을 의미한다. 테일러는 과업을 설정하기 위해 기계장치와 작업에 관한 시간 연구를 수행했다. 기계장치의 표준화와 관련해 각종 도구의 개량, 새로운 벨트장치 개발, 금속 절삭기술 연구, 고속도강high speed steel 발명에도 몰두했다. 그리고 설정된 과업을 실행하도록 하는 유인을 제공하기 위해 차별적 성과급제를 개발하고 과업 관리를 담당하는 기획부를 설치했으며, 기능별 직장제를 고안했다.[4]

테일러는 1911년 『과학적 관리의 원리』라는 단행본 형태의 논문을 출간하여 과학적 관리를 구성하는 네가지 원리를 제시했다. 네가지 원리는 다음과 같다. 첫째, 종래의 주먹구구식 방법을 대체하여 인간 노동 각 요소에 대한 과학을 발전시킨다. 둘째, 노동자가 스스로 작업을 선택하고 스스로 훈련하던 데서 나아가 노동자를 과학적으로 프레더릭 테일러는 1856년 미국 필라델피아의 부유한 청교도 집안에서 변호사의 자식으로 태어났다. 테일러는 하버드 대학 입학시험에 통과했으나 시력 악화로 입학을 포기하고 기계기사의 길을 걷는다. 4년의 견습공 생활 후에 1876년 당시 유력한 철강기업이었던 미드베일사에 입사해서 사무원, 기계공, 선반조 조장 등을 거쳐 수석 엔지니어가 되었다.

이후 테일러주의라 불리는 과학적 관리를 완성하기까지 그의 활동은 크게 3단계로 걸쳐 이루어졌다. 첫번째는 1878년부터 1890년까지로 미드베일사에서 노동자들의 태업에 대해 '투쟁'한 시기다. 테일러는 1878년 선반조 조장이 되면서 생산성을 올리기 위해 여러 조치를 시행했으나, 노동자들은 '은밀한 태업'으로 이에 맞섰다. 테일러는 표준을 정하는 것이 중요하다는 점을 인식하여 금속 절삭과 관련된 시간 연구를 시작했다.

두번째는 1890년부터 1898년까지로 컨설팅 엔지니어 활동을 하면서 테일러주의를 개발한 시기다. 미드베일사의 소유주와 경영진이 교체되면서 테일러의 실험이 진전되기 어려워졌다. 이에 1890년 테일러는 미드베일사를 떠나 여러 회사를 전전하면서 실험을 계속했다. 1893년에는 상담사무소를 열고 자신의 직업을 '컨설팅 엔지니어'라고 칭했다. 미드베일사에서의 실험을 계속하여 표준도구의 후보를 선별·압축했다. 또한 새로운 원가회계법을 개발하고 기획부를 설치하고자 했다. 자신의 관리법의 기초가 시간 연구와 임금제도를 결합하는 데 있음을 주장했다.

세번째는 1898년부터 1901년까지로 베들레헴사에서 활동하며 테일러주의를 완성한 시기다. 베들레헴사에서는 테일러에게 생산 합리화를 위해 차별적 성과급제를 도입하는 임무를 맡겼다. 테일러는 이 기회를 이용하여 자신의 관리법을 체계적으로 개발하고 종합하고자 했다. 고속도강을 발명하여 표준도구로 삼고 절삭속도 변수를 검토해 그 결과를 방정식과 그래프로 표현했다. 그리고 베들레헴사 조직을 개편했는데, 기획부를 도입해 회사의 중추로 삼고, 단독 직장職長 중심의 직계 조직을 기능별 직장들의 참모조직으로 전환시켰다.

테일러는 자신의 관리법을 이론화하고 전파하려 노력했다. 1886년 스티븐스 공과대학에서 기계공학 학위를 받은 후 미국기계기사협회에 가입하여 자신의 연구업적을 적극적으로 발표했다. 베들레헴사 퇴사 후에는 저술과 강연에 힘썼으며, 1904년에는 미국기계기사협회의 부회장이 되었고, 1906년에는 회장을 지냈다. 1906년 펜실베이니아 대학에서 명예박사 학위를 받고 다트머스 대학 교수가 되었다.

송성수 「테일러리즘의 형성과정에 있어 기술의 위치」, 『한국과학사학회지』 16[1], 한국과학사학회 1994.

선발·훈련·교육·발전시킨다. 셋째, 개인 작업이 아니라 협동 작업을 추구하고 작업은 고안된 과학적 원리에 입각하여 수행하도록 한다. 넷째, 관리자와 노동자 사이의 책임과 작업의 명확하고 평등한 경계를 획정한다. 과거에 거의 모든 작업과 책임이 노동자에게 전가되던 데 반해 관리자가 노동자보다 잘 수행할 수 있는 일을 인수하도록 하는 것이다.[5]

맑스주의 시각에서는 '과학적 관리'를 노동자에 대한 통제 강화로 인식했고 결과적으로 그렇게 된 측면도 있다. 그러나 노동자를 착취하고 통제하는 씨스템의 원리로만 테일러주의를 인식하면 '과학적 관리'의 전모를 파악하기 어렵다. '과학적 관리'는 자본주의와는 다른 차원에서 진행된 일련의 기술적·조직적 진화과정이었다. 테일러의 원리는 처음부터 완성된 형태로 존재하지 않았으며, 테일러의 혁신은 이념적 성향을 초월해 전개되고 확산된 측면이 있다. 포드주의 역시 테일러식 혁신의 연속선상에 있다.

다른 한편에서는 테일러주의가 포드주의와 직접적 관련이 없다는 지적도 있다.[6] 그러나 테일러와 포드는 20세기 전반 미국에서 전개된 '진보' 운동의 흐름 속에 서로 연결되어 있다. 당시는 경제·사회·정치 등 각 부문에서 낭비와 비효율을 제거하는 '진보'가 '하나의 최선의 길'을 통해 이루어진다고 믿던 때였다.[7] 효율성은 자본주의 체제에서뿐 아니라 사회주의 체제에서도 추구되었다. 요컨대 테일러와 포드가 살던 '혁신주의(진보주의) 시대'Progressive Era를 구성하는 핵심적 요소는 효율성 그리고 이를 위한 기술주의technocracy다. 테일러가 이러한 진보의 선구자였다면, 포드는 그 시대의 정점에 선 존재였다. 이 점에 대해서는 뒤에서 좀더 살펴보기로 하자.

3_헨리 포드의 시대

나는 농촌의 소읍에서 태어났으나 자라고 교육을 받은 곳은 대도시 서울이다. 내 소년기의 서울은 전통과 현대가 공존하는 곳이었다. 겨울이면 제2한강교(지금의 양화대교) 부근으로 스케이트를 타러 가기도 했다. 얼마 전 노고산동과 신촌 시장, 그리고 연남동 골목길을 걸어보았지만, 갖가지 추억이 깃든 정답던 그 길을 이제는 떠올리기가 어려웠다. 교복에 책가방 둘러메고 두리번거리며 걷던 종로 거리의 번화했던 위용도 지금은 잘 느껴지지 않는다.

청년기 이후의 서울은 그 이전과는 전혀 다른 기억을 만들었는데, 그것은 서울의 도심 이동과 관련이 깊다. 지하철 2호선이 부분 개통될 때만 해도 변화의 폭이 크지 않았으나, 1984년 순환선이 완성된 후 서울은 또다른 모습으로 변화하기 시작했다. 1980년대 후반, 그전까지 억제되었던 소비가 3저低 호황● 이후 분출했고 지하철 2호선을 따라 새로운 중심지가 만들어졌다. 이를 반영하듯 영화산업의 중심지도 충무로에서 청담동으로 이동했으며 테헤란로가 새로운 산업의 메카로 부각되었다. 그리고 지금은 강남역·압구정동·홍대입구가 문화와 소비생활의 감수성을 대변하는 곳이 되었다.

내 생활양식의 변화에는 이처럼 큰 폭을 지닌 서울의 변화가 압축·반영되어 있다. 그중에서도 특히 극적인 변화는 20세기식 근대화를 통해 이루어졌다. 우리 세대는 농촌사회에서 도시사회로 이동했으며, 대량으로 생산된 옷을 입고 대량 보급된 주택에서 살면서 학생 수가 많은 학교에서 교육을 받았다. 이러한 생활양식은 헨리 포드가 살던 시대와 그가 만들어낸 변화에 의해 규정된 바가 많다고 느낀다. 포드는 미국 중북부 디트로이트 일대에 새로운 세계를 건설했다. 그리하여 미국식 삶은 물론 전세계적으로 20세기적인 생활양식의 토대를 만드는 데 결정적인 기여를 했다.

●
3저 호황

1986년부터 1988년까지 저달러·저유가·저금리라는 '3저 현상'에 기반하여 한국 경제가 유례없는 호황을 누린 것을 가리킨다.

포드는 1863년 디트로이트 서쪽의 농촌 마을 디어본Dearborn에서 태어났다. 그의 부친은 아일랜드 기근을 피해 신대륙으로 이주한 농장주였다. 포드는 열두살에 운명적인 두가지 사건을 경험했다. 하나는 아버지로부터 회중시계를 선물받은 일이다. 그는 이후 시계에 탐닉하여 수많은 시계를 분해하고 조립하기를 반복했다. 다른 하나는 아버지와 마차를 타고 읍내에 나갔다가 바퀴 위에 간단한 엔진과 보일러를 얹고 수레를 끄는 증기자동차를 목격한 일이다. 어린 포드는 자기도 모르게 마차에서 뛰어내려 자동차로 달려갔고, 이후 '말이 끌지 않는 마차'를 만들겠다고 굳게 다짐했다.[8]

포드는 어머니가 사망한 1876년에 대도시인 디트로이트로 가출하여 기계견습공으로 취업했다. 솜씨 좋은 기술자로 명성을 떨치다가 아버지가 병이 들자 1882년 고향에 돌아왔다. 이후 10년간 증기기관 회사 웨스팅하우스Westinghouse의 기계조작 시범과 수리를 전담하는 지방책임자로 활동했다. 이 시기에도 포드는 자동차에 대한 꿈을 키우고 있었다. 1888년 클라라와 결혼하면서 차린 신혼집 오두막에 가솔린 엔진 개발을 위한 실험실을 마련하기도 했다. 포드는 자동차를 만들려면 전기에 대한 지식이 필요하다는 것을 느끼고 1892년 디트로이트의 에디슨 조명회사에 취업했다. 그는 발전용 설비조명을 만드는 곳에서 일하면서도 가솔린 엔진 개발에 몰두했고, 1896년에는 '포드 1호' 자동차를 완성했다. 그러나 주위 사람들은 가볍고 앙상해 보이는 포드의 자동차를 무시했고, 오직 에디슨만이 포드를 이해하고 격려했다고 한다. 기술자로서의 경력이 쌓이자 에디슨사는 포드에게 회사 전체 업무를 책임지는 감독직을 제안했으나, 포드는 안정된 직장을 포기하고 미래가 불투명한 자동차산업에 투신했다.

당시 자동차산업은 극심한 모험산업이었다. 1900년부터 1908년까지 미국에서는 500개가 넘는 자동차 제조업체가 생겼다 사라졌다. 1899년 포드는 12명의 투자자와 함께 디트로이트 자동차회사를 설립했으나, 투자자들과 생각이 달라 결별했다. 그는 다시 새로운 투자자를 모집하여 헨리 포드 자동차회사Henry Ford Co.를 설립했다. 그러나 불과 넉달 만에 포드가 축출되고 대신에 헨리 릴랜드Henry Leland가 영입되었다. 이 회사는 후에 릴랜드가 개발한 모델에 따라 캐딜락 자동차회사로 변경되었다. 1903년 포드는 석탄상인이던 알렉산더 맬컴슨Alexander Malcomson과 손을 잡고 포드 자동차회사Ford Motor Co.를 설립했다. 포드 자동차는 A형 모델을 출시하여 이익을 냈지만, 맬컴슨 역시 다른 디트로이트의 투자자들과 마찬가지로 고급형 자동차 생산을 고집했다. 포드는 저렴한 대중용 자동차를 개발하겠다는 소신을 꺾지 않았고, 결국 맬컴슨과도 결별한다. 포드는 맬컴슨의 지분을 인수한 뒤 자신이 생각하는 자동차를 만들기 위해 실험을 계속했다. 이 과정에서 나온 것이 A, B, C, F, K, N, R, S형의 8개 모델이다.

포드는 1906년 겨울부터 2년간 T형 모델을 고안하고 설계하는 데 몰두했다. 당시 그는 "대중을 위한 자동차를 생산할 것"이라고 선언했다. 마침내 1908년 10월 20마력의 4기통 엔진과 2단 변속기를 갖춘 T형 모델이 출시되었다. T형 모델은 동력장치·프레임·앞차축·뒤차축으로 단순하게 구성되는 자동차의 구조를 완성했다. 단순성을 강조한 포드는 1909년에는 오직 T형 한 모델만을 제작할 것을 선언했다.[9] 1908년부터 1911년까지 포드 자동차는 비약적으로 성장했다. 공

하이랜드파크의 포드 자동차 공장 생산 라인 ⓒHenry Ford Museum

장부지는 3244평에서 3만 9174평으로, 직원 수는 1908명에서 4110명
으로, 차 생산량은 6000여대에서 3만 5000대 가까이 급증했다.[10]

　T형 모델의 성공으로 포드 자동차는 1910년 디트로이트 북쪽 하
이랜드파크에 4층짜리 공장을 신설했다. 공장 건물은 제작공정이 쭉
이어지도록 설계했다. 4층에서 차체를 제작해 3층으로 내려오면 바
퀴에 타이어를 부착하고 도장 작업을 수행한다. 이어 2층에서 조립
을 마치고 1층에서 검사가 이루어진다. 이후 하이랜드파크 공장에서
는 자동화 작업이 추진되었다. 포드는 시카고 여행 중 도축장에서 도
살한 소를 손수레로 이동시키면서 부위별로 고기를 발라내는 모습을
관찰했다. 이에 착안하여 그는 유사한 기능을 가진 기계들을 그룹별
로 묶어 1913년부터 1914년까지 컨베이어 벨트로 연결된 조립라인을
구축했다. 그럼으로써 생산공정의 연속화를 완성했다.[11]

1913년 8월 하이랜드파크의 포드 자동차 공장에서 하루 동안 생산된 T형 자동차 ⓒFord Images

이렇게 포드가 T형 모델과 하이랜드파크 공장을 완성해가던 때 미국은 '혁신주의(진보주의) 시대' 한가운데를 지나고 있었다. 당시 미국 대통령은 윌리엄 태프트William Taft였다. 그는 1905년 시어도어 루스벨트Theodore Roosevelt 대통령의 특사로 일본과 카쯔라-태프트 밀약을 체결한 바 있었다. 제27대 대통령(재임 1909~1913)을 지내면서 애리조나와 뉴멕시코를 합병했으며, 80여건의 반독점 소송을 진행시켰다. 미국은 외부로 영토를 확장하면서 내부로는 여러 개혁과제, 이를테면 사회복지의 증진, 도덕개혁의 촉진, 효율성의 강화, 경제개혁·정부개혁 등의 문제로 씨름하고 있었다.

포드와 포드의 성과는 이러한 미국 혁신주의의 핵심 구성요소였으며, 이후 포드 자동차의 쇠퇴와 함께 미국의 '혁신주의(진보주의) 시대'도 저물어갔다. 포드는 워낙 개성이 강한 인물이었고 T형 모델에

혁신주의 또는 진보주의 시대

미국 역사에서 '혁신주의(진보주의) 시대'는 흔히 1890년대부터 1920년에 이르는 시기, 또는 1890년대부터 1차 대전 또는 대공황 이전까지를 포괄하는 시기를 지칭하며, 불확실성·사회적 행동주의·정치 개혁 등을 특징으로 한다. 이 용어는 그 이전의 '도금 시대'와 대비되는 이미지를 지니고 있다. '도금 시대'는 대략 1870년대부터 1900년에 이르는 시기로 심각한 사회문제를 얇게 도금하여 가렸다는 풍자적 표현이다.

도금 시대에는 산업화에 따른 극적인 사회적·경제적 변화가 이루어졌으며 '강도 남작'robber baron으로 지칭되는 거대 부호계층을 탄생시켰다. 산업화로 형성된 부와 앵글로색슨과 개신교 네트워크가 단단한 지배계급을 형성했으며 중앙과 지방의 정치를 장악했다. '혁신주의(진보주의)'를 표방하는 개혁운동은 도시의 정치 보스와 부패한 '강도 남작'을 표적으로 하면서 활성화되었다. 혁신주의(진보주의)는 부패한 대의정치를 대체하여 직접민주주의를 수립하고, 독점자본가를 제약해 소비자 이익을 위한 경쟁을 촉진하는 반독점법 수립을 추진했다.

특히 중앙보다는 지방 정치가 부패한 보스 정치와 정치기구에 의해 장악되어 있었기 때문에 많은 행동주의자들이 지방정부 개혁운동에 참여했다. 그밖에도 여성 참정권 운동과 공적 교육·식품·의약·재정·보험·산업·철도·교회 등을 개혁하려는 움직임이 활발했다. 한편 사회 모든 분야에 좀더 근대적인 방법을 도입하는 효율성 촉진 운동이 전개되었다. 개혁가들은 낭비와 비효율을 초래하는 낡은 방식을 과학적·의학적·공학적 해법으로 대체하고자 했다. 테일러주의나 포드주의는 혁신주의(진보주의) 시대를 대표하는 과학적 관리 운동이라 할 수 있다.

혁신주의(진보주의) 운동은 법률가·과학자·사업가 등 중산계급의 지지를 업고 처음에는 지방 차원에서 시작되었으며 점차 주나 전국 차원으로 확대되었다. 혁신주의(진보주의) 운동의 대표적인 정치 지도자는 공화당의 시어도어 루스벨트(대통령 재임 1901~1909)와 민주당의 우드로 윌슨(대통령 재임 1913~1919)이었다.

20세기 초의 혁신주의(진보주의) 운동과 개혁정치는 20세기 미국 자유주의의 골격을 형성했다고 할 수 있다. 미국 혁신주의(진보주의) 시대에 대한 평가는 크게 두가지 방향에서 이루어졌다. 일반적으로는 개혁적·민주적 성격을 강조하는데, 이 시대의 자유주의적 개혁정치가 대기업과 금권세력에 반대하는 민중의 개혁운동을 대표했다는 것이다. 한편 수정주의 시각에서는 기업 자본주의의 편에서 체제 모순을 극복하고 성장과 효율을 촉진하는 보수적 성격을 지닌 것으로 평가하기도 한다.

Danzer, Gerald A. et al. *The Americans*, Evanston: McDougal Littel Inc. 2000; 심인보 「혁신주의 시대 신국민주의의 성격」, 『미국사연구』 23, 한국미국사학회 2006.

대한 집착이 완고했다. 디자인과 승차감을 개선한 GM이 성장하면서 1920년대 중반부터 포드 자동차는 주변으로 밀려났다. 독재적이고 보수적인 노동자 관리로 포드 자동차에는 1941년까지 노동조합이 결성되지 못했다. 포드는 보수적인 정치적 신념을 지닌 인물이었다. 고립주의 외교를 지지했고, 노골적으로 반유대주의를 옹호했다.

그럼에도 포드는 1947년 83세로 사망할 때까지 자수성가형 부자로서 대다수 미국인들에게 미국적 신화를 이룩한 영웅으로 인식되었다. 포드는 "역사가 인간에게 이렇게 친절했던 적도 없었다"는 평가를 받을 정도로 당대에 대중적 숭배가 대단했던 인물이다.[12]

4_더 많은 사람들이 더 싸게 살 수 있는 씨스템

포드주의는 여러가지로 정의된다. '특별한 기계와 비숙련 노동력을 이용하여 대량의 표준화된 생산물을 제조하는 것'으로 정의되기도 하고 '일관작업 생산방식, 기술적 분업, 부품 및 생산물의 표준화에 바탕을 둔 대규모 경제 추구'로 정의되기도 한다. 또 '표준화된 저비용 재화를 생산하고 그 재화를 구입할 만한 임금을 제공하는 제조업 씨스템'이라는 정의도 있다.[13]

포드주의를 노동자에 대한 자본가의 통제 강화라는 맥락에서 인식한 것은 맑스주의 전통에서다. 포드주의라는 용어 자체를 이딸리아 사회주의자인 그람시Antonio Gramsci(1891~1937)가 1930년대에 처음 언급하기도 했다.[14] 그러나 자본가의 통제가 노동자에게 불이익을 초래한다는 인식에 대해서는 포드 자신이 강력히 반박한 바 있다. 그는 다음과 같이 말했다.

하루 8시간 같은 동작을 반복하면 신체에 이상이 온다는 (…) 그런 사례는 단 한건도 접한 적이 없다. 직원들이 이동시켜달라고 청하면 언제든지 그렇게 해준다.

우리는 항상 신체장애자들과 함께 일한다. (…) 조사 결과 공장에는 7882가지의 작업이 있다. (…) 7882가지의 작업 중 4034가지는 모든 신체능력을 다 요구하는 일이 아니다.[15]

그람시와
포드주의

안또니오 그람시는 이딸리아의 사회주의 사상가다. 그는 1891년 싸르 데냐 정부관리의 집안에서 태어났다. 1911년 또리노 대학에 입학했으며, 1913년 이딸리아 사회당PSI에 입당하여 사회주의 운동가로 활동하기 시작했다. 1921년 이딸리아 공산당을 창당했으며, 1924년부터 1926년까지 이딸리아 공산당의 실권을 장악하게 된다. 무솔리니 정부에 의해 1926년 체포되었고 1937년 옥중에서 사망했다.

그람시는 투옥 중에 역사와 정치에 대해 분석한 30여권의 노트를 남겼는데, 이것이 『옥중수고』라고 알려졌다. 그람시 이전의 맑스주의자들이 주로 자본주의의 모순과 실패를 분석했다면, 그람시는 자본주의 사회가 안정화되는 원인을 탐구했다. 대표적인 글은 「현대의 군주」 「국가와 시민사회」 「미국주의와 포드주의」다. 여기서 시민사회, 헤게모니, 그리고 포드주의 같은 독창적이고 중요한 개념들이 제시되었다. 그람시가 말하는 시민사회는 여러 계급·집단의 이익이 추구되고 갈등이 전개되는 공간이며, 헤게모니와 대항 헤게모니가 경합하는 영역이다. 자본주의 지배는 지배계급의 강압만으로 이루어지지 않으며, 시민사회에서 피지배계급의 자발적 동의라는 형태로 헤게모니를 장악해 나간다. 그에 따르면, 20세기 전반 미국에서 시작된 포드주의는 바로 이러한 강압과 동의의 새로운 형태다. 미국주의로서 포드주의는 테일러주의를 통해 노동자의 생산을 합리화하고 고임금 등을 통해 노동자의 생활을 합리화하려는 자본주의의 새로운 기획이자 양식이라는 것이다.

미국식 기술주의는 1910~20년대에 '혁신주의(진보주의)' 기획으로 크게 부상했고 이는 국가사회주의 체제 형성에도 영향을 미쳤다. 그러나 이는 대공황 시기를 거치면서 유토피아적 비전에서 멀어져갔다. 그람시의 포드주의에 대한 평가는 포드주의의 진보적 측면이 퇴색하는 추세를 반영하고 있다. 그리고 20세기 후반으로 갈수록 포드주의에 대한 비판적 관점은 더욱 강화된다.

안토니오 그람시 『그람시의 옥중수고 1』, 이상훈 옮김, 거름 2006.

나는 포드주의를 정의할 때 포드 스스로 중시한 점을 좀더 면밀히 살펴볼 필요가 있다고 생각한다. 포드주의는 당대의 열광, 그리고 이에 대한 후대의 반작용이 함께 반영된 개념이다. 따라서 후대의 시각만으로는 그 개념의 최초 모습을 파악하기 어렵다. 포드는 사업이 써비스라는 점을 누누이 강조했다. 그에게 가장 중요한 가치는 대중적소비다. 그래서 사업의 목적은 소비를 위한 제품을 만드는 것이지 돈이나 투기를 위한 것은 아니라고까지 말한다. 그가 추구하는 단순함은 결국 소비자에게 최고의 써비스와 편리한 사용감을 제공하기 위한 것이다. 불필요한 것을 제거하고 필요한 것을 단순화해 제작비용을 절감하면 다수 대중의 소비를 일으킬 수 있다. 최고의 제품을 만들 수 있을 때까지 충분히 실험한 후 제작에 들어가는 것도 마찬가지 이유에서다.[16] 이러한 점에서 포드주의는 간결하게 '다수 대중의 소비를 지향한 생산씨스템'으로 정의할 수 있다. 여기에는 조직씨스템과 기술씨스템이 중요한 구성요소가 된다.

포드는 T형 모델을 설계하면서 대중 소비를 위한 자동차를 생산하겠다고 선언했다. 그는 한가지 모델만을 대량으로 생산함으로써 생산성을 높이고 가격을 낮추고자 했다. 이때 원가 절감을 위해 새로운 생산조직을 구축했다. 테일러주의나 컨베이어 벨트 씨스템은 이미 다른 곳에서도 도입되고 있었다. 그러나 노동자들은 여전히 다용도 기계를 기능별·그룹별로 사용하며 작업 단계별로 직접 이동하면서 작업하고 있었다. 포드는 공정을 더욱 세세하게 분할하고 각 공정에 꼭 맞는 단일 용도의 기계를 개발했다. 그리고 이 기계를 공정 순서대로 배치해 컨베이어 벨트로 각 공정을 연결하도록 했다. 포드는 자동차 생산 공정을 시계의 톱니바퀴처럼 맞물리게 하여 공정과 공정 사이의 비연속적 단계를 최소화한 것이다.[17]

포드가 구축한 고용·임금 씨스템도 원가 절감을 위한 것이다. 포드는 부품공장을 때로는 농촌지역에서 운영했는데, 이는 저렴한 비용으로 미숙련 노동력을 확보하는 방법이었다. 포드는 1914년 전격적으로 5달러 일당, 8시간 노동제, 1천만 달러의 연말 이익분배금 지급을 선언했다. 당시 다른 제조업체는 9시간 노동제에 평균 일당이 2.34달러 수준이었다. "맑스 대신 포드를!"이라는 환호가 나올 지경이었다. 그러나 이는 이민노동자가 다수이고 이직률이 높은 미국 노동시장의 조건을 감안한 것이었다. 포드사는 380퍼센트에 달하는 이직률을 낮춤과 동시에 비인간적인 작업장 분위기에 대한 비판을 누그러뜨리는 효과를 거둘 수 있었다. 포드는 훗날 "일당 5달러는 우리가 고안해낸 최고의 비용감축 조치 중 하나였다"라고 회고했다.[18]

5_포드주의의 확산

포드주의는 자동차산업을 통해 미국의 산업과 도시의 양식을 창출했다. 포드는 지식체계도 변화시켰다. 포드의 혁신은 많은 것을 알지 않아도 생산적일 수 있도록 지식과 숙련을 분리하는 방식으로 이루어졌다. 포드사는 미시간 호수를 따라 존재하던 다수의 조립부품업체를 수직적으로 통합한 거대한 자동차회사로 성장했으며, GM과 크라이슬러 등이 그 뒤를 이었다. 19세기 말 소규모 혁신가들의 활동

무대였던 디트로이트는 포드의 대량생산 체제에 의해 단일 산업도시의 전형으로 자리 잡았다.

이러한 흐름은 미국을 넘어 다른 산업국가들로 이어졌는데, 나라마다 특유의 변용과정을 거쳤다. 영국에서는 포드 자회사가 지배적 기업으로 성장하지 못했고 포드주의의 미국식 생산씨스템 도입이 순조롭지 않았다. 영국과 미국은 시장·기업·노동자의 특성에 차이가 있었다. 영국의 시장수요는 제한적이었고, 평등하기보다는 위계적 전통이 강해 소비자들은 다양한 고급모델을 선호했다. 가족기업을 중심으로 한 기업문화 때문에 전문적인 관리자층이 제대로 육성되지 않았다. 영국에서는 미국에 비해 조직노동자들의 저항 강도가 높았으며 노동자들이 작업장 통제권을 지니고 있었다. 이런 조건에서는 대량생산 체제의 혁신적 생산성 증대 효과가 잘 나타나지 않았다. 이에 따라 영국에서 포드주의는 노동자의 통제권을 어느정도 인정하고 성과급에 따라 동기를 유발하는 방식으로 변용되었다.[19]

미국에 앞서 먼저 산업화의 길을 간 영국보다 독일이나 구소련에서 포드주의에 더 열광하는 모습이 나타났다. 포드가 제시한 톱니바퀴처럼 맞물려 돌아가는 공장과 사회에 대한 비전은 이들 후발 산업국에서 인기가 있었다. 독일에서는 포드주의에 대한 열광이 극단적인 형태로 나타났다. 1920년대 독일은 계몽주의적 이성과 프랑스혁명의 정치적 가치를 부정하면서 근대 테크놀로지를 독일 문화의 본질적 요소로 통합하려는 '고도의 테크놀로지적인 낭만주의'가 풍미했다. 포드는 금융자본·대도시·대중문화·자유주의적 정치문화를 혐오했으며, 대안적 근대로 포드주의와 낭만적 농촌 산업공동체를 제시했다. 이러한 포드의 비전은 바이마르 공화국에서 열풍을 불러일으켰고 나치즘에는 더 직접적으로 강한 영향을 미쳤다. 히틀러는 포드의 T형 자동차를 모델로 하여 '국민차'(폭스바겐Volkswagen) 프로젝트를 추진했고, 1938년에는 포드에게 대중을 위한 자동차를 개발한 공로로 '독수리 대십자가 최고훈장'을 수여했다.[20]

구소련의 사회주의 건설과정에서도 포드주의와 테일러주의가 호의적으로 인식되었다. 알렉세이 가스쩨프Aleksei Gastev(1882~1939) 같은 이는 러시아 맑스주의의 흐름에서 새로운 노동관계를 창출하려는 열망의 표현으로 테일러주의를 도입했다. 새로운 산업인프라를 건설하는 데 미국의 엔지니어들이 참여했으며, 제1차 5개년계획과 집권적 계획경제의 개념에는 테일러주의의 영향이 직접적으로 작용했다. 레닌은 어려운 경제여건을 타개하기 위해 순발력 있게 테일러주의를 도입했다. 스딸린은 "러시아의 혁명적 청소와 미국적 효율성의 결합이 레닌주의의 핵심"이라고 언급했다. 쏘비에뜨에서도 과학적 관리와 대량생산 체제는 인기를 누렸다. 미국주의는 테일러주의와 포드주의의 결합을 의미하는 것으로 받아들여졌고, 이는 쏘비에뜨 건설에 적극 도입될 만한 것이었다.[21]

6_포드주의는 끝났는가

미국의 '진보'는 포드 같은 사업가들이 만든 대량생산 씨스템과 산업도시들에 의해 이루어졌다. 그런데 1970년대 전반 오일쇼크 이후 스태그플레이션과 실업이 나타나자 포드주의의 위기가 거론되었다. 포드주의의 위기는 20세기를 지탱하던 자본주의 씨스템이 변형되고 있다는 전망으로 연결되었다. 포드주의적 생산체제에 기반한 사회 운영방식이 전면적인 재편과정에 들어갔다는 것이다. 특히 미국에서 포드주의가 '포스트 포드주의'로 변형되었다는 논의가 많다. 포스트 포드주의의 특징으로는 탈공업화, 설계와 지식 집약적인 유연한 생산방식, 개별화·다양화한 소비양식, 포스트모던한 문화양식, 복지국가를 대체한 보수주의 국가정책 등이 주로 이야기된다. 그렇다면 이제 포드주의는 끝나고 포스트 포드주의가 시작된 것인가?

포스트 포드주의의 핵심이 무엇인지에 대해서는 아직 뚜렷한 합의가 이루어지지 않았다. 물론 여러 주장이 있다. 조절이론에서는 달러-월스트리트 체제의 '금융자본이 주도하는 유연한 축적모델'이 핵심이라고 한다. 대도시의 변화에 주목하여 생산의 집적이라는 공간적 결과로서 '신新산업공간'을 중시하기도 한다. 정보기술혁명을 강조하여, 정보를 통해 발전하는 새로운 패턴을 지닌 사회적·기술적 조직을 근본 요소로 꼽기도 한다.[22]

내가 보기에 포드주의와 포스트 포드주의 사이에 중첩되는 영역은 아직 상당히 넓다. 포스트 포드주의라고 부를 수 있는 현상은 많지만, 그것이 포드주의를 대체하는 생산씨스템이라는 실체로 확립되었다고 보기는 어렵다. 디트로이트 공장은 쇠락했지만 포드주의는 지역적 또는 산업적으로, 다양한 방식으로 응용·변형되고 있다고 보는 것이 합당하다. 서구 학자들은 주로 뉴욕이나 런던의 산업 및 공간의 재구조화를 보면서 포스트 포드주의를 생각하겠지만, 사실 동아시아에서는 포드주의의 변형·재편이 활발히 일어나고 있다.

미국에서 형성된 포드주의가 영국·독일·소련으로 확산되던 시기에, 동아시아에서도 포드주의를 학습하고 있었다. 당시 중국의 경우 상하이와 만주에서 두가지 유형의 산업화 패턴이 형성되었다. 상하이 조계지에서는 경공업과 무역·금융업을 두고 외국자본과 민족자본이 경쟁했다. 만주 지역에서는 일본 정부와 남만주철도주식회사의 주도로 중공업이 발전했는데, 이는 포드주의에 대한 당시 전세계적인 전파와 열광의 연장선이라 볼 수 있다.

전후 일본이나 한국의 국가주도 발전모델은 만주의 사례를 참고했음을 부인할 수 없다. 중국의 개혁·개방 또한 일본·한국·대만의 산업화 사례를 참고했을 것이다. 1990년대 이후 급속히 진전된 글로벌 생산 네트워크에는 특히 동아시아 각국의 위계적 대기업들이 집중적으로 참여했다.[23] 동아시아에서는 포드주의적 성장을 추구하는 대기업 씨스템이 여전히 강력한 기반을 갖고 있다.

그러나 오늘날 우리 사회를 보면 포드주의 씨스템 안팎의 격차가 크고 씨스템 안의 비효율도 심한 편이다. 따라서 국가나 사회공동체가 대기업 체제를 보완하는 역할을 해야 하는 동시에, 대기업 내부의 생산·고용 씨스템, 대기업과 중소기업의 관계, 대기업을 둘러싼 여러 이해당사자의 재조정 등 대기업 체제 자체에도 개선해야 할 과제가 많다. 포드주의는 여전히 힘을 지니고 있으며, 새로운 적응과 혁신의 가능성도 남아 있다고 할 수 있다.

10장

협동하는 혁신조직

몬드라곤

1_작고 민첩한 조직들

내가 재직하는 학교에서 겪은 일이다. 한번은 어느 학생이 체 게
바라Che Guevara(1928~1967)가 그려진 티셔츠를 입고 있기에 누군지 아
느냐고 물었다. 학생은 쭈뼛쭈뼛했다. 집에 와서 아이들에게도 물었
더니, "아휴, 그냥 멋있잖아요. 색깔하고 프린팅이 좋으니까 입는 거
죠"라는 답변이 돌아왔다. 졸지에 숙맥 같은 이가 되고 말았다. 체 게
바라가 하나의 디자인 아이콘이 된 것을 이해 못하는 바는 아니지만,
그래도 이어지는 감회를 어쩔 수 없었다.

내 대학 시절 공부는 경제사와 혁명사가 상당 부분을 차지했다. 경
제학과의 정규수업 과목은 신고전파 이론 위주로 짜여 있었지만 경
제사 과목도 여러개 개설되어 있었다. 동아리나 학과에서 활동의 많

은 부분이 학생운동을 위한 학습 세미나에 할애되던 시절인데, 고학년 프로그램에서는 정치경제학과 혁명사 비중이 높은 편이었다. 개인적인 관심도 있어서 러시아·프랑스·중국·베트남·꾸바 혁명사를 두루 공부했다. 일본어 문헌을 통해 조각조각 살펴본 것이 많아서 체계적이라 할 수는 없지만, 이러한 공부 경험을 통해 한가지 이론에 매몰되는 독단에 빠지지 않고 다양한 경로를 탐색해볼 수 있었다.

각자의 실정에 맞는 '자기 집'을 짓는 것이 중요하다는 생각은 그때부터 하게 된 것 같다. 순수한 시장주의만큼 순수한 국가주의도 위험함을 어렴풋하게나마 생각한 것도 각국 사정에 대한 이해 덕분이었다. 모든 게 '정통'의 기준에서 재단되던 시기에 부하린Nikolay Ivanovich Bukharin(1888~1938)의 '균형'론이 여기저기서 치이는 것이 안타까웠다. 어떤 친구는 내게 '부하린'이라는 별명을 붙여 놀리기도 했다. 러시아혁명 과정에서 부하린은 레닌에게도 비판을 받았고 나중에는 스딸린과 대립하여 숙청당하고 말았으니, 그 별명은 당시에는 야유에 속하는 것이었다.

당시 내가 특히 관심을 가진 것은 꾸바의 사례였다. 체 게바라는 아르헨띠나의 의사 출신으로 까스뜨로Fidel Castro(1926~)와 함께 꾸바 혁명에 참여해 친미정권을 전복하는 데 성공했다. 그는 국립은행 총재와 외교관 등을 지내며 꾸바혁명과 건설의 브레인으로 활동하다가 다시 아프리카와 남미 혁명의 길에 나섰다. 결국 볼리비아 밀림에서 생포되어 바로 총살당했다. 체 게바라의 영웅적인 삶과 죽음은 매력적이었지만, 배경이 된 꾸바의 아바나Havana와 안데스 산맥은 나에게 너무 이국적인 공간이라 현실로 다가오지는 않았다. 그보다는 레지

레지 드브레

레지 드브레는 프랑스 태생의 철학자이자 저널리스트다. 젊은 시절 꾸바혁명에 참가하여 유럽의 혁명적 낭만주의의 물결을 일으키는 데 기여했다. 1960년대 후반 꾸바 아바나 대학의 철학 교수를 지냈고 볼리비아에서 게릴라 투쟁을 벌이던 체 게바라의 동료로 활동했다. 드브레가 쓴 『혁명 속의 혁명?』*Revolution in the Revolution?*이라는 책은 1967년 10월 빠리와 뉴욕 등 세계 각지에서 출판되었다. 이 책은 라틴아메리카의 사회주의 무장운동의 전략과 전술을 분석한 것으로, 체 게바라의 게릴라전에 관한 견해를 대변하는 핸드북으로 받아들여졌다.

드브레는 1967년 4월 볼리비아 정부에 의해 체포되었으며, 같은 해 10월 체 게바라도 체포되었다. 드브레는 볼리비아에서 30년형을 선고받았으나, 싸르트르·말로·드골 등이 참여한 운동과 프랑스 정부의 노력에 힘입어 3년 만에 석방되었다. 이후 칠레로 건너가서 사회주의 정권을 수립했던 쌀바도르 아옌데와 인터뷰를 한 후 『칠레혁명』*The Chilean Revolution*을 집필했다. 1973년 칠레에서 삐노체뜨 장군이 주도한 우익 군사쿠데타가 일어나자 프랑스로 귀국했다.

프랑스로 돌아간 후 드브레는 복잡한 행로를 보였다. 1970년대에는 학자로 돌아가 철학서나 소설 등을 썼다. 1980년대에는 사회당의 프랑수아 미떼랑 대통령에게 발탁되어 고문으로 일했다. 정부에서 제3세계 관련 일을 한 것은 체 게바라의 동지로서는 뜻밖의 일이었다. 체 게바라의 체포와 관련해 의혹이 일기도 했다. 1990년대에는 권력학·종교학·미디어학을 결합한 것으로 볼 수 있는 매개학mediology 또는 이미지론 연구를 개척했다. 사회당의 조스뺑 대신 우파인 시라끄 지지 선언을 하기도 했으며, 좌파당에 대한 열렬한 지지자가 되기도 했다.

박명진 「진보와 아방가르드의 붕괴, 그리고 새로운 시간성의 가치─레지스 드브레와의 대담」, 『사상』 48, 사회과학원 2001. 3.

드브레Régis Debray(1940~)가 전개한 이론에서 느끼는 바가 더 많았다.

많은 이들이 레지 드브레를 맑스주의 철학자 알뛰세르Louis Althusser (1918~1990)가 쓴 편지에 등장하는 이름으로 기억할 것이다. 알뛰세르는 촉망받는 제자 드브레가 체 게베라를 따라 밀림의 게릴라 전사가 되자 그를 안타깝게 생각하여 여러통의 편지를 보낸 바 있다. 드브레와 알뛰세르의 관계, 체 게베라와 함께 체포된 후 살아남아 석방된 사건, 다시 프랑스 철학계로 복귀한 이야기 등에 대해 알게 된 것은 훨씬 뒤의 일이다. 일본어 문헌을 통해 접한 드브레의 글 가운데 지금도 선명하게 기억나는 것은 '포꼬'foco라는 에스빠냐어 단어다. 포꼬는 작은 규모의 민첩한 움직임을 지닌 네트워크의 포커스focus에 해당하는 것으로, '형태를 갖추지 않은 형태' '조직적 질서를 갖추지 않은 조직'을 의미한다. 유격화된 소규모 활동단위는 위계화된 대규모 조직구조의 위험을 피할 수 있다는 장점이 있다.

지금 돌이켜보면 혁명을 통해 자본주의를 대체하려 했던 사회주의 국가들도 사실은 극단적인 대기업 체제를 추구하는 것이나 다름없었다. 현실의 국가사회주의는 체 게바라나 드브레의 게릴라 활동과는 거리가 멀었다. 대규모 기업체제 안에서 게릴라 활동을 장려한 것은 오히려 이단적인 경영전략가였다. 미국의 경영전략가 게리 하멜●은 '게릴라' '반역자' '혁명의 시대' 같은 '과격한' 단어를 사용해 씰

●
게리 하멜 Gary Hamel(1954~)

미국의 경영컨설팅 전문가로 비즈니스 전략의 세계적 권위자로 손꼽히고 있다. 어떤 기업을 시장에서 차별적인 존재로 부각시킬 수 있는 자원과 기능의 조화로운 결합을 의미하는 '핵심역량'(core competencies)이라는 유명한 경영학 개념을 고안해낸 바 있다.

리콘밸리 모델을 지지한 바 있다. 그에 의하면 기업의 반역자는 행동주의적 게릴라이며 충성스러운 반대자다. 그들은 파괴보다는 개혁을 추구한다. 그들은 책임감 있는 성원으로 행동하며, 대안적 아이디어나 변혁의 원천이기도 하다.[1]

역사적 사회주의가 결국 대규모 생산체제 일변도로 치달은 것은 자발적 협동조합의 전망을 억압한 것과 궤를 함께한다. 러시아혁명을 이끈 레닌은 혁명이 성공하기 전에는 농민층이 부농과 빈농으로 양극화되고 여기서 프롤레타리아 계급이 창출될 것이라고 주장했다. 1917년 러시아혁명 이후 레닌은 소농업·소기업을 활성화하려는 신경제정책을 추진했다. 그는 협동조합에도 깊은 관심을 표했다. 그러나 스딸린은 1920년대 말 독재체제를 수립하면서 집권적 국가사회주의의 길로 나아갔다. 뜨로쯔끼를 추방하고 부하린을 처형함과 동시에 급진적 방식으로 대공업과 대농업을 형성하고자 했다. 협동조합을 통해 농촌가족경제를 발전시키려 한 차야노프Alexandre V. Chayanov(1888~1937)는 농업집단화 와중에 체포되어 노동캠프로 보내졌다가 처형당했다. 결국 사회주의 혁명은 강력한 국가적 통제장치를 만들어냈고 이는 자발적 협동조합을 철저히 억압하는 것으로 귀결되었다.

비자본주의적인 협동조합은 오히려 자본주의 체제 속에서 살아남았다. 예컨대 에스빠냐의 몬드라곤에서는 협동과 혁신을 결합하며 대규모 생산체제를 협동조합 안으로 포섭하는 '기적'을 이루기도 했다. 이들은 이전의 격렬한 혁명가들과는 다른 아이디어와 행동방식을 지닌 고요한 혁신가들이었다.

알렉산드르 바실리예비치 차야노프는 러시아의 농업경제학자로 비자본주의적 농민경영의 작동방식과 지속적 생존능력에 대한 체계적 이론의 완성자로 유명하다. 러시아혁명 전부터 1920년대 말까지 활발하게 활동하여 러시아 안팎에서 명성을 지녔다. 그의 협동조합론은 1920년대 말 이후 러시아에서 전개된 농업집단화와 대립하는 것이었고, 결국 그는 1930년 '근로농민당'을 결성한 혐의로 체포·투옥되어 1937년 대숙청 와중에 처형되었다. 1950~60년대 이래 서방에서는 그의 이론이 크게 각광을 받았고, 구소련의 뻬레스뜨로이까가 진전되면서 러시아에서도 1987년 이후 법률적·학문적으로 완전히 복권되었다.

러시아에서는 19세기 말부터 협동조합 운동에 대한 관심이 고조되었다. 인민주의자들은 맑스주의자들에 비해 협동조합에 우호적이었고 점차 협동조합을 사회주의화의 방도로 인식하였다. 차야노프도 활동 초기인 1908년경부터 협동조합을 중시했으며, 레닌이 주도한 1920년대 신경제정책 말기까지 협동조합을 육성·발전시키려는 노력을 기울였다. 이러한 노력은 스딸린 집권 이후 중단되었는데, 고르바초프 집권 시기에 차야노프 그룹과 부하린 등 볼셰비끼 우파의 작업 속에서 정책적 해결을 모색하는 경향이 나타났다. 이후 1991년 이후 러시아에 전면적 자본주의 시장경제가 도입되면서 차야노프와 레닌의 협동조합 구상의 접합점에 대한 비판이 다시 제기되기도 했다.

차야노프의 농민경제론에 의하면, 가족적 농민경영의 주요 원리는 외적인 경제적 조건 변화와는 거의 무관하게 작동한다. 농민경영에 영향을 미치는 요인은 시장도 아니고 토지소유제도 아닌 인구밀도다. 자본주의는 농민경영에 외부적으로 영향을 미친다. 농업 부문은 자연조건으로 말미암아 생산의 대규모 확대가 일어나지 않고, 농민의 외적 독립성이 유지되는 가운데 상업자본은 농민을 위장된 임금노동자처럼 만든다. 농업 부문에서는 자본에 의한 집중이 수평적 형태(공간적 집중)가 아니라 상인과 농민 간의 수직적 형태로 진행되므로 이에 대한 투쟁도 상인의 착취에 맞서는 수직적 형태, 즉 협동조합의 형태로 이루어져야 한다는 것이다.

한정숙 「알렉산드르 차야노프의 농민경제론과 농민협동조합론」, 『서양사론』 47, 한국서양사학회 1995; 김수석 「차야노프의 '농촌가족경제' 이론에 대한 한 연구」, 『농촌사회』 4, 한국농촌사회학회 1994.

2_FC 바르셀로나, 아틀레틱 빌바오, 그리고 몬드라곤

에스빠냐는 축구 팬들에게는 흥분을 안겨주는 나라다. 에스빠냐 축구의 양대 산맥은 FC 바르셀로나와 레알 마드리드라는 클럽 팀이고 이들이 에스빠냐 국가대표 팀의 주축을 이룬다.[2] 이 두 팀의 맞대결을 전통의 승부라는 의미의 '엘 끌라시꼬'라고 하는데, 이들의 승부는 전세계 축구팬들을 열광케 한다. FC 바르셀로나와 레알 마드리드가 숙명의 라이벌이 된 데는 역사적 내력이 있다. 에스빠냐의 수도는 마드리드인데, 바르셀로나는 마드리드를 중심으로 한 에스빠냐와는 차별화된 언어와 국기 그리고 독립의식을 갖고 있다.

에스빠냐가 개발된 것은 주로 로마시대이고, 로마가 몰락한 뒤 이 지역에는 이슬람 세력이 진출했다. 이슬람 세력을 몰아내면서 에스빠냐는 다시 가톨릭 지역이 되는데, 이슬람 축출을 주도한 이베리아 반도 중부의 까스띠야와 북동부의 아라곤이 결혼을 통해 통일왕국을 형성했다. 마드리드는 까스띠야의 수도였다. 까딸루냐는 아라곤 동쪽의 지중해 지역으로 아라곤 왕국의 공국으로서 독립성을 지니고 있었다. 독자적으로 유지되던 까딸루냐의 제도와 언어는 18세기에 이르러 확대된 까스띠야의 세력에 흡수되었다. 19세기 후반부터는 다시 까딸루냐 문화가 부흥하고 민족주의가 발전했다. 바르셀로나는 지중해 해변의 아름다운 도시로 에스빠냐 제2의 도시지만, 스스로 에스빠냐와 구분되는 까딸루냐의 수도라 여기는 자의식이 강하다.

둘째 아이에게 물었다. "에스빠냐 하면 무엇이 생각나지?" 곧바로 대답이 돌아왔다. "정열적인 나라죠. 플라멩꼬와 투우가 유명해요. 가우디나 삐까소 같은 유명한 예술가가 있고요. 그리고 축구 강국이에요." 역시 축구 이야기가 빠지지 않는다. 남자아이들은 평소에 뚱하다가도 축구나 야구 이야기를 펼쳐놓으면 수다스러워진다. 둘째 아이도 에스빠냐 축구에 대해 놀라울 정도로 해박한 지식을 늘어놓았다. 우리는 좀더 이야기를 나눴다. "FC 바르셀로나의 주인은 누구일까?" "팬이 주인 아닌가요?" "팬이 팀에 영향을 미치기는 하지만 주인이라고 하기는 어렵지. 주인이라는 게 뭘까?" "결정권을 가진 사람이요." "그렇지, 결정권을 가지려면 책임도 져야지. 선수들 월급도 줘야 하고 시설 투자도 해야 하고." "그러면 주인은 구단 사장이나 그와 비슷한 사람이겠네요." "그렇지. 좀 어려운 표현으로 말하자면 팀이 투자자 소유의 기업일 때는 투자자가 주인이겠지. 흔히 구단주라고 하지. 그런데 그거 아니? FC 바르셀로나는 협동조합 기업이야."

FC 바르셀로나는 경영의 차원에서 독특한 정체성을 지닌다. 즉 FC 바르셀로나는 다른 팀들과 달리 협동조합 기업이라는 점 때문에 '클럽 그 이상의 것'Més que un club이라고 불린다. FC 바르셀로나는 축구·핸드볼·하키 등 13개의 팀으로 구성된 스포츠 연합체로 연간 4억

에스빠냐를 대표하는 축구단 FC 바르셀로나는 '클럽 그 이상의 것'(Més que un club)으로 불린다.
이는 단순한 축구 클럽을 넘어서는 모범적이고 상징적인 조직이 되겠다는 포부를 담고 있다.

유로 이상의 수입을 올리는 부유한 구단이다. 그리고 이러한 FC 바르셀로나의 주인은 17만 5000명의 조합원이다. 조합원이 되는 길은 누구에게나 열려 있고, 조합원들이 투표하여 이사회를 구성하며 조합원들이 티켓 가격이나 유니세프 후원금 수준을 결정하는 데 참여한다.[3]

많이 알려져 있지는 않지만 에스빠냐 축구단에는 또 하나 눈에 띄는 팀이 있다. 바로 아틀레틱 빌바오다. FC 바르셀로나가 메시나 네이마르 같은 세계적인 선수들을 스카우트하는 데 반해, 아틀레틱 빌바오는 자기 지역 출신들만으로 팀을 구성한다. 아틀레틱 빌바오는 FC 바르셀로나보다 한해 앞선 1898년에 창단되었다. 1928년 에스빠냐 프로축구 리그인 쁘리메라리가Primera Liga가 출범한 이래 FC 바르

1912년 거대 여객선 타이태닉호가 침몰하면서 철강왕인 벤저민 구겐하임Benjamin Guggenheim이 사망했다. 이후 그의 상속재산으로 세계적인 미술품을 모아 건립한 곳이 구겐하임 미술관이다. 구겐하임 미술관은 뉴욕에 본관이, 베네찌아·빌바오·베를린 등에 분관이 있다. 특히 구겐하임 빌바오는 '20세기 최고의 건축물' '금속으로 만든 꽃'이라는 찬사를 받은 바 있다. 빌바오 시는 유럽의 대표적인 철강도시였으나 일본과 한국의 철강업에 밀리면서 쇠퇴했는데, 구겐하임 미술관 분관을 유치하면서 관광도시·디자인도시로 재탄생했다.

셀로나, 레알 마드리드와 함께 쁘리메라리가에서 강등되지 않고 꾸준한 실력을 발휘하는 팀으로 유명하다. 아틀레틱 빌바오는 같은 바스끄Basque 지방의 레알 쏘시에다드와 라이벌 관계를 형성하고 있다.

아틀레틱 빌바오의 연고지 빌바오는 에스빠냐 북부 바스끄 지방의 작은 도시다. 바스끄 지방은 에스빠냐에서도 독자적인 문화와 언어를 지니고 있다. 바스끄 사람들은 대서양 연안의 비스케이Bay of Biscay 만을 따라 살고 있는데, 이 지역은 삐레네 산맥을 기준으로 에스빠냐와 프랑스로 나뉘어 있다. 행정적으로는 에스빠냐 바스끄 지방의 비스까야Vizcaya, 기뿌스꼬아Guipúzcoa, 알라바Alava 지역이 바스끄 주 정부를 구성하고 있다. 빌바오는 바로 비스까야의 수도다. 빌바오는 전통적인 공업도시로 구겐하임Guggenheim 미술관과 도시재생으로 유명하다. 그리고 레알 쏘시에다드의 거점인 싼 세바스띠안은 기뿌

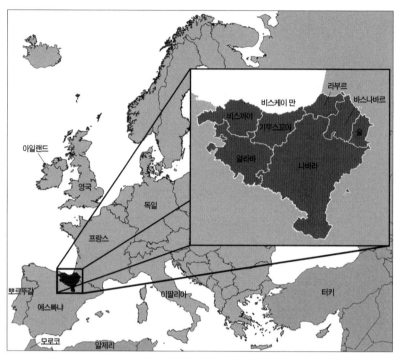

비스케이 만 라부르
비스까야 바스나바르
기뿌스꼬아 술
알라바 나바라

아일랜드
영국
독일
프랑스
뽀르뚜갈 이딸리아 터키
에스빠냐
모로코 알제리

에스빠냐 북부 바스끄 지방

스꼬아의 수도다. 바스끄 정부의 수도는 알라바의 비또리아Vitoria에
소재하고 있다.

한편 바스끄의 기뿌스꼬아 지역에는 몬드라곤Mondragón이라는 자
치도시가 있다. 몬드라곤은 아라사떼Arrasate라는 바스끄어 명칭으로
도 자주 불린다. 이곳은 다른 바스끄 지역과 마찬가지로 산악지대이
며 밝은 태양이 비치는 날은 적고 비오는 날이 많다. 넓은 평야와 지
중해의 햇볕이 풍성한 바르셀로나와는 아주 다른 자연조건이다. 바
스끄 사람들은 열악한 자연조건에서 농업과 목축업에 종사했으나 일

찍부터 해양업·조선업·철광석 채굴업·철강 가공업을 발전시켰다. 17세기 중엽까지 몬드라곤은 칼을 비롯해 온갖 종류의 무기를 생산하는 곳으로 유명했다.

바스끄 사람들은 에스빠냐 내전 이후 혹독한 시련을 겪었다. 에스빠냐 내전은 에스빠냐 제2공화국에 대한 군부의 반란으로 시작되어 반란군의 승리로 마감되었다. 1873년 왕정 종식과 함께 제1공화국이 성립했으나 곧 왕정복고가 이루어지고, 1931년 공화파가 선거에서 승리하여 제2공화국이 출범한다. 의회를 장악한 인민전선이 개혁정책을 펼치자 1936년 에스빠냐 군부가 반란을 일으켰으며, 까딸루냐와 바스끄 지방은 대체로 공화국의 편에서 반란군에 맞섰다. 내전이 반란을 일으킨 군부의 승리로 끝나고 나자 잔혹한 보복이 이어졌다. 내전과정에서 50여만명이 사망했고, 내전 직후 3만에서 5만명이 처형되었으며, 50여만명이 프랑스로 망명했다. 1950~60년대에도 25만명 이상이 프랑스로 떠났다.

바스끄 지역은 특히 강력한 탄압을 받았다. 군부는 바스끄의 정치활동을 규제하고 노조활동을 불법화했다. 군부에 충성하지 않는 사제들을 축출했으며, 바스끄 민족어 사용을 금지했다. 그러나 몬드라곤은 혹독한 경제적 파괴와 정치적·문화적 탄압을 뚫고 거대한 협동조합 그룹을 창출해냈다. 그것은 돈 호세 마리아Don José María(1915~1976)라는 고요한 혁신가로부터 시작되었다.

3_돈 호세 마리아 신부의 시작

몬드라곤 그룹은 에스빠냐 바스끄 주 최대의 기업으로, 에스빠냐 전체로 보면 매출액 기준으로 10위권 내외에 든다. 몬드라곤은 260여 개의 협동조합 기업, 자회사, 계열사 들로 이루어진 네트워크 조직이며 생산자 협동조합이 중심을 이룬다. 국가사회주의의 실패 이래 생산자 협동조합은 성공하기 어려운 꿈이라는 생각이 더욱 일반화되었다. 그러나 몬드라곤 그룹의 존재는 이러한 비관론을 반박하는 뚜렷한 증거로 남아 있다.

협동조합이란 조합원이 소유하는 기업이다. 투자자 소유기업이 투자자의 이익을 위해 운영되는 기업이라면, 협동조합은 조합원들의 경제적·사회적·문화적 필요와 욕구를 충족시키기 위한 기업이다.[4] 협동조합은 복합적인 목적을 지니고 있기 때문에 투자자 소유기업에 비해 생존과 성공이 어려울 수 있다. 그래서 협동조합이 성공하기 위해서는 사회적·경제적 위기라는 외적 조건과 이 위기를 극복하는 데 필요한 주체의 형성이라는 내적 조건이 충족되어야 한다. 몬드라곤 그룹은 에스빠냐 내전 이후 파괴된 바스끄 경제의 위기에 대응하여 형성되었는데, 이들 주체를 형성하는 데 결정적인 역할을 한 것은 흔히 돈 호세 마리아 신부로 불리는 호세 마리아 아리스멘디아리에따 José María Arizmendiarrieta의 지도력이었다.

돈 호세 마리아 신부는 다른 협동조합 운동에서는 유례를 찾기 어려울 정도로 몬드라곤에서 강력한 영향력과 지도력을 발휘했다. 그는 역사상의 예수가 그랬던 것처럼 종교지도자와 사회운동가라는 두

돈 호세 마리아 신부 ⓒarizmendiarrieta.wdemo.net

가지 면모를 모두 갖고 있었다. 예수가 하느님의 나라와 유대지역 민족주의와 관계를 맺은 것처럼, 돈 호세 마리아 신부 역시 가톨릭교회와 바스끄 지역의 관계 속에서 몬드라곤 협동조합을 발전시켰다. 돈호세 마리아 신부와 몬드라곤의 사례는 종교성과 운동성이 양립 가능할 뿐 아니라 혼합될 수 있는 것이라는 점을 잘 보여준다. 더 나아가 몬드라곤은 운동이 지속가능성을 지니려면 나름의 윤리체계 또는 이념체계를 형성하고 발전시켜야 한다는 점도 시사한다.

그런 점에서 돈 호세 마리아 신부의 성직자적 면모에 주목하는 것은 의미가 있다. 몬드라곤 그룹과 몬드라곤 대학 등에서 만든 홈페이지에는 그의 일생이 신앙적 행동의 결과로서 다음과 같이 서술되어 있다. 그는 1915년 바스끄의 비스까야 지역에서 태어나 열두살 때까지 지역교회에 부설된 농촌학교에서 수학했다. 어머니의 영향으로 문학적 감수성이 풍부했던 그는 열두살에 초급 신학교에 진학해 신앙의 세계를 발견한다. 비또리아의 상급 신학교에 진학해서는 철학과 신학을 공부했으며, 이때 그는 "사제가 되어라. 모든 때에 모든 것 안에 있는 사제가 되어라"라는 신조를 지니게 되었다.[5]

1936년 스물한살 되던 해 에스빠냐 내전이 터지자 그는 공화파의 바스끄 정부 신문-EGUNA에 합류했다. 그는 1937년 군부에 의해 투옥되었으나 군사법정에서 신학교 복귀를 허용한다는 판결이 내려졌다. 당시는 바스끄어 문화의 부흥이 복음신앙과 결합하는 시기였으며, 이 속에서 청년 호세 마리아는 까르다베라스Kardaberaz 학교를 설립하고 운영하는 활동을 전개했다. 그는 1941년 몬드라곤의 보좌신부와 '가톨릭 액션'Catholic Action이라는 단체의 지도신부로 부임했다. 그는 여러 그룹의 청년들을 조직하여 "너 자신 안에 그리스도를 비추어라, 좋은 일을 하라"라는 메시지를 전파했다.

에스빠냐 내전에서 가톨릭교회는 대체로 반군세력을 지원하는 보수적 입장을 취했고 군부 역시 가톨릭교회를 활용하기 위해 지원을 하면서 교회를 국가조직으로 포섭하려고 했다. 그러나 에스빠냐 가톨릭 안에서 사회복음을 강조하는 세력은 평신도의 역할, 교회의 사회참여를 지지했다. 이에 따라 이들은 '가톨릭 액션'을 조직하고 노동자들에 대한 사회교육을 적극적으로 실천했다. 바스끄 지역의 경우 가톨릭 사회운동이 바스끄 민족주의와 결합해 공화파의 편에서 전투를 벌였다. 돈 호세 마리아 신부는 이러한 세력의 일원으로, 당시 젊은이들 사이에서 사회정의와 공정성을 바로 세울 수 있는 영적

19세기 말 이후 가톨릭교회는 사회정의 실현을 강조하면서 평신도들에게 사회적 전환의 책임을 부여했다. 가톨릭 액션은 가톨릭교회 평신도들의 사회 참여를 유도하며, 유럽의 반反교회적 정치체제에 대항하고자 만든 조직과 활동을 의미한다. 이딸리아 독립전쟁 과정에서 교황의 세속권력이 소멸하고 평신도가 주체가 되는 조직적 운동이 전개되었다. 이에 북이딸리아의 가톨릭교회에서는 농민들을 농촌금고, 협동조합 등으로 조직화했다. 가톨릭 액션은 각국의 상황이나 시기에 따라 민주주의를 위한 투쟁에 나서기도 했고, 보수적 정치운동을 조직하는 역할을 수행하기도 했다.

지도자이자 조직의 영도자로 인식되었다.[6]

1956년 최초의 몬드라곤 협동조합이 만들어질 때까지 돈 호세 마리아 신부는 2000개 이상의 공부모임을 이끌고 있었다고 한다. 그는 모임에 참여한 사람들을 중심으로 노동사목labor apostolate 단체를 조직했다. 이러한 단체는 축구클럽부터 등산모임에 이르기까지 다양했으며 취약가정을 위한 모금에 참여했다. 그리고 그는 다시 기업체나 일반 주민의 협력을 조성하기 위해 1942년 유소년 스포츠클럽을 발족했다. 스포츠클럽이 성공하자 1943년에는 기업·노동자·주민 등 관계자가 함께 자금을 마련하는 방식으로 기술직업학교를 설립했다. 1946년 기술직업학교의 졸업생들이 배출되자 돈 호세 마리아 신부는 졸업생들이 인근 아라곤 지역의 사라고사Zaragoza 대학에 진학해 전문 공학기술 교육을 받도록 했다. 교육과정을 이수한 돈 호세 마리아

몬드라곤 협동조합의 시작 '울고'

신부의 '사도'들 중 일부는 몬드라곤에서 가장 큰 기업인 쎄라헤라 유니언Unión Cerrajera에 취업했다. 이들은 노동자 차별 시정과 지분 참여를 허용하는 개혁을 시도했으나 회사 측의 절대불가 방침을 확인하고는 새로운 길을 모색했다.

쎄라헤라 유니언의 세명과 다른 기업에서 일하던 두명 등 총 다섯명의 '사도'들은 자신들의 지도자인 돈 호세 마리아 신부와 상의하여 노동자가 스스로 소유하고 운용하는 기업을 설립하기로 했다. 100여명의 주민들도 다섯명의 개척자들과 돈 호세 마리아 신부의 지도력을 믿고 창업자금을 모으는 데 참여했다. 기업 이름은 다섯 개척자들 이름의 앞 글자를 모아 울고Ulgor라고 붙였다. 다섯명은 서로를 신뢰했고 특히 돈 호세 마리아 신부를 굳게 믿고 의지했기 때문에 조직형태가 어떻게 되어야 하는지도 모르고 함께 일할 수 있었다. 그들은 비또리아의 건물에서 한해를 보내고 1956년 11월 회사를 몬드라곤의 새 건물로 옮겼다. 몬드라곤 협동조합은 이렇게 시작되었다.[7]

4_몬드라곤 협동조합 그룹의 발전과 시련

몬드라곤 협동조합은 눈부시게 발전했다. 1955년과 1956년에 걸쳐 첫번째 협동조합 기업이 설립된 이래 1959년까지 모두 4개의 협동조합이 만들어졌다. 1959년에는 까하 라보랄Caja Laboral이라는 협동조합은행이 설립되었고 1964년에는 울라르꼬Ularco라는 지역단위의 그룹을 형성했다. 1967년에는 협동조합 안에서 사회보장 기능을 맡는 라군 아로Lagun Aro를 설립했고, 1969년에는 에로스끼Eroski라는 식품소매유통 협동조합 그룹을 출범시켰다.

1965년부터 1975년까지 울라르꼬는 협동조합 기업들의 느슨한 연합체에서 협동조합 그룹으로 발전했다. 1970~80년대에 울라르꼬는 산하의 개별 협동조합, 특히 파고르Fagor 전기회사, 가전제품을 생산하는 울고, 공작기계를 생산하는 아라사떼Arrasate의 경영 개선에 주력했다. 시장에서 입지를 강화하기 위해 '파고르'를 그룹의 새로운 이름으로 정하고 조직을 재편했다. 이에 따라 파고르 그룹은 소비재, 공업용 부품, 공학 및 자본재 생산 등으로 분류된 협동조합 그룹이 되었다.

1974년에는 R&D 기능을 담당하는 연구센터로 이껠란Ikerlan을 만들었고, 1984년에는 협동조합 의회를 시작했다. 1991년에는 그간 설립된 협동조합 기업들을 부문별로 재편성하고 중앙 차원에서 기능적 써비스를 제공하도록 하는 몬드라곤 협동조합 그룹MCC을 형성했다. 1997년에는 협동조합 설립의 바탕이 되었던 학교를 발전시켜 몬드라곤 대학을 출범시켰다.

재구조화된 몬드라곤 협동조합 그룹은 3개의 비즈니스 그룹과 1개의 지식 그룹으로 구성되었다. 비즈니스 그룹은 금융·공업·유통 부문을 포괄한다. 금융 부문에는 까하 라보랄 은행, 라군 아로 공제, 라군 아로 보험 등이 속한다. 공업 부문은 다시 자동기기·가전, 건설, 기계·가구, 기타 부문으로 분류된다. 유통 부문에는 농업 협동조합들과 에로스끼가 포함된다. 지식 그룹은 몬드라곤 대학, 14개의 R&D 센터, 경영 및 협동조합 개발센터Otarola 등을 거느리고 있다. 2012년 고용 인원은 8만명 남짓으로 이 가운데 제조업이 45퍼센트 정도, 소매유통 부문이 50퍼센트 정도를 차지하고 있다.

이러한 몬드라곤 그룹의 경영은 투자자 소유기업과 마찬가지로 경영자가 맡는다. 그러나 경영자를 지배하는 이사회의 구조와 경영 원칙에서 결정적인 차이를 보인다. 투자자 소유기업은 투자를 행한 책임사원이나 주주가 총회를 열고 여기서 이사회를 구성한다. 사회적 기업의 경우 활동 목적에 사회적 성격이 포함되어 있지만 경영권을 가진, 기업의 소유자는 역시 자본을 낸 투자자다. 반면 협동조합에서는 경영을 지배하는 조합원이 곧 기업의 소유자다. 조합원이 소비자인 경우 소비자 조합이 되고 조합원이 생산자이면 생산자 조합이 된다.

몬드라곤 그룹은 노동자가 조합원이 되고, 이들 조합원이 총회를

몬드라곤 의회에서 조합원들이 의사결정을 하는 모습

통해 이사회·사회위원회·감사위원회·소청위원회를 선출한다. 이사회는 최소한 3명 이상으로 구성하고, 비조합원이 이사가 되는 것은 25퍼센트 이하로 제한하고 있다. 사회위원회는 노동 관련 의제에 대해 이사회에 의견을 제시하며, 소청위원회는 징계문제를 검토한다. 몬드라곤 그룹은 10개의 협동조합 원칙에 기초하여 경영이 이루어진다. 그것은 첫째 자유로운 가입, 둘째 민주적인 조직, 셋째 노동의 주권적 성격, 넷째 자본의 도구적·부차적 성격, 다섯째 참여적 경영, 여섯째 연대 임금, 일곱째 협동조합 사이의 협동, 여덟째 사회적 전환, 아홉째 보편성 추구, 열째 교육 중시 등이다.

협동조합은 대개 농업 협동조합 혹은 소비자 협동조합 형태로 발전해왔고, 노동자 협동조합은 그 사례가 많지 않다. 노동자 협동조합 기업은 기업의 위계적 성격과 협동조합의 평등적·민주적 성격이 상충해 집단적 의사결정의 시간과 비용이 높아질 수 있다. 또 노동자협동조합은 노동자가 조합원이 되기 때문에 조합원 수가 한정될 수밖에 없고 이에 따라 출자자금 확보가 어려울 수 있다.[8]

그러나 몬드라곤 그룹은 이러한 문제에 성공적으로 대응했다. 몬드라곤은 일찍부터 투자와 금융의 중요성을 인식했다. 첫번째 협동조합을 시도한 지 서너해 만인 1959년에 협동조합 은행 까하 라보랄을 설립했다. 이곳은 최근에 쿠차Kutxa은행을 인수 합병하여 '라보랄 쿠차'로 명칭을 변경했다. 은행은 협동조합 운영자금 융통, 협동조합 창업자금 조달, 협동조합 기업경영 컨설팅 등의 기능을 통해 몬드라곤 그룹의 발전에 필요한 자금과 노하우를 제공했다. 유럽 통합의 진전과 함께 금융감독 요건이 강화되면서 협동조합에 대한 금융 지원 업무에 일부 제한을 받게 되었지만, 이제는 금융 및 공제·보험 부문에서 선발자의 이익을 누리고 있다.

표. 몬드라곤 그룹의 경영 현황

	2010년	2011년	2012년	2013년
총자산(10억 유로)	33.09	32.45	34.67	34.01
총수입(10억 유로)	14.75	14.83	12.79	12.57
총매출(공업+유통, 10억 유로)	13.99	13.97	11.82	11.58
순투자(100만 유로)	101	194	317	394
평균고용(명)	83,859	83,569	73,985	74,060
노동자조합원 자본(10억 유로)	2.2	1.82	1.75	1.71

자료: MONDRAGON Corporation, Annual Report (www.mondragon-corporation.com)

또 하나 결정적으로 중요한 요인은 혁신과 교육을 중시하는 전통과 리더십이다. 바스끄 지역 자체가 에스빠냐에서는 예외적으로 16세기 이래 강한 산업화 전통을 가진 곳이다. 몬드라곤 사람들은 산업에서 혁신의 의미를 잘 이해할 수 있는 배경을 지니고 있었다. 여기에 돈 호세 마리아 신부를 중심으로 뛰어난 리더 그룹이 형성되었다. 앞서 살펴본 것처럼 그는 종교적 영성과 함께 사회적·경제적 문제에 대처하는 커뮤니케이션 능력을 지니고 있었다. 그는 자신이 교육한 이들과 함께 학교를 세우고 협동조합 기업을 조직했다. 그로 말미암아 기술적·조직적 측면에서 혁신과 교육을 중시하는 전통이 몬드라곤 그룹의 핵심적 요소가 되었다.

몬드라곤 그룹은 평등주의와 산업경영 능력을 잘 결합해 독특한 성과를 거두었다. 그러나 일국 단위를 넘어선 경제 운용이 일상화되고 혁신 경쟁이 더욱 치열해진 조건에서는, 모든 경제조직이 그런 것처럼 몬드라곤 역시 향후의 생존과 발전을 장담할 수 없다. 몬드라곤 그룹은 다음과 같은 점에서 전환기의 어려운 과제에 직면해 있다고 할 수 있다.[9]

첫째, 당면한 경제위기는 심각한 어려움이다. 유럽과 에스빠냐의 위기로 몬드라곤 그룹도 2007년 이래 고용과 매출이 감소하고 있다. 일부 공업 부문에서는 매출이 크게 축소되기도 했고 폐업이 불가피한 경우도 발생하고 있다. 현재는 적립금 출연 축소, 임금 삭감, 조기퇴직, 재배치, 정리해고(비조합원), 연대기금 축소, 일부 기업 폐쇄 등으로 대응하고 있지만, 비조합원에 대한 정리해고 및 비조합원의 규모 등과 관련해 논란이 벌어지고 있다.

둘째, 글로벌화의 도전이 있다. 지금까지 몬드라곤은 글로벌화 추세에 잘 적응해온 편이다. 몬드라곤은 글로벌 생산 네트워크를 적극 확대함으로써 생산의 공업생산 매출 수입의 2/3 정도를 국외에서 얻을 수 있었다(2010년 63퍼센트). 그러나 해외의 이질적 문화 속에서 경영과 노동의 어려움을 극복하는 동시에 해외 생산에서 협동조합화를 확대하는 것은 매우 어려운 과제다.

셋째, 산업, 특히 제조업의 격변이 일어나고 있는 상황이다. 생산 방식의 급격한 유연화, 디지털 매뉴팩처링의 발전, 바이오산업에서의 R&D 협업 생산, 로봇 사용의 증대와 노동투입의 감소, 더욱 개인화된 생산 등 '제3차 산업혁명'의 징후가 나타나고 있다. 협동조합은 공유경제의 특징을 지니고 있지만, 새로운 산업현상에 부합하는 산업경영 능력을 발전시킬 수 있을지는 또다른 차원의 문제다.

이러한 어려움 속에서 2013년 10월 몬드라곤 그룹과 많은 협동조합에 충격을 준 사건이 벌어졌다. 몬드라곤 그룹의 모태이자 상징적 존재였던 파고르 협동조합이 도산한 것이다. 파고르는 몬드라곤 그룹에서 고용의 5퍼센트, 매출액의 10퍼센트를 차지하고 있었다. 유럽 가전업체 가운데서는 4위에 해당하는 규모였다.

그러나 파고르의 파산이 몬드라곤 그룹 전체의 실패를 의미하는 것은 아니다. 몬드라곤 그룹이 협동조합 원칙에서 벗어나 성장과 세계화를 도모한 것이 문제라는 주장도 있지만, 이는 설득력이 약하다. 성장 기업이 모두 파산하는 것도 아니고 반反성장과 반反세계화가 협동조합의 원칙인 것도 아니다. 몬드라곤 그룹이 파고르의 파산에도 불구하고 그룹 내에서 고용을 흡수했다는 점에서 연대의 원칙을 일정하게 지켰다고 할 수 있다. 다만 협동조합에도 투자자 소유기업과 마찬가지로 경영문제가 발생할 수 있다는 점, 위기에 신속히 대응하지 못한 경영씨스템의 문제가 있다는 점 등을 고려할 필요가 있다.[10]

5_협동조합의 생명력

과연 몬드라곤은, 협동조합은, 계속 발전할 수 있을까? 우리는 협동조합의 역사를 돌이켜봄으로써 그 미래를 짐작할 수 있다. 한가지 길은 변화된 환경에 적응하면서 다양한 요소들을 새롭게 결합해 진화해가는 것이다. 실패의 경험에서 성공의 길을 찾으려 노력하고, 다양한 생각과 행동을 혼합하여 새로운 혁신모델을 형성해야 한다. 물론 다른 길도 있다. 변화하는 환경에 둔감하고 적응과 혁신을 행하지 않는다면, 협동조합 역시 다른 조직형태와 마찬가지로 곧 도태되거나 서서히 쇠퇴할 것이다.

적응과 혁신은 생각보다 서로 가까운 거리에 있다. 적응도 혁신 못지않게 새로운 도전이다. 이는 기본적으로 실패를 포함하는 과정이다. 새로운 것들을 시도하면 그중 일부는 반드시 실패하게 되어 있다. 중요한 것은 실패를 인정하는 것이고 생존할 수 있는 범위에서 실패하는 것이다.[11] 협동조합의 역사적 원형을 창출한 것으로 평가되는 영국 로치데일Rochdale 협동조합의 선구자들 또한 실패 속에서 적응과 혁신에 성공했다.

로치데일은 영국 잉글랜드 그레이터맨체스터Greater Manchester 주에 위치한 작은 도시로, 18세기 말부터 19세기 전반까지 영국 산업혁명 시기에 엄청난 격변과 치열한 갈등을 경험했다. 로치데일에서는 빵을 요구하는 폭동, 보통선거권을 요구하는 정치개혁 운동, 임금 하락과 빈곤 심화에 반대하는 파업과 시위 등 격렬한 저항이 나타났다. 그러나 강력한 저항은 더 강력한 탄압을 불러왔고 거듭되는 실패 속에서 일부 노동자들은 새로운 적응과 혁신의 길을 모색했다. 로치데일은 전면적 투쟁의 협곡에서 나와 일상적 협동으로 생활을 개선하는 길을 선택했다.

로치데일에서는 1842년 총 28명의 노동자들이 조합을 결성해 스스로 운영하는 점포의 문을 열었다. 지금은 이를 협동조합 운동의 기념비적인 첫발로 기억하지만, 이 선구자들이 어느 날 갑자기 모여 '원칙'을 내놓은 것은 아니다. 로치데일 조합은 종래의 여러 흐름을 혼합하며 발전하는 과정 속에서 만들어졌다. 즉 로치데일에는 이미 여러번 조합 운영에 실패한 경험이 있었다. 로버트 오언Robert Owen(1771~1858)이 이끌었던 노동조합주의와 협동조합주의는 물론, 저항적인 노동운동과 차티스트 운동도 로치데일 조합의 설립과 발전에 중요한 기여를 했다.

로치데일의 발전에 결정적인 역할을 한 것은 전면적인 체제 변혁 대신 소비자주권이라는 타협안을 선택한 현실주의자들이었다. 로버트 오언은 생산과 소비는 물론 주거와 교육을 해결하는 거대한 '협동조합 사회'를 구상했다. 그는 미국 뉴하모니New Harmony에 협동촌을 건설하려 했는데, 여기에는 대규모 자본이 필요했다. 이와 달리 의사 출신인 윌리엄 킹William King(1786~1865)은 좀더 현실적인 노선을 도입했

1844년 로치데일 협동조합 가게의 모습. 조합에서는 버터·설탕·밀가루·오트밀·양초 등을 팔던 사업이 급속히 확장되면서 식품의 품질기준도 높일 수 있었다.

다. 킹은 조합원들의 현실적 이해관계를 반영해 이용고에 따른 배당제Patronage Refund System를 도입했다. 조합의 성장 기여도에 따라 배당을 주는 이 제도는 조합의 발전과 조합원의 확장에 결정적인 요소가 되었고 이는 로치데일 조합의 전과 후를 가르는 분기점이 되었다.[12]

오언의 뉴하모니 협동촌 실험은 실패로 끝났다. 그러나 오언은 좌절하지 않고 이후로도 노동자 교육과 협동조합 운동을 이어갔다. 맑스주의자들은 오언을 '공상적 사회주의자'라며 경멸했지만, 오언의 실험이 공상이 될지 현실이 될지는 미리 알 수 없는 것이었다. 비록 그는 실패했지만, 로치데일과 몬드라곤은 어느정도 성공을 거두었다. 모든 운동은 실험이며, 실험은 실패를 수반하기 마련이다. 중요한 것은 조직이 생존 가능한 범위에서 '계속 실패할 수 있는' 능력이다. 거

로버트 오언의 운동과 사상

로버트 오언은 산업혁명기의 사회문제에 맞닥뜨려 오언주의 운동과 사상을 형성했다. 그는 영국 웨일스에서 태어나 맨체스터 방적공장의 관리인을 거쳐 1800년부터 25년간 스코틀랜드의 뉴라나크에서 1500명의 노동자를 거느린 방적공장을 경영했다. 협동주의적인 경영이념·노무관리·교육에 기초한 공장경영은 큰 성공을 거두었고, 그의 사상은 공장법 창설, 구빈법 개선 운동으로 확대되었다. 그는 1824년 미국으로 건너가 인디애나 주 뉴하모니에 협동촌을 건설했는데 3년 만에 실패하여 영국으로 돌아왔다.

오언은 영구적이고 생산적인 고용을 제공하는 공동체 사회를 건설하려는 사회개혁안을 제시했다. 그러나 광범한 사회적 지지에도 불구하고 실제적 조치가 마련되지 않자 오언은 정부나 위원회에 대한 기대를 포기하고 노동자들을 변화의 주체로 생각하게 되었다. 그리하여 런던의 전국공정노동교환소 설립, 전국노동조합연합 결성, 퀸우드 협동사회 건설 등의 활동을 전개했다. 이러한 방향 전환으로 기존의 지지세력을 잃기도 했지만 다른 많은 동조자를 계속 얻으며 이른바 오언주의자Owenite를 형성했다.

오언은 협동주의자·사회주의자·교육자 등 다양한 면모를 가진 것으로 평가된다. 오언이 협동주의자로 부각된 것은 홀리요크George Holyoake의 노력으로부터 비롯한다. 이어 콜G. D. H. Cole의 연구로 오언은 협동조합과 노동조합의 선구자 위치를 획득했다. 오언은 부스Arthur Booth에 의해 사회주의적 관점에서 이해되기 시작했는데, 맑스와 엥겔스는 오언을 공상적 사회주의자로 비판한 바 있다. 점진적인 페이비언Fabian들은 오언에게 공감하면서 오언을 영국 사회주의의 아버지로 인식했다. 그밖에도 오언주의에 대한 견해는 무척 다양하다. 오언주의의 근본이 교육이론에 있다고 보기도 하고, 오언주의를 천년왕국주의를 추구하는 사회조직 분파로 파악하는 견해도 있다.

박양식「로버트 오웬의 〈새로운 사회〉」,『서양사론』27, 한국서양사학회 1986.

듭되는 실패 속에서 생존하고 발전하는 것이 바로 적응과 혁신이다.

협동조합의 생명력은 작고 민첩한 조직과 네트워크 능력에 있다. 사람을 작고 민첩한 조직으로 묶어내서 막대한 성과를 이룬 전형적인 사례가 몽골의 칭기스 칸이다. 혁신을 추구하는 협동조합은 칭기스 칸으로부터 배울 필요가 있다. 칭기스 칸은 25년 동안 10만명의 기병대와 혁신적인 전투기술로 로마가 400년 동안 정복한 것보다 많은 성과를 냈다. 이러한 성과는 칭기스 칸 부대의 전쟁수행 능력, 조직에 대한 충성심과 리더십, 세계적 규모의 조직을 운영하는 기술에 따른 것이다. 이들의 조직능력은 어느 한순간에 이루어지지 않았다. 그것은 끝없이 되풀이 되는 실용적 학습, 실험적 적용, 꾸준한 수정을 통해 얻어졌다. 칭기스 칸의 부대는 전투를 할 때마다 새로운 아이디어를 적용했고, 한번도 똑같은 방식으로 전쟁을 한 적이 없다고 한다.[13]

역사적으로 볼 때 협동조합은 살아남을 수도, 사라질 수도 있다. '협동조합 사회'라는 이상 역시 실현될 수도 있고 실현되지 못할 수도 있다. 관건은 비전의 크기보다는 비전을 실현할 주체이며, 민첩하고 탄력적인 조직을 갖추는 것이 중요하다. 민첩성과 탄력성은 협동조합의 생존과 발전에 필수적이다. 협동조합이 적응하고 혁신하는 조직이 된다면, 로치데일과 몬드라곤의 사례는 앞으로 더 늘어날 수 있다.[14]

제5부

＊

❁

○

에필로그

11장

다시, 혁신가란 누구인가

1_'혁신가 경제학' 되짚어보기

나는 이 책에서 '혁신가'와 '혁신가 경제학'이라는 개념을 제안했다. '혁신'은 경제학 교과서 체계 안에서는 주변부에 머물다가 조금씩 중심으로 옮겨가고 있는 상황이다. 그런데 굳이 '혁신'보다 '혁신가'를 이야기한 것은 왜인가? 그것은 현실적 실천에 쓰임새가 더 많을 것이라는 판단 때문이다. 혁신가 경제학은 무엇보다 '교육'을 위한 것이다. 그것은 다음 두가지를 목표로 하는 교육이다. 첫째, 새로운 발전모델의 주체를 발견하고 육성하는 이론과 운동으로서의 교육이다. 둘째, 신고전파 일변도의 경제학 교육을 극복하기 위해 다원주의를 교과과정 수준에서 실천하는 방안으로서의 교육이다.[1]

혁신가 경제학의 교육과정은 크게는 이론적 검토와 사례의 연구·

교육 등 두 부분으로 구성되는데, 이는 사상사적 검토와 문제중심 검토의 적절한 결합을 위한 것이다. 혁신가와 관련된 이론 분야에서는 혁신가 개념을 둘러싼 고전적 논의와 조직가의 본질 및 역할에 대한 현대적 논의를 함께 검토하는 작업이 필요하다. 이 책의 제2부에서 그런 시도를 해보았다. 그러나 혁신가 경제학에서는 이론보다 실제 사례의 연구·교육이 더욱 중요하게 다루어져야 한다. 이 책의 제3부와 제4부에서 구체적이고 전형적인 혁신가 사례를 논의해보았다.

혁신가에 가장 근접한 개념은 '앙트러프러너'entrepreneur일 것이다. 앙트러프러너는 흔히 기업가로 번역되지만 본래 의미는 혁신가에 좀더 가깝고, '앙트러프러너십'은 그 역할·능력·성향 등을 포함하는 의미로 이해하는 것이 옳다. 그러나 기업가라는 번역어가 워낙 광범위하게 사용되고 있으므로 굳이 관행적인 표현을 배제할 필요는 없다고 본다. 다만 앙트러프러너를 신고전파식으로 '관리자'의 의미로 사용할지 슘페터식으로 '혁신가'의 의미로 사용할지는 맥락에 따라 뚜렷하게 구분해야 한다.

혁신가 개념에 관한 이론은 슘페터의 고전적 논의를 핵심 텍스트로 하고, 다른 이론가들의 논의를 보완 텍스트로 선택하는 것이 좋다고 판단했다.[2] 혁신가를 정의하는 이론에 대한 교육과정은 슘페터의 '새로운 결합'과 '창조적 파괴', 마셜의 '경쟁과 협력', 그리고 깡띠용Richard Cantillon과 나이트Frank H. Knight 등이 말하는 '위험'과 '불확실성'의 개념을 참고할 수 있다. 슘페터는 자본주의와 혁신가의 존재를 연결해서 생각했는데, 자본주의의 본질과 관련해 이를 맑스, 드러커, 폴라니 등과 비교해볼 수 있다. 슘페터로부터 씨스템 이행의 연속성,

혁신가의 급진성, 시장경제의 진보가능성을 탐구해볼 수 있다. 슘페터 이후로 경제씨스템을 구성하는 조직 요소에 대한 이론이 심화·발전했다. 새로운 모델을 구성하는 요소로서 혁신가가 주도하는 조직들을 상정해볼 수 있는데, 이때 조직가로서의 혁신가 역할에 주목하게 된다. 조직가로서의 혁신가를 정의하기 위한 이론적 자원으로는 코즈와 윌리엄슨의 제도경제학, 짐멜 등의 네트워크 이론, 드러커 등의 지식이론을 참고할 수 있다. 이때 조직가로서 혁신가가 수행하는 주요한 역할은 조직선택 또는 조직혁신, 네트워크의 허브나 지식의 조직 등이다.

이렇듯 이론 자체의 탐구도 중요하지만, 더 풍부한 성과를 내기 위해서는 혁신가 사례를 중심으로 연구·교육해야 한다. 사례 연구와 교육은 기존의 경제학 연구와 교육을 혁신하고 '혁신가 경제학'이라는 새로운 분야를 형성하기 위한 요소이자 과정이다. 이 책에서는 사례 연구·교육의 영역을 구분하는 기준으로 제도경제학이나 네트워크 사회학에서 논의하는 학문분류 기준, 혁신가의 역할, 한국 사회의 새로운 발전모델을 형성하는 데 필요한 과제 등을 고려했다.

역사적으로 볼 때 현실에서 혁신가가 새로운 결합을 추구하는 문제는 주로 제도환경과 거버넌스에 관련된다. 제도환경의 혁신은 구체적으로 국가조직, 관료제, 헌법·사법부, 재산권 등의 규칙 형성에 관한 문제가 핵심을 이룬다. 거버넌스의 혁신은 새로운 조직형태를 창출하는 문제인데, 결국 시장·기업·네트워크 등을 어떻게 조직하고 결합하는가가 관건이다. 여기서 더 나아가 여러 수준의 제도·조직 차원에서 다양한 혁신의 과제를 생각해볼 수도 있을 것이다. 이를

테면 국가 또는 조직 차원에서 개방과 보호를 어떻게 결합할 것인가, 분권적 관계와 집권적 관계를 어떻게 결합할 것인가, 협력과 경쟁의 요소를 어떻게 결합할 것인가 하는 문제를 탐구해보는 것이다.

이러한 문제의식에 따라 제3부와 제4부에서는 제도와 조직의 혁신가를 각각 다뤘다. 제도혁신의 영역에서는 '국가조직'과 관련해 개방·보호의 역할을 새롭게 구성한 장보고, '관료제'와 관련해 분권·집권의 관계를 재조정하게 한 사상적 혁신가로서 주자, 헌법이나 재산권 등 '규칙'과 관련해 협력·경쟁의 사회관계가 공존하는 헌법질서를 구상한 로크를 사례로 들었다. 조직혁신의 영역에서는 '시장'과 관련해 개방·보호의 요소를 재결합한 베네찌아 상인, '기업'과 관련해 분권·집권의 새로운 씨스템을 만든 포드, '네트워크'와 관련해 협력·경쟁의 관계를 재구성한 사례로서 몬드라곤의 협동조합 등을 제시했다.

이상에서 살펴본 바에 따르면, 혁신가는 어느 시기, 어떤 수준에서든 간에 새로운 결합과 연결과 조직을 통해 기존 씨스템을 파괴하고 변경하는 활동을 수행한다는 점을 확인할 수 있다. 역사적으로 볼 때 혁신가는 국가·관료제·규칙 등을 내부적으로 재편성해 새로운 제도를 만들었으며, 새로운 조직형태로서 시장·기업·네트워크 조직을 창설했다.

2_혁신가가 되는 길

이 책의 처음 질문으로 되돌아가보자. 혁신가란 누구인가? 나는 여러 강의를 이 질문으로 시작하곤 했다. 이에 대해 두서없이 생각나는 사례를 말하다 보면 조금씩 진전된 대답이 나오기 마련이다. 둘째 아이에게도 여러번 다시 물었더니 "새로운 생각과 새로운 방법으로 새로운 기술과 사회를 만드는 사람"이라는 답을 내놓았다. 혁신의 핵심적 기능은 새로움 또는 다양성을 끌어내거나 끌어오는 것이다. 그리고 혁신은 기술 영역 밖에서도 폭넓게 발견되는 개념이다. 혁신은 우리 일상생활 아주 가까이에 있는 개념이다.

그렇다면 질문을 바꿔 다시 묻는다. 지금 우리는 어떻게 혁신가가 될 수 있을까? 좀더 까다로운 물음이어서 답하기가 쉽지 않다. 혁신이란 기존의 씨스템 일각을 파괴하는 과정이다. '새로움'을 추구하는 혁신은 그 결과가 근본적으로 불확실하며, 새로운 방법을 도입하는 일은 광범한 저항에 부딪힐 수밖에 없다. 이를 뚫고 나아가는 동력은 남보다 더 빨리 움직이려는 욕구에서 나온다. 조금씩이라도 움직여보고 그 움직임을 본능으로 끌어들여 보는 것이다. 꼭 한번에 멀리 뛰지 않아도 좋다. 다만 꾸준히 움직이는 것이 중요하다.

혁신가가 움직임의 방향을 포착하는 것은 중요하다. 그러나 그 방향이 처음부터 분명하지 않을 수도 있다. 어느 시점에서 혁신은 그저 지금 상태에서 벗어나고 말겠다는 막연한 희망과 비슷할 수도 있다. 그런데 희망은 루쉰魯迅이 말한 것처럼 본래 있다고도 말할 수 없고 없다고도 말할 수 없다. 그것은 여러 사람이 걸어가며 만드는 '길'과 같다.[3] 처음부터 땅 위에 길이 있었던 것은 아니니 그 길의 방향을 알기는 어렵다. 꾸준히 움직여 여럿이 함께 가다 보면 길이 되는 것이다. 걸으며 만드는 것이 희망이고 또 혁신이라는 생각을 해본다.

다양한 연구들은 혁신에 여러 유형이 있으며, 그것이 집합적이고 협동적인 작업임을 말해준다. 혁신에는 점진적이고 제한적인 혁신도 있고, 급진적 혁신도 있다. 또한 기술혁명에 해당하는 것도 있다. 그런데 혁신의 기반이 되는 발명 자체가 우선 집합적이고 연속적인 과정이다. 발명에도 매크로 발명이 있고 마이크로 발명이 있다. 매크로 발명이 완전히 새로운 영역을 열어젖히는 것이라면, 마이크로 발명은 매크로 발명 이후 전개되는 점증적인 기술진보를 말한다. 발명의 경제적 효과는 기술이 개선·개량되는 과정에서 점진적으로 발생하는 경향이 강하다. 현실에서 매크로 발명은 우연성에 좌우되는 측면이 있기 때문에 이론화하기 어렵다. 따라서 최근에는 산업혁명의 기술혁신이 마이크로 발명을 통해 이루어진 과정에 주목하고 있다. 산업화 시기를 개인의 발명에 기댄 '영웅적'heroic 시대로 인식하던 데서 이제는 '익명적'anonymous 기술 변화를 강조하는 방향으로 바뀌고 있다. 혁신에서 누적적 개선과 확산이 핵심이라는 관점이 중요해진 것이다.[4]

발명보다 혁신은 더욱 연속적이고 씨스템적인 과정이다. 혁신은 발명과 상당히 긴 시차를 두고 진행되며 발명 이외의 다른 요인, 특히 경제적 요인과 많은 관련을 맺기 때문에 더 '집합적'인 행동과 '연속적'인 시간을 기반으로 한다. 돌연한 발명이 있다고 해도 혁신이 이루어지기까지는 긴 시간이 필요하다. 레오나르도 다빈치가 무언가를 발명했다 하더라도 그것이 혁신 단계로 진입하려면 여러 부수적·보완적 발명과 혁신이 필요한 것이다.[5]

기술혁신에 관한 현대의 사례 연구들은 이러한 집합적·연속적 성격을 부각시킨다. 경제사가들은 한편으로 특허권의 출현을 강조하기도 하지만, 또 한편으로는 특허권 제도 밖에서 일어나는 '익명적'인 점진적 기술진보의 중요성에 주목하기도 한다. 영국 콘월Cornwall 지역에서 발전한 증기기관이 그 대표적인 사례다. 1769년 출원된 제임스 와트James Watt(1736~1819)의 특허권이 1790년대에도 연장되자 콘월의 지역 엔지니어들과 분쟁이 일어났다. 분쟁에 따른 정체기를 지나자 일단의 광산 매니저들은 엔진 기술을 공유하는 저널을 운영하고 기술 개선 경쟁을 활성화하는 환경을 조성했다. 콘월 지역에는 새로운 기술지식이 공적 영역에 존재했고 기술진보는 지역 생산체제 아래 집합적인 노력으로 이루어진 것이었다.[6]

혁신의 과정이 집합적·연속적이므로 혁신가는 그 과정을 밀고 나가는 꾸준한 마음과 뜻을 지니는 것이 중요하다. 혁신가는 새로움에 호의적이고 개방적인 태도를 지켜가는 사람이다. 혁신이 집합적 행동의 과정과 결과로 이루어지는 것이라면, 혁신가는 자신의 행동을 꾸준히 누적하고 다른 사람들과의 신뢰 속에 협력할 수 있어야 한다. 불가에서 쓰는 말로 표현하면 혁신가는 용맹정진勇猛精進하는 사람이라고 할 수 있다. 또한 유가에서 쓰는 말로 천도天道나 인도仁道 등의 말을 떠올려본다. 『중용』에 "성이라는 것誠者은 하늘의 도天道이며 성에 도달하려고 하는 것誠之者은 사람의 도人道이다"라는 구절이 있다.[7] 새로움과 관련지어 다시 말해보면 하늘의 도는 매크로 혁신에, 사람

제임스 와트는 오랫동안 증기기관을 발명한 대중적 영웅이자 영국 산업혁명을 대표하는 인물로 여겨졌다. 그러나 증기기관이 어느 한 사람의 아이디어로 탄생한 것이 아니라 여러 요소가 결합된 집합적 발명의 소산이라는 관점이 힘을 얻고 있다. 또한 증기기관의 발명은 정규교육을 받은 기술자와 산업가가 점점 늘어나던 추세와 경험적·실험적·아마추어적으로 형성되고 있던 과학 지식이 연결되는 과정을 보여주는 사례이기도 하다.

와트는 영국 스코틀랜드 지방의 그리녹에서 태어났다. 조부는 수학 교사였으며 부친은 시의회 의원이자 조선·건축업에 종사했다. 그는 정규교육을 통해 언어와 수학을 배웠고, 17세에는 런던에서 도제 훈련을 받았다. 19세에 글래스고우 대학으로 가서 도구 제작자로 취직했으며 과학자들과 교류했다. 당시까지는 토머스 뉴커먼Thomas Newcomen(1663~1729)이 1712년에 개발한 뉴커먼 엔진이 사용되고 있었다. 와트는 글래스고우 대학의 자연철학 수업에서 사용되던 뉴커먼 엔진을 수리하면서 이를 개량하는 작업을 수행했다. 그 결과 1768년 분리응축기 증기기관을 발명하여 특허를 얻었다. 뉴커먼 엔진은 실린더 안의 증기를 직접 냉각했는데, 분리응축기 증기기관은 실린더 밖에서 증기를 냉각시킴으로써 열효율을 높여 석탄 낭비를 줄였다.

와트는 특허를 받은 후 제임스 로벅과 동업해 증기기관의 산업화를 시도했는데, 로벅이 1772년 도산하자 와트의 특허권은 뛰어난 사업가이자 전략가인 매튜 볼튼Matthew Boulton(1728~1809)에게 넘어갔다. 볼튼은 철을 다루는 데 정통한 존 윌킨슨을 끌어들여서 증기기관의 실린더를 개선하는 한편, 1783년 만료 예정이던 와트의 특허를 1800년까지 연장하는 데 성공했다. 그리고 콘월 지역에서 전세계에 사용될 수 있는 증기기관을 만들겠다는 계획을 세우고 추진했다.

영국 남서부에 위치한 콘월 지역의 주요 산업은 주석과 구리 채광이었다. 콘월의 주석과 구리는 깊은 수직갱도에서 채굴해야 했기 때문에 배수시설이 절대적으로 필요했다. 볼턴과 와트는 배수시설에 쓰일 증기기관을 제공하는 댓가로 콘월 광산의 지분과 함께 비용절감분의 1/3을 사용료로 받기로 계약했다. 볼턴과 와트의 증기기관은 콘월 전역에서 사용되어 큰 수익을 가져왔다. 콘월에서 기회를 잡은 볼턴은 증기기관을 '바퀴'에 적용하는 작업에 착수했으며, 이는 연쇄작용을 일으키면서 증기기관 구동 공장의 시대를 열었다.

W. Rogen *The Most Powerful Idea in the World: A Story of Steam, Industry and Invention*, Random House 2010, 『역사를 만든 위대한 아이디어』, 엄자현 옮김, 21세기북스 2011, 8장; 송성수 「산업혁명의 상징, 증기기관과 제임스 와트」, 『기계저널』 44(2), 대한기계학회 2004.

의 도는 마이크로 혁신에 해당하는 것이라고 할 수 있겠다. 하늘의 이치는 본질적이고 구조적인 것이지만 돌연하고 우연한 것으로 모습을 드러내는 경향이 있다. 어찌되었든 사람은 그 이치에 도달하기 위해 항상 고심하며 계속 힘써 행해야 한다.

조선 후기 정조正祖(재위 1776~1800)를 주인공으로 한 영화 〈역린〉때문에 유명해진 『중용』의 구절이 있다. 정조가 혁신가인지 아닌지의 문제는 제쳐두더라도, 정조가 신하들에게 말하도록 한 이 구절만큼은 혁신가가 어떤 길을 가야 하는지를 잘 설명해주는 듯하다.

작은 일도 무시하지 않고 최선을 다해야 한다. 작은 일에도 최선을 다하면 정성스럽게 된다. 정성스럽게 되면 겉으로 드러나게 되고 겉으로 드러나면 이내 밝아지고 밝아지면 남을 감동시키고 남을 감동시키면 이내 변하게 되고 변하면 생육된다. 그러니 오직 세상에서 지극히 정성을 다하는 사람만이 나와 세상을 변하게 할 수 있는 것이다.[8]

3_혁신과 사회혁신

최근 한국에서 '사회혁신'은 중요한 화두로 떠올랐다. 시민사회는 시민사회대로, 일부 자치체는 또 그 나름대로 새로운 운동과 정책 방향을 모색하며 사회혁신 개념을 거론하고 있다. 사회혁신 개념은 1960년대와 1970년대 초 미국의 학생운동과 노동운동으로부터 태동했다. 이때부터 사회혁신은 여러 형태의 집합 행동과 사회적 전환에 대한 공통적 특징을 일컫는 느슨한 개념으로 사용되어왔다. 일반적으로 서구에서는 사회혁신을 하향식 위주의 경제사회에서 좀더 상향식으로 옮겨가며 창조적·참여적 사회로 이끄는 것으로 이해한다.[9]

사회혁신은 새로운 문제해결 방식을 실천하는 와중에 형성되는 일종의 인식론적 도전이기도 하다. 따라서 사회혁신 개념은 한 사회가 직면한 문제의 복잡성과 특수성에 기초할 수밖에 없다. 유럽이나 미국에서 사회혁신 프로젝트는 전통적인 사회복지 써비스의 실패를 비롯해 커뮤니티에 기초한 신뢰, 싱크탱크, 기업경영 실무, 정부 펀딩 프로그램을 인식하는 광범위한 프로젝트와 관련해 발전했다. 그리고 그러한 프로젝트를 실행하는 데 기초를 마련하는 차원에서 사회혁신 지식생산 씨스템을 형성하고 있다. 유럽과 미국이 그랬던 것처럼 한국에서도 나름의 방식과 인식을 만들어갈 필요가 있다.

나는 어느 MBA 과정 강의에서 학생들에게 저마다 모델이 될 만한 혁신가를 선정해보고 그 인물의 활동을 통해 혁신 개념에 포함되는 요소를 찾아보라는 과제를 낸 적이 있다. 학생들은 대부분 사회활동 경력이 있는 사람들이고 사회적 경제 영역에서의 활동을 계획하고 있었다.[10] 나는 이 학생들이 혁신, 사회혁신, 사회적 경제 등의 개념에 대해 어떤 구분선을 지니고 있는지 궁금했다. 학생들이 제출한 과제를 살펴보면 크게는 사회혁신을 기업 차원의 일반적인 혁신 개념 범주 안에 두는 경우, 사회혁신과 혁신 개념을 구분하는 경우, 그리고 그밖의 경우가 있다.

사회혁신을 기업 차원의 혁신 개념의 연장선에서 보는 관점에서는 기업가와 사회혁신가를 구분하지 않았다. 여기서 여러 학생이 든 사례가 엘론 머스크Elon Musk이다. 그는 '엑스닷컴'과 '페이팔'의 창업자로 다시 항공우주벤처회사 '스페이스X', 전기자동차회사 '테슬라', 태양광 발전회사 '쏠라시티'를 설립했다. 테슬라는 초고속충전소에 쏠라시티의 태양광 패널을 설치해 화석연료를 발생시키지 않는 생태계 구축을 시도하고, 화석연료가 지구환경을 파괴하는 데 대비해 화성과 왕래가 가능한 로켓을 만들겠다고 주장한다. 학생들은 엘론 머스크를 영리 추구가 사회적 가치와 동반할 수 있음을 보여주는 혁신가 사례로 제시했다. 이런 혁신가는 신제품 발명, 새로운 생산방법 도입, 새로운 시장 개척 등 새로운 결합을 수행하는 슘페터식 활동을 수행한다고 할 수 있다.

사회혁신에 기업의 운영원리를 도입한 과학적 박애주의자들의 사례도 있다. 록펠러John D. Rockefeller, 오미다이어Pierre Omidyar, 빌 게이츠Bill

Gates 등은 인류애에 바탕을 두고 공동선을 위해 노력했고, 문제해결을 위해 적극적 개입을 시도했다. 이를테면 록펠러는 카네기와 함께 미국식 자선의 전형을 형성한 인물인데, 자선을 위한 신탁과 재단을 마련하고 과학적 증여 원칙을 수립해 자선사업을 체계화했다. 오미다이어는 기부금을 조성하는 재단과 수익을 창출하는 투자기관을 합한 '오미다이어 네트워크'를 설립했다. 그는 기업가정신이 사회문제에도 적용되어야 한다는 '벤처 박애주의' 철학을 수립했다.

기업가가 사회혁신가가 될 수 있다고 보는 사례는 이 밖에도 여러 경우가 있었다. 일본의 닛신식품日淸食品은 전통적인 수제품 라면과 차별화되는 즉석라면을 개발했다. 이를 제시한 학생은 닛신식품의 창업자 안도오 모모후꾸安藤百福가 식량난 문제에 진지하게 공감하고 있었고, 즉석라면 조리법을 독점하지 않았다는 점에서 공유와 공생의 가치를 추구했다고 보았다. 디자이너 나가오까 켄메이長岡賢明는 '디 앤 디파트먼트'D&Department라는 디자인 매장을 일본의 여러 지방도시에 개점했다. 그는 지역의 고유문화와 전통산업을 재조명하여 지역 브랜드를 개발하고 디자인과 리사이클링을 결합시켰다.

다른 한편에서는 사회혁신가를 종래의 기업가와는 다른 영역에서 차별적인 활동을 하는 존재로 인식하는 관점이 있다. 이를 대표하는 사례가 다양한 사회혁신 프로젝트를 개발한 마이클 영Michael Young이다. 마이클 영은 영국 노동당의 연구조사팀 리더로 전후 영국의 복지국가 씨스템 구축에 기여했다. 그러나 그는 곧 정부조직이 너무 거대해지는 문제점을 지적하면서 해결책으로 민주적 리더십, 쌍방향의 소통 방식, 조직의 규모 축소를 언급했다. 마이클 영은 건강·고령화·

교육·지역공동체·주거·복지 등 다양한 분야에서 새로운 관점으로 사회문제 해결방법을 모색했다. 그는 민간 영역에서 다양한 혁신적 프로젝트를 실천하며 60여개의 조직을 설립했다. 연구소와 사회사업 조직을 통합해 출범한 '영 파운데이션'Young Foundation, 소비자협회, 개방대학, 건강대학, 사회적 기업가 학교 등이 그 예다.

사회혁신을 기업 영역과는 구분되는 시민사회의 혁신활동으로 이해한 다른 사례도 있다. 한 학생은 엘 씨스떼마El Sistema를 예로 들면서, 사회혁신가를 타인의 삶을 긍정적인 방향으로 새롭게 바꾸어갈 기회를 만들고 그 과정에 함께하는 사람으로 정의했다. 엘 씨스떼마는 베네수엘라의 경제학자인 호세 안또니오 아브레우José Antonio Abreu가 조직한 '음악을 위한 사회행동'이 발전해 만들어진 재단으로, 음악을 이용하여 마약과 범죄에 노출된 빈민가 아이들을 가르치고 보호하는 활동을 전개한다. 다른 학생은 혁신 개념을 구성하는 요소로 '자기다움'과 소통을 제시하면서, 과자봉지를 이어 붙여 만든 보트를 타고 한강을 건너는 퍼포먼스를 혁신활동으로 이야기하기도 했다. 마하트마 간디나 넬슨 만델라처럼 새로운 형태로 공공적 가치를 추구한 인물 역시 혁신가라는 견해도 있었다. 이는 혁신 개념을 국가 차원의 제도와 새로운 윤리·가치의 형성을 결합하는 데까지 확대한 것이다. 상당수의 학생들이 혁신 개념을 기업이나 시민사회 차원을 넘어 적용할 수 있는 가능성을 열어놓고 있었다.

한국의 '해피브릿지'라는 노동자 협동조합 사례는 기업 차원의 혁신과 사회적 가치를 추구하는 혁신이 동시에 이루어질 수 있다는 가능성을 보여준다. 해피브릿지는 주식회사로 출발했지만, '사람 중심의 기업'이라는 창업 비전을 지니고 일정한 발전 단계에 이르자 노동자 협동조합으로 전환했다. 이는 다음과 같은 측면에서 네트워크형 조직의 특징을 띤다. 첫째 협력과 분권의 원리를 지닌 채 미션을 기본으로 한 자율적 조직운영을 하는 점, 둘째 경쟁력을 확보하기 위해 기업 간 통합과 합병을 통해 사업을 확장한 점, 셋째 신속한 의사결정을 위해 집단 지도체제를 구축하고 집단적 리더십을 발휘한 점, 넷째 허브를 통한 새로운 연결을 위해 노동자협동조합연합회 결성을 추진한 점이다.

당시 과제를 발표한 학생은 모두 열두명이었다. 발표한 학생들이 사회적 경제 분야의 창업을 준비하고 있었기에 사회적 가치의 추구를 중시하는 경향을 보였다. 혁신을 유럽이나 미국에서 주로 사용하는 좁은 의미의 기업가적 혁신 개념으로 다룬 경우는 전체 12개 사례 중 2개 정도였다. 서구에서 등장한 '사회혁신'적 접근이라는 아이디어는 기업가적 혁신 개념에 대항해 마련된 측면이 강하다. 기업가적 혁신은 기술·시장·정책·거버넌스 체계 등에서 추진되었는데 그러한 혁신의 성과가 제대로 분배되지 않았다는 문제의식에서 사회혁신의 필요성이 제기된 것이다.[11] 그러나 한국에서라면 혁신이 아직 기술 분야를 넘어 추진된 사례가 많지 않고, 혁신의 방향보다는 혁신 자체의 부족이 문제인 단계라는 생각이 든다. 따라서 사회혁신을 혁신에 대항하는 개념으로 인식하기보다는 혁신의 연속선상에 있는 것으로 파악해야 한다고 본다.

4_'87년 체제'를 넘어서기 위하여

2014년 4월 16일 오전 8시 48분경 진도 앞바다에서 세월호가 전복되어 침몰했다. 이 사고로 탑승인원 476명 중 172명만이 구조되고 나머지 304명은 사망하거나 실종되었다. 여야가 참사 이후 167일 만인 9월 30일 세월호 특별법에 합의했다. 특별법의 핵심 쟁점은 진상 규명 문제였으며, 정치권의 합의가 늦어진 것은 조사를 하는 특별검사를 결정하는 방법 때문이었다. 세월호 참사 가족대책위원회는 여야의 합의안을 거부한다고 밝혔다. 한국 사회는 이 초대형 참사의 진상을 밝히는 시작단계에서부터 다시 표류했다.

사고 원인에 대해 정부는 무리한 변침으로 잠정적인 결론을 내렸으나 조타기의 결함, 선박의 구조 변경 및 결함, 과적 화물의 느슨한 고정, 암초 충돌 등도 원인으로 작용했다는 의혹이 제기됐다. 시간적으로 보면 출항 전에 선박 정비상태에 문제가 있었던 것, 안전 교육을 소홀히 한 것, 정해진 양 이상의 화물을 적재하고 제대로 고정시키지 않은 것, 침몰 당시 가까운 해상교통관제센터와의 통신상태를 유지하지 않은 것, 선장과 선원이 승객을 버리고 피신한 것, 침몰 후 구조 인력을 제때에 투입하지 않은 것, 정부의 구조장비 투입이 지연된 것 등이 지적되고 있다. 이런 식으로 참사의 원인을 제기하는 것은 이를테면 마이크로 위험의 문제를 열거하는 일이다.

그런데 비단 한국 사회의 위험이 상존하는 마이크로 안전 부재만의 문제인가? 사회학자 울리히 벡Ulrich Beck은 현대성modernity 또는 고도현대성high modernity이 '위험사회'를 초래한다고 했지만, 한국처럼 압축적이고 돌진적인 현대화를 경험한 경우에는 후기산업사회의 전형적인 위험과 함께 산업사회 혹은 전환기 사회의 위험, 그리고 전통 사회의 위험이 복잡하게 얽혀 나타난다.[12] 씨스템 차원에서 말한다면, 전통적·근대적·후기근대적 성격을 지닌 매크로 씨스템과 마이크로 씨스템이 함께 얽혀 있다고 할 수 있다. 세월호 참사의 원인은 매크로 씨스템과 마이크로 씨스템 차원에서 모두 살펴야 한다. 개혁과 변화 또한 매크로·마이크로 차원 모두에서 이루어져야 한다. 우리 사회는 혁신을 마이크로 차원으로만 접근할 경우 의미있는 변화의 추세를 지속하기 어렵다. 마이크로 혁신을 추진하면서도 이를 이끌어주는 매크로 혁신의 돌파가 필요한 것이다.

세월호에 탄 승객들뿐만 아니라 우리 아이와 학생들, 기성세대들을 포함한 한국 사회 전체가 어떤 씨스템에 묶여 교착상태에 빠져 있다. 나는 현 단계 씨스템이 1980년대 말부터 1990년대 초에 형성되었다고 생각한다. 정치적으로는 1987년 헌법체제가 마련되었고, 경제적으로는 세계적 차원의 생산 네트워크가 전개되면서 산업구조가 한 단계 더 고도화되었다. 그러나 이러한 씨스템의 장점은 상당 부분 소실되고, 불공정과 불평등의 구조가 심화되어왔다. 선량한 사람과 공공선을 지향하는 행위가 제대로 보상받지 못하고, 정치·경제·교육 등 모든 부문에서 강한 자나 약한 자나 상대방을 치열하게 공격하는 것이 일상화되어 있다. 공존과 신뢰에 입각한 규칙과 씨스템이 마련되지 않아 진정성의 정치, 공정 거래, 인성 교육, 안전의 원칙을 이야기하는 것은 쉽게 '바보스러운' 행동이 되어버린다. 사회 전체가 생존과 기득권 방어에 급급한 탓에 혁신가가 나오기 어렵다.

나는 전통적·근대적·후기근대적 성격을 함께 지닌 오늘날 한국의 매크로 사회경제 씨스템을 '87년 체제'라고 부르고 싶다. 87년 체제는 변형된 동아시아 발전모델과 부분적 민주화체제의 결합으로 나타났다. 동아시아 발전모델은 자본주의와 사회주의 진영이 서로 적대하던 냉전체제 속에서 위계적 국가와 시장이 조합된 모델이다. 냉전체제가 붕괴하고 글로벌화·정보화가 진전되며 위계적 국가에 대한 민주화 압력이 증가하자, 오히려 위계제 씨스템은 유지하면서 시장의 힘은 강화되고 국가의 조정능력은 약화되는 방향으로 변형이 이루어졌다. 이렇게 위계적 국가주의와 불공정한 시장주의가 '나쁜 균형' 상태로 결합된 씨스템이 87년 체제다.

나는 시장제도와 기업제도가 지금보다 더 경쟁과 협력에 충실해야 하며 다양한 네트워크 조직이 많아져야 한다고 본다. 또 국가와 관료제는 더 분권적으로 개혁되고 헌법·사법부나 재산권 등 규칙은 더 공정하게 운영되어야 한다. 이러한 '좋은 균형' 상태가 내가 생각하는 '한반도경제'다. '나쁜 균형'에서 '좋은 균형'으로의 전환은 혁신가들에 의해 이루어진다. 혁신가들은 새로운 결합과 연결과 조직으로서 네트워크를 만든다. 이러한 네트워크는 개인·조직·국가(세계) 등 여러 차원에서 형성되는 협력적인 상호작용의 관계다. 네트워크는 한편으로는 패러다임 전환의 의제이고, 또 한편으로는 프로그램들의 패키지를 의미하기도 한다.[13]

혁신에는 기술적 측면과 사회적 측면이 공존하기 마련이고, 마이크로 혁신과 매크로 혁신이 분리되어 있는 것도 아니다. 혁신가는 여러 차원에서 다양한 결합과 네트워크를 형성한다. 혁신가의 마이크로 혁신과 매크로 혁신은 서로 연결되고 영향을 주고받으면서 씨스템 혁신을 이룬다.

사회적 관계에 초점을 두는 것이 폴라니식의 씨스템 혁신 개념이라면, 그것은 그것대로 추진해야 한다. 그런데 동아시아나 한반도 차원에서는 시장·기업을 포함한 경제적 조직관계를 재배열하는 슘페터식의 씨스템 혁신이 여전히 매우 중요하다. 네트워크는 슘페터식 혁신과 폴라니식 혁신을 연결할 수도 있다. 경제적·사회적 차원에서 새로운 네트워크를 형성하는 것은 '넓은 의미'의 사회혁신이라고 할 수 있다.[14] 혁신가는 이렇게 새로운 결합과 연결로 씨스템을 바꾸는 사람이다.

제1부 프롤로그

1장 왜 '혁신가 경제학'인가

1 정약용『유배지에서 보낸 편지』, 박석무 옮김(창비 2009).

2 슘페터를 비롯한 여러 학자들의 '혁신' 개념에 대해서는 이 책의 제2부를 참조하기 바란다. 또한 이 책을 쓰면서 교육과정으로서의 '혁신가 경제학'을 제안하는 논문을 발표한 바 있는데, 혁신 개념에 대한 논의는 이 논문에 주로 의존했다. 이일영「'혁신가 경제학'의 교육과정 모색: 개념과 사례를 중심으로」,『동향과 전망』90(한국사회과학연구회 2014).

3 앞의 논문 196~98면.

4 이매뉴얼 월러스틴『사회과학의 개방』, 이수훈 옮김(당대 1996); 이매뉴얼 월러스틴『지식의 불확실성: 새로운 지식 패러다임을 찾아서』, 유희석 옮김(창비 2007).

5 안현효「탈자폐경제학과 대안적 경제교육 교육과정」,『경제교육연구』20(1)(한국경제교육학회 2013)을 참조.

6 같은 논문 80~81면.

7 예를 들어 올리버 윌리엄슨은 제도의 경제학의 분석대상이 네가지 수준, 즉 임베디

드니스(embeddedness), 제도환경(institutional environment), 거버넌스(governance), 자원배분(allocation)에 존재하는 것으로 분류했다. 윌리엄슨은 임베디드니스의 예로 비공식제도·관습·전통·규범종교 등의 문제를 들었다. 제도환경은 게임의 공식 규칙으로 특히 재산권과 관련된 제도가 핵심인데, 국가조직·사법부·관료제 등이 이에 해당한다. 거버넌스는 게임을 운영하는 것인데 특히 계약이 핵심 문제다. 계약에 따라 거버넌스 구조를 정렬하는 문제, 즉 거번넌스를 위해 어떤 조직형태·계약형태를 선택하는가의 문제다. 자원배분은 가격 및 수량의 문제로 이를 통해 인센티브를 정렬하는 것이다. Williamson, O. E., "The New Institutional Economics: Taking Stock, Looking Ahead," *Journal of Economic Literature* 38(3) (2000).

8 한국의 '사회혁신' 논의에서도 주로 시민운동·지역공동체·사회혁신가의 이니셔티브, 사회구성원 간의 참여·연대·협력 등의 프로세스를 다른 혁신과의 차별점으로 제시한다. 김동준 「서울시 사회혁신 정책의 현황과 과제」, 정건화 외 『서울시 사회혁신 정책과 실험에 관한 평가연구』(서울연구원 2013) 36~39면. 이처럼 좁은 의미에서 '사회혁신'을 정의하는 것은 박원순 시장의 서울시 정책 논의가 대표적이다. 위의 보고서에서 서울시 사회혁신 정책과 관련해 논의되는 키워드는 상생적 시장경제와 도시형 협동사회(조희연), 사회적 경제와 협력적 거버넌스(김영식), 사회적 경제 정책의 시민참여행정(박상필), 주민참여형 도시계획(변창흠), 주민주도형 마을공동체 정책(유창복) 등이다.

9 Rogen, W., *The Most Powerful Idea in the World: A Story of Steam, Industry and Invention* (2010), 『역사를 만든 위대한 아이디어』, 엄자현 옮김(21세기북스 2011).

10 이는 사도신경의 핵심 내용이다. 사도신경은 초대교회에서 기원한 신앙고백의 형식으로 5세기경 현재의 형태를 갖추었으며 10세기 이후 기독교 신앙의 기준으로 자리잡았다.

11 레자 아슬란은 나사렛 예수를 로마제국에 맞서 하느님의 나라를 회복하기 위해 민중운동을 전개하다 처형된 '유대 혁명가'이자 '열성파(젤롯)'로 보았다. 즉 역사적 예수는 바울 이후 만들어진 그리스도 예수와는 다르고, 역사적 예수도 그리스도 예수만큼 신앙의 대상이 되기에 충분한 인물이라는 것이다. Aslan, R., *Zealot: The Life and Times, of Jesus of Nazareth* (Random House 2013), 『젤롯』, 민경식 옮김(와이즈베리 2014). 문제는 예수의 핵심 메시지를 어떻게 해석할 것인가다. 레자 아슬란은 "회개하라. 하느님의 나라가 가까이 왔다"(마가복음 1:15)라는 구절 가운데 '하느님의 나라'를 '현실 속의 나라'에 관한 약속이라고 해석한다. 그러나 기록상으로 볼 때 예수는 실패와 고문과 처형이 기다리고 있는 자신의 운명에 대해 반복적으로 고백했다.

예수가 유대 국가로 로마의 국가를 대체하려 했다고 보기는 현실적으로도 무리가 있다. 아직은 설익은 생각이지만, 나는 예수가 '현실 속의 나라'와 '하느님의 나라'를 함께 말했으며 그 두 차원의 나라를 '연결'하려 했다고 본다.

2장 어떻게 쓸 것인가: 인간 열전의 경제학

1 자오 찬둥 『쟁경』, 노민수 옮김(민음사 2013) 422~24면.

2 이인호 「《사기》성격에 대한 일고찰」, 『중어중문학』 22(한국중어중문학회 1998).

3 이성규 「『사기』 역사서술의 특성: 문사일체의 전형」, 『외국문학』(열음사 1984).

4 '문사일체'라는 표현은 주로 사마천의 글쓰기 방식을 지칭하기 위해 사용되는 말인데, 이는 역사 연구와 서술에서 객관성에 문학적 감수성을 결합했다는 의미다. 사마천은 방대한 사료에서 객관적 사실을 선별하며 이를 서술하면서 다양한 접근방식, 플롯의 설정, 극적 효과의 운용, 생동감 있는 심리묘사 등의 수법을 사용했다.

5 Stone, R., "The Revival of Narrative: Reflections on a New Old Story," *Past and Present* No. 85 (1979).

6 Bates, R. H., et al., "The Analytical Narrative Project," *The American Political Science Review* Vol. 94, No. 3. (2000); Greif, A., "Historical and Comparative Institutional Analysis," *The New Institutional Economics* Vol. 88, No. 2 (2003).

7 백낙청은 필자가 혁신가 경제학을 이야기하면서 사마천의 '문사일체(文史一體)'의 방법을 제안한 것에 대해, 인문학 쪽에서는 오히려 '문석일체(文析一體)'의 방법으로 표현하는 것이 더 낫겠다는 견해를 밝혔다. 동아시아 전통에서 '사(史)'는 넓은 의미의 '문(文)'에 포함되므로 '문'과 '사'를 병치하기보다는 사회과학적 분석에 충실하면서 이를 전통적 인문학의 방식으로 활성화해 '문석일체'를 새로운 인문학의 표지로 삼자는 것이다. 백낙청 「인문학의 새로움은 어디서 오나」, 『창작과비평』 164(창비 2014) 341~42면.

제2부 이론의 혁신가들

3장 혁신을 말한 이론: 슘페터·드러커·폴라니

1 농지개혁에 의해 식민지 지주제가 해체되고 영세소농체제가 성립한 것은 분명하다.

영세소농체제에 식민지 지주제의 유산이 남아 있다는 주장은 거의 해소되었다고 할 수 있다. 그러나 그렇게 형성된 영세소농체제가 유지·성장·발전이 가능한 '안정적' 체제인가는 계속 논의되고 있는 문제다.

2 이 시기는 지식과 정보의 유통방식이 크게 변화한 시기였다. 1989년 흔글1.0의 발표, 1992년 천리안·하이텔 등 PC통신 써비스의 제공은 일상생활에 변화를 가져왔다. 이는 산업구조의 전환 방향을 상징하는 것이었다.

3 맑스는 적대계급으로 나뉜 사회에서 사회혁명의 형태로 일어나는 변화를 논한 바 있다. "특정 발전단계에서 사회의 물질적 생산력은 여태까지 그것이 기능해온 틀 안에서 현존하는 생산관계 혹은—법률적인 용어로 표현한 것에 불과하지만—소유관계와 갈등을 이룬다. 그 관계들은 생산력 발전의 형태에 있어 질곡으로 전화한다. 그리하여 사회혁명의 세기가 시작된다." 칼 마르크스『정치경제학 비판을 위하여』, 김호균 옮김(중원문화 2012).

4 McCraw, Thomas K., *Prophet of Innovation: Joseph Schumpeter and Creative Destruction* (Harvard University Press 2007), 『혁신의 예언자』, 김형근·전석헌 옮김(글항아리 2012).

5 성낙선 「슘페터, 경제발전 그리고 기업가의 역할」, 『경제학연구』 53(4)(한국경제학회 2005a) 166~67면.

6 같은 논문 148면.

7 조지프 슘페터『자본주의·사회주의·민주주의』, 변상진 옮김(한길사 2011) 184면.

8 성낙선, 앞의 논문(2005a) 163~64면.

9 조지프 슘페터, 앞의 책 243~50면.

10 사회학자 스베드베리가 슘페터가 베버의 영향을 받았음을 주장하는 데 대해, 성낙선 교수는 슘페터의 '진정한 타자'는 맑스였다고 지적한다(성낙선 「슘페터와 맑스: 역사관, 자본주의관, 사회주의관 비교」, 『사회경제평론』 25, 2005b). 나도 성낙선 교수의 논지에 상당 부분 공감한다. 단, 혁신의 개념을 정립하는 데에서는 슘페터를 통해 맑스의 의미를 재조명하는 것보다는 맑스와의 대결 속에서 형성된 슘페터의 통찰을 추려내는 것이 더 의미있는 일이라고 본다.

11 조지프 슘페터, 앞의 책 165면.

12 같은 책 309~11면.

13 피터 드러커『자본주의 이후의 사회』, 이재규 옮김(한국경제신문사 2002); 이재규 「피터 드러커의 지식사회와 연금기금자본주의 소론」(한국인사조직학회 1993년도 춘계학술연구발표회 발표논문집).

14 *Innovation and Entrepreneurship*의 번역본은 피터 드러커 『미래사회를 이끌어가는 기업가정신』, 이재규 옮김(한국경제신문사 2004).

15 폴라니 집안은 형제들도 모두 비범했다. 첫째인 오토 폴은 이딸리아로 가서 피아뜨 (Fiat) 자동차를 창립했다. 그는 공산당을 후원하는 진보주의자였는데 나중에는 무솔리니를 선택했다. 둘째인 아돌프는 이상사회를 건설하기 위해 브라질로 떠나 건축업에 종사했다. 셋째인 무지는 헝가리 민족음악의 길을 개척했고 농촌운동에 기여하여 협동공동체 운동에 영향을 미쳤다. 넷째가 칼 폴라니다. 막내 마이클은 독일로 가서 아인슈타인의 제자가 되었으며 노벨상 수상자로 거론되던 중 자유주의 성향의 과학철학자로 돌아섰다. 그의 아들 존 폴라니가 나중에 노벨상을 수상했다.

16 '어두운 악마의 맷돌'이란 윌리엄 블레이크의 시에서 빌려온 표현이다. 블레이크는 1791년 앨비언 제분소 화재를 보고 「예루살렘」이라는 시를 썼는데, 여기에 "And did the countenance divine / Shine forth upon our clouded hills / And was Jerusalem builded here / Among the dark Satanic mills"라는 구절이 있다.

17 칼 폴라니 『거대한 전환: 우리 시대의 정치·경제적 기원』, 홍기빈 옮김(길 2009) 94면, 180면.

18 같은 책 248면.

19 폴라니주의의 입장에서 보더라도 시장경제의 압도적 위상을 부인하기는 어렵다. 시장경제는 몇차례의 도전을 받았지만 꾸준히 스스로를 강화해왔다. 이제는 경제가 사회로부터 빠져나온 시대라고 말하기 어렵고 오히려 사회가 경제에 묻힌 시대가 되었다. 이러한 조건에서 경제를 사회 속에 다시 묻는(embed) 것은 꿈같은 이야기로 들릴 수도 있다. 박현수 「칼 폴라니와 사람의 살림살이」, 『문화과학』 32(문화과학사 2009) 236~37면.

20 함규진 「시장통의 햄릿, 거대한 전환을 꿈꾸다: 폴라니」, 『인물과사상』 194(인물과사상사 2014) 126~27면.

21 칼 폴라니, 앞의 책 559면.

22 이와 관련해서는 이일영 「'동아시아 자본주의'의 현재와 미래」, 『창작과비평』 167 (창비 2015) 356~58면을 참조.

23 이것은 슘페터가 말한 핵심 테제이기도 하다. 그에 의하면 자본주의는 존속할 수 없는데, 실패 때문이 아니라 성공 때문에 붕괴한다. 자본주의의 성공이 토대를 침식하여 '불가피하게' 그 존속을 불가능하게 만들고 사회주의를 지향하는 상태를 만들어낸다는 것이다. 조지프 슘페터, 앞의 책 149~51면.

1 한국에서는 보수정치의 주도 아래 부분적 민주화가 진행되었고, 전세계적으로 국가사회주의가 무너졌다. 구소련 및 중국과 한국의 수교가 이루어지는 가운데, 북한의 경제씨스템은 위기에 직면해 핵무기 개발에 나서게 된다. 경제적으로도 중대한 변화가 진행되었다. 1990년대 전반을 거치면서 글로벌 분업에서 동아시아 생산 네트워크가 중요한 비중을 차지하게 되고, 이에 부응하여 한국 자본주의는 새로운 방식으로 변형했다. 1980년대 말 이후 1990년대를 통해 세계와 한반도에 중대한 현실 변화가 있었음에도 진보 진영의 담론·운동·정치는 1980년대 초반과 중반에 형성된 틀에서 크게 벗어나지 못했다.

2 박현채『민족경제론』(한길사 1980); 김병태 외『한국경제의 전개과정』(돌베개 1981).

3 한반도사회경제연구회『한반도경제론: 새로운 발전모델을 찾아서』(창비 2007); 이일영『새로운 진보의 대안, 한반도경제』(창비 2009).

4 Coase, Ronald H., "The Nature of the Firm," *Economica* NS 4(16) (1937); Coase, Ronald H. "The Problem of Social Cost," *Journal of Law and Economics* 3 (1960).

5 최정규·허준석,「급진파 제도경제학에 대한 연구: 보울즈와 진티스의 논의를 중심으로」,『동향과 전망』37(한국사회과학연구회 1998); 정건화「대안적 경제체제의 모색을 위한 제도경제론적 검토: 시장담론을 중심으로」,『사회경제평론』23(한국사회경제학회 2004).

6 이하 코즈가 발전시킨 개념에 대해서는 이일영「신제도주의 경제학의 제도환경 이론에 관한 연구 노트」,『동향과 전망』73(한국사회과학연구회 2008)에 주로 의거하여 설명했다.

7 정책적 함의를 분명히 하기 위해 '코즈의 정리'를 몇개로 분해하기도 한다. 거래비용이 영(0)인 경우 재산권 배분구조와 무관하게 자원은 항상 효율적으로 배분된다. 그러니 사적 협상에 맡기면 된다(코즈의 제1정리). 거래비용이 양(+)인 경우 재산권 배분구조가 자원의 효율적 이용에 영향을 미친다. 권리는 그것이 부여된 곳에 끈끈이처럼 그대로 붙어 있게 된다. 정부가 적절히 권리의 이용가치를 판단하여 재산권 구조를 선택함으로써 자원의 효율적 이용이 달성된다(코즈의 제2정리). 정부가 개입하는 비용이 낮으면 정부가 개입하고 제도를 선택한다(코즈의 제3정리). 이재우「코즈 정리의 법경제학적 쟁점 연구」,『경제연구』21(2)(한국경제통상학회 2003) 46~52면.

8 물론 재산권 제도 형성에 외부성만 작용하는 것은 아니다. 해럴드 템세츠는 외부성뿐만 아니라 친밀성(compactness), 생산성, 조직상의 복잡성, 위험 등 교환의 여타 문제

들을 함께 관련지으며 이론의 범위를 확장하려 했다.

9 이하 하이브리드 조직에 관한 논의는 이일영「하이브리드 조직 모델의 수정과 응용: 격차 문제의 대응을 위하여」,『동향과 전망』76(한국사회과학연구회 2009)을 참조.

10 이상민·이용수「사회자본 투자의 경제사회학적 분석」,『한국사회학』41(2)(한국사회학회 2007) 71~73면.

11 김우식「사회연결망의 구성과 변동에 대한 고전사회이론의 기여」,『담론201』15(3)(한국사회역사학회 2012) 8~17면.

12 김무경「소집단과 네트워크 형성 기제로서의 '비밀'」,『동아연구』39(서강대학교 동아연구소 2000).

13 시장의 하이브리드 형태로는 반복적 거래, 위계적 문서로서의 계약 등을, 위계조직의 하이브리드 형태로는 비공식 조직, 이윤센터나 이전가격 설정 등을, 네트워크의 하이브리드 형태로는 지위계층, 복수의 파트너, 공식적 규정 등을 들 수 있다. Powell, Walter W., "Neither Market nor Hierarchy: Network Forms of Organization," *Research in Organizational Behavior* 12 (1990).

14 Podolny, Joel M. and Karen L. Page, "Network Forms of Organization," *Annu. Rev. Sociol.* 24 (1998).

15 바라바시의 연구가 가진 의의에 대해서는 이원재「네트워크 분석의 사회학 이론」,『정보과학회지』29(11)(한국정보과학회 2011)를 참조.

16 네트워크 개념의 근대적·탈근대적 성격에 대해서는 김석현「네트워크론의 이론지형과 실천적 함의」,『동향과 전망』85(한국사회과학연구회 2012)를 참조.

17 이일영, 앞의 책(2009) 제6장, 제10장.

18 이일영「글로벌 생산 분업과 한국의 경제성장: 동아시아 생산 네트워크의 형성과 한반도 네트워크 경제의 비전」,『동향과 전망』93(한국사회과학연구회 2015).

제3부 제도의 혁신가들

5장 동아시아 지중해의 혁신가: 장보고

1 강명관「근대 꿈꿨다고? 주자학에 철저한 사람이었다」,『한겨레』(2012. 6. 20).

2 신채호「조선 역사상 일천년래 제일 대사건」,『조선사연구초』(조선도서주식회사 1929).

3 사상적 발전의 과정에서 보면 주자학은 당시로서는 오히려 지배체제 내에서 분권을 추구한 혁신의 산물이었다고 할 수 있다.

4 사마광은『자치통감』에서 이렇게 표현한 바 있다. "(이정기·전승사·이보신·양숭의 는) 비록 중국의 번신(藩臣)이었으나 실은 북방 오랑캐처럼 (독립된) 이민족국가나 다름없었다." 지배선「고구려인 李正己의 발자취」,『동방학지』109집(연세대학교 국학연구원 2000).

5 윤명철「장보고의 해양활동과 국제관계: 東亞地中海論을 중심으로」,『해양정책연구 16(1)』(해양수산개발원 2001); 지배선「이정기 일가의 산동 지역 활동」,『이화사학연 구』30(이화여자대학교 이화사학연구소 2003).

6 재당신라인 사회가 형성된 원천은 고구려·백제·신라로부터의 인구 유입이었다. 기 록으로만 보더라도, 당나라는 645년 7만명의 고구려인, 660년 1만 2800명의 백제인, 668년 20여만명(3만 8000호)의 고구려인을 강제로 끌고 갔다. 신라인들은 약취와 인 신매매를 통해 유입되었다. 이들은 한족과는 다른 언어·문화·종교·경제체제를 지닌 독립적인 커뮤니티를 형성했다. 이사도의 반란을 진압한 후 당 정부는 반란 수뇌부만 을 처벌하는 관례에서 벗어나 이사도의 부하 1200명을 절차 없이 살해했는데, 이때 내건 명분이 중국과 풍습이 다른 자들이라 죽인다는 것이었다. 이는 한족과는 다른 민족 집단이 광범하게 존재했음을 나타내는 방증이다.

7『삼국사기』「신라본기」10, 홍덕왕 3년조에 나오는 해당 원문은 "夏四月 靑海大使弓福 姓張氏(一名保皐) 入唐徐州 爲軍中小將 後歸國謁王 以卒萬人鎭靑海(靑海今之莞島)"다. 한 편『삼국사기』장보고·정년 열전에는 "대왕이 보고에게 1만명을 주니 그후로 바다에 서 신라인을 파는 자가 없어졌다(大王與保皐萬人, 此後, 海上無鬻鄕人者)"라고 기록되 어 있다.

8『삼국사기』「신라본기」10, 헌덕왕 18년조.

9『삼국사기』「신라본기」10, 헌덕왕 11년조.

10『삼국사기』「신라본기」10, 헌덕왕 8년조.

11 신라가 개방적인 해상무역 국가였다는 것은 뚜렷한 주장으로 존재하고 있다. 신라 가 통일을 이룩한 저력과 해양 능력을 바탕으로 활발한 국제무역을 전개했다는 것이 다. 여기에는 해상 실크로드가 신라까지 연결되었다는 사실이 중요한 근거가 되기도 했다. 이븐 쿠르다지바의『제도로(諸道路)와 제왕국지(諸王國志)』(885)에 기재된 아 랍 상인들의 입당 루트에 Kantu, Sila가 포함되어 있는데, 정수일은 이를 한반도의 강 주(진주), 신라로 비정(比定)했다. 그러나 김성호는 Kantu는 중국 항저우, Sila는 저우 산 군도의 신라번을 나타내는 것으로 보았다. 신라가 삼국통일 이후 당나라와 왕래한

것은 모두 외교적인 조공과 관련된 것이고, 민간무역에 관해서는 단 한건의 기록도 남기지 않았다. 신라는 촌락경제를 기본으로 한 폐쇄국가였고, 해상무역을 주도한 것은 재당신라인, 즉 '중국진출백제인'이라는 것이다. 김성호 『중국진출백제인의 해상활동 천오백년』(맑은소리 1996) 제1장.

12 엔닌 일기의 원제는 『慈覺大師 入唐求法巡禮行記』이다. 국내 번역서로는 엔닌 『입당구법순례행기』, 신복룡 옮김(선인 2007); 엔닌 『엔닌의 입당구법순례행기』, 김문경 옮김(중심 2001) 등이 있다. 국사편찬위원회 한국사데이터베이스(http://db.history. go.kr)에서도 원문과 번역문을 찾아볼 수 있다.

13 정용균 「해상왕 장보고의 무역네트워크와 환태평양 무역네트워크 구축에 대한 탐색적 연구」, 『무역학회지』 37(5)(한국무역학회 2012) 211~12면.

14 역사학계에서 장보고 연구는 중국과 일본의 사료를 발굴하는 작업을 중심으로 이루어졌다. 무역·상경 분야에서는 장보고를 통해 무역사적 의의와 비즈니스 모델을 발견하는 쪽으로 연구가 진행돼왔다.

15 윤명철 「장보고의 해양활동과 국제관계: 동아지중해론을 중심으로」, 『해양정책연구』 16(1)(한국해양수산개발원 2001) 332~35면.

16 『삼국사기』 「신라본기」 11, 문성왕조; 『삼국유사』 권2, 紀異 2, 신무대왕·염장·궁파조; 『삼국사기』 「열전」 4, 장보고·김양전을 참조.

17 『삼국사기』 「열전」 10, 견훤전.

18 이기동 「張保皐와 그의 海上勢力」, 『張保皐의 新研究』(완도문화원 1985); 윤재운 「9세기 전반 신라의 사무역에 대한 일고찰」, 『사총』 45(고려대학교 역사연구소 1996). 장보고에게 상권을 빼앗긴 대해적들과 당나라와 일본의 대상인들이 장보고 암살에 직간접적으로 간여했을 가능성도 제기된다. 윤명철, 앞의 논문 336면.

19 『삼국사기』 「신라본기」 11, 문성왕 8년조; 『續日本後記』 11, 仁明天皇 承和 9년조.

20 『삼국사기』 「신라본기」 11, 문성왕 13년조.

6장 위기지학과 분권화의 사상운동가: 주자

1 백민정 「'소학' 동자들이 어떻게 권력을 바꿨나?」, 『주간조선』(2013. 5. 20).

2 미우라 쿠니오 『인간 주자』, 김영식·이승연 옮김(창작과비평사 1996). 이하 주자의 행적과 말을 인용한 것은 주로 이 책에 의거했다.

3 원(元)의 진정우(陳定宇)는 오중문(吳仲文)에게 보내는 편지에서 동남삼현의 세 친구에 대해 이렇게 평했다. "건도, 순희 연간의 대유(大儒)로서는 주자가 으뜸입니다. 다

음이 남헌(장식)이고 그 다음이 동래(여조겸)입니다. (…) 천품이라는 점에서 말하면 동래가 최고이며 문장으로도 동래가 조금 고아합니다만, 학문으로 말하면 주자는 제유의 집대성자이며, 물론 남헌은 주자에 미치지 못하고 동래는 훨씬 뒤떨어집니다." 앞의 책 136면.

4 같은 책 225면.

5 이는 젊은 시절의 주자가 논어를 주석한 책을 읽으면서 개발한 독서법이라고 한다. 앞의 책 35면.

6 유권종「위기지학의 개념화 과정」,『철학탐구』32(중앙대학교 중앙철학연구소 2012).

7 주자의 스승 이동(李侗)은 주자에게 체인(體認)의 학(學), 정좌에 의한 본성의 함양이라는 수양법 등을 전수했다. 또 그는 일상 속에서의 공부를 강조하여 주자가 선(禪)에 경도되는 것을 교정했는데, 이는 후에 주자가 육구연 학파를 비판한 논점과 일치한다. 미우라 쿠니오, 앞의 책 85~94면.

8 이동희 교수는 주자학을 현대철학의 관점에 비추어 원자적 우주론과 대비되는 유기체적 우주론으로 해석한 바 있다. 또 이(理)와 기(氣)를 형이상학적으로 결합함으로써 인간과 자연, 도덕(인도)과 존재(천도)를 결합하는 이론체계의 문제를 제시했다고 보았다. 이동희『주자학 신연구』(도서출판 문사철 2012); 권상우「주자학의 창조적 이해」,『퇴계학과 유교문화』52(경북대학교 퇴계연구소 2013)를 참조.

9 미우라 쿠니오, 앞의 책 123~24면.

10 자오 찬둥, 앞의 책 727~28면.

11 이범학「왕안석 개혁론의 형성과 성격」,『동양사학연구』18(동양사학회 1983) 38~39면.

12 미우라 쿠니오『왕안석, 황하를 거스른 개혁가』, 이홍연 옮김(책세상 2005) 45~69면.

13 Bol Peter K., *Neo-Confucianism in History* (Harvard Asia Center 2009) 167면; 민병희「王安石에 있어서의 道와 文字」,『동양사학연구』110(동양사학회 2010) 142~49면.

14 이하 마크 엘빈『중국역사의 발전형태』, 이춘식 옮김(신서원 1989)을 참조.

15 야마다 케이지『주자의 자연학』, 김석근 옮김(통나무 1991).

16 주자가 자연학에 대해 체계적으로 저술하지는 않았지만『주자어류』권1, 권2의 천지 부분에서 우주론·천문학·기상학·지리학·지도학 등과 관련된 언급이 남아 있다. 앞의 책 347~54면.

17 주자에게는 인간학과 자연학 개념이 함께 있었으나 이는 모순적·중층적·단층적이었다. 주자 이후 자연학은 주자학 바깥에서 자립했고, 주자학은 견고한 윤리학으로 발전해갔다. 주자학에 기초한 사족집단의 견고한 윤리성은 후일에 근대사회로의 전

환을 지체시킨 요인으로 작용했다고 볼 수 있다.

7장 민주주의 헌법의 발명가: 존 로크

1 이를 '대한민국 헌법', 즉 제헌헌법 또는 건국헌법에 대한 두가지 인식이라고 부를 수 있다. 서희경 『대한민국 헌법의 탄생』(창비 2012) 17~19면.
2 이하 로크의 생애에 대해서는 송규범 「존 로크: 삶과 시대」, 『과학과 문화』 2(1)(서원대학교 미래창조연구원 2005); 존 로크 『통치론』, 강정인·문지영 옮김(까치 1996)의 역자 해제를 참조.
3 송규범, 앞의 논문 56면.
4 이태숙 「명예혁명과 휘그, 그리고 휘그 역사해석」, 『영국연구』 15(영국사학회 2006) 205~07면.
5 같은 논문 197~204면.
6 윌리엄이 영국에 침입할 당시에는 신교세력의 이익 확보에만 관심을 두었을 뿐 왕위 확보의 목표는 없었다는 설이 있다. 이와 달리 윌리엄의 침입은 프랑스와의 대결에서 영국 자원을 동원하려는 네덜란드 전체 차원의 침입이며 당연히 왕위 확보의 목표도 포함되어 있었다는 견해도 있다. 어쨌거나 윌리엄의 즉위과정에서 휘그가 동원되어 중요한 역할을 한 것은 일반적으로 받아들여지는 사실이다.
7 이태숙, 앞의 논문 211~19면.
8 송규범 「명예혁명과 로크의 『정부론』」, 『서양사론』 106(한국서양사학회 2010) 236~40면.
9 Pincus, Steve, *1688: The First Modern Revolution* (Yale Univ. Press 2009).
10 존 로크, 앞의 책 11면.
11 같은 책 19면.
12 로크는 자연상태와 전쟁상태를 다음과 같이 뚜렷이 구분했다. "두 상태는 평화, 선의, 상호부조, 보존의 상태와 적의, 악의, 폭력, 상호파괴의 상태가 서로 다르듯이 현저히 다른 것이다. 사람들이 그들 간의 분쟁에 대해서 재판할 공통된 우월자를 지상에 가지지 못한 채 이성에 따라 사는 것은 당연히 자연상태이다. 그러나 구제를 호소할 공통된 우월자를 지상에 가지지 못한 상태에서 다른 사람의 인신을 해치고자 힘을 사용하거나 그 의사를 표명하는 것은 전쟁상태이다." 앞의 책 25면.
13 같은 책 208~09면.
14 최양수 「존 로크 헌법사상의 재조명」, 『연세법학연구』 5(2)(1998) 21면.

15 존 로크, 앞의 책 34~35면. 강정인 교수는『제2론』을 번역하면서 영어의 property를 문맥에 따라 '소유권' 또는 '재산'으로 함께 사용하면서 제5장의 제목을 '소유권에 관하여'로 번역했다. 그러나 '소유권'은 법률적·형식적 의미로 주로 사용되는 편이고, '재산권'은 경제적·실질적 내용을 담고 있는 표현이다. 로크가 이 표현을 사용할 때는 좁은 의미에서의 법적 '소유권'이 확립되기 전이므로 '소유권'까지 포함한 의미에서 '재산권'으로 번역하는 것이 좀더 타당하다고 본다.

16 강정인「로크사상의 현대적 재조명: 로크의 재산권 이론에 대한 유럽중심주의적 해석을 중심으로」,『한국정치학회보』32(3)(한국정치학회 1998).

17 존 로크, 앞의 책 34면, 54면.

18 같은 책 35면, 46면, 49면.

19 자연법상의 재산권을 주장한 것은 매우 선진적인 사상이다. 로크를 계승한 흄도 자연법을 거론하지 않았으며, 버크 같은 보수주의자는 물론, 벤담이나 밀과 같은 진보주의자도 자연법에 대해서는 껄끄럽게 여겼다. Rogen, W., *The Most Powerful Idea in the World: A Story of Steam, Industry and Invention* (2010),『역사를 만든 위대한 아이디어』, 엄자현 옮김(21세기북스 2011) 제3장.

20 North, Douglass C. & Barry R. Weingast, "Constitutions and Commitment: The Evolution of Institutional Governing Public Choice in Seventeenth-Century England," *Journal of Economic History* 49(4) (1989); 이일영「신제도주의 경제학의 제도환경 이론에 관한 연구노트」,『동향과 전망』73(한국사회과학연구회 2008).

제4부 조직의 혁신가들

8장 시장과 도시를 만든 사람들: 베네찌아의 상인

1 시오노 나나미『바다의 도시 이야기』상·하, 정도영 옮김(한길사 2002).

2 『베니스의 상인』은 식민시대, 아우슈비츠의 비극, 신식민시대를 거치는 동안 샤일록의 '비극'에 초점을 맞추어 해피엔딩의 서사를 반어적으로 해석하는 것이 유력한 시각으로 자리 잡았다. 김문규 교수도 이 서사를 기독교인들이 유대인 샤일록의 근대적 자본가의 논리를 '타자화'하고 있는 것으로 해석한 바 있다. 김문규「『베니스의 상인』에 나타난 경제논리와 윤리의 문제」(신영어영문학회 1999년 추계학술발표회).

3 베네찌아의 전성기는 흔히 14~15세기로 여겨진다. 이때 베네찌아는 유럽에서 가장

강력한 세력으로 군립했다. 한편 아부 루고드는 13세기 세계체제의 존재를 주장하면서 13세기가 상거래에서 베네찌아의 전성기였다고 보았다. 이하 베네찌아의 시장 네트워크의 형성과정에 대해서는 현재열 「12·13세기 해항도시 베네치아의 역사적 형성」, 『해항도시문화교섭학』 1(한국해양대학교 국제해양문제연구소 2009)를 참조.

4 제4차 십자군이 진로를 변경한 원인은 많은 역사연구자들의 관심사가 되었다. 크게 보면 관련 당사자들이 사전에 공모했다는 음모론, 여러 계기가 우연히 겹친 결과라는 우연론, 진행과정에서 이기적 동기가 작용했다는 수정 우연론, 십자군 병사 차원에서의 심리적·감정적 요인 등 내면의 역사를 강조하는 논의 등이 있다. 남종국 「4차 십자군과 베네치아의 경제발전」, 『전국서양사 연합학술발표논문집』(한국서양사학회 2007).

5 애브너 그리프는 역사적으로 볼 때 이러한 제도들이 '최선'은 물론이고 '차선'조차 아니었다고 주장한다. 그에 의하면 제도의 등장은 교환의 이익을 얻기 위한 시도이며 사회적·정치적 과정의 산물이다. 사회적·정치적 사건은 경제적 행동과 기대, 정보 이용도, 집합적 행동의 능력, 강제력 사용 능력 등과 결합하여 제도에 영향을 미친다. 즉 제도는 교환이 이루어지게 하는 사회적·정치적 요소와 제도 사이의 상호관계의 결과다. 이러한 제도들은 주어진 기술조건(항해·정보·계약집행) 아래 교환의 이익을 최대화하는 것으로 고안된 것은 아니다. Greif, Avner, "Institutions and International Trade: Lessons from the Commercial Revoution," *The American Economic Review* 82(2) (May 1992).

6 Greif, Avner, "Reputation and Coalitions in Medieval Trade: Evidence on the Maghribi Traders," *Journal of Economic History* XLIX(4) (December 1989); Greif, Avner, "On the Political Foundations of the Late Medieval Commercial Revolution: Genoa during the Twelfth and Thirteenth Centuries," *The Journal of Economic History* 54(4) (June 1994); Greif, Avner, 앞의 논문(1992).

7 남종국 「중세 말 베네치아의 해상 네트워크」, 『서양중세사연구』 21(한국서양중세사학회 2008).

8 Fratiani, Michele and Franco Spinelli, "Did Genoa and Venice Kick a Financial Revolution in the Quattrocento?" Conference on "Int'l Financial Integration: The Role of Intermediaries" (Vienna Sep. 2005).

9 Greif, Avner, "Political Organizations, Social Structure, and Institutional Success: Reflections from Genoa and Venice during the Commercial Revolution," *Journal of Institutional and Theoretical Economics* 151(4) (1995).

10 Braudel, Fernand, *Civilization & Capitalism, 15th-18th Century, vol 3: The Perspective of the World* (Berkeley: University of California Press 1992) 118~19면, Fratiani and Spinelli, 앞의 논문(2005)에서 재인용.

11 제노바의 공화적 정치제도는 베네찌아에 비해 취약성을 지니고 있었다. 마끼아벨리에 의하면 제노바는 "파편적이고 불안정"했다. 베네찌아와 제노바에서는 가문집단 간의 협력에 의한 공화정이 성립했다. 베네찌아에서는 독특하게 동질적이고 통합된 지배계급에 뿌리를 둔 강력한 공화주의가 형성되었다. 반면 제노바에서는 협력에 의해 경제적 번영이 이루어졌으나 번영의 성과를 놓고 가문들 사이의 경쟁이 격화되었다. Greif, Avner, 앞의 논문(1995).

12 Fratiani and Spinelli, 앞의 논문(2005).

13 남종국 「13-14세기 지중해 해전: 베네치아와 제노바를 중심으로」, 『서양사연구』 36(한국서양사연구회 2007).

14 조반니 아리기 『장기 20세기: 화폐, 권력, 그리고 우리 시대의 기원』, 백승욱 옮김(그린비 2008) 153~60면.

15 찰스 P. 킨들버거 『경제강대국 흥망사 1500-1990』, 주경철 옮김(까치 2004) 97~108면.

9장 20세기형 삶의 설계자: 헨리 포드

1 한국 경제는 1980년대 후반부터 1990년대 전반 사이 중요한 구조 변화가 이루어진다. 1980년대에는 고도성장을 토대로 세계시장 의존도가 낮아졌는데, 1990년대 초 이후에는 다시 세계시장 의존도가 높아진다. 이는 글로벌 차원의 생산 네트워크가 진전되고 수출구조가 더욱 급속히 고도화됨에 따른 것으로 볼 수 있다. 한국의 5대 수출품은 1996년에 반도체·자동차·선박·영상기기·컴퓨터였으며, 2012년의 5대 수출품은 석유제품·반도체·자동차·선박·평판 디스플레이 및 센서로 나타났다(통계청, e-나라지표, http://www.index.go.kr/potal/main/PotalMain.do).

2 이는 테일러주의와 포드주의가 과학기술을 공정과 관리에 적용하여 경제적 효율성과 노동생산성을 제고하고자 하는 시대적 조류의 연장선상에 있다는 의미다.

3 19세기 산업화를 계기로 기계 설치와 운영 방법을 개발하는 기계기사들의 역할이 중요해졌다. 기계기사는 19세기 초에는 공장 소유주나 경영진이었으나, 19세기 말이 되면 점차 대기업 고용인으로 변모하게 되었다. 이에 기계기사들은 관리 문제를 공학의 한 분야로 취급하면서 지위 하락에 대처했다. 기계기사들은 자신들이 단순한 기술자가 아니라 공장 관리자가 되어야 함을 역설하면서 미국기계기사협회를 중심으로 '체

계적 관리' 운동을 전개했으며, 체계적 관리의 대상을 원가회계·재고관리·임금제 도 등 3가지 영역으로 정립해갔다. 송성수 「테일러리즘의 형성과정에 있어 기술의 위 치」, 『한국과학사학회지』16(1)(한국과학사학회 1994) 72~73면.

4 송성수, 앞의 논문(1994); 송성수 「테일러리즘의 형성과정, 1878-1901」, 『한국과학사 학회지』15(1)(한국과학사학회 1992).

5 Taylor, Frederick W., *The Principles of Scientific Management* (Harper&Brothers Publishers 1911).

6 포드는 '전문가'에게 적대적이었다. 포드는 전문가를 다양한 방법으로 일을 방해하 는 무가치한 존재로 보았다. 쏘렌슨에 의하면, 포드에게 테일러는 불필요하지만 소위 전문가로 불리는 존재였다. 포드의 구상에 중요한 역할을 한 것은 포드사의 비용관리 자인 월터 플랜더스(Walter Flanders)였는데, 그는 테일러를 전혀 알지 못했다고 한 다. Sorensen, Charles E., *My Forty Years with Ford* (Norton 1956).

7 당시 미국의 여러 도시와 주에서 '효율성 국(局)' '효율성 위원회' 등의 부서를 설치 했으며, 카네기나 록펠러는 '효율성 운동'을 지원했다. 공원을 만들고 자원의 낭비를 막는 자연보호운동이 전개되었고, 시어도어 루스벨트 대통령은 자연보호 대통령이 라고 불렸다. 독점의 비효율성을 공격하는 반독점운동은 반독점 관련 법 제정으로 이 어졌다. 정치의 역할을 저평가하는 엔지니어 출신의 허버트 후버가 대통령에 당선되 기도 했다.

8 포드의 생애에 대해서는 전성원 「헨리 포드(1863-1947): 포드주의가 창조한 현대의 시간」, 『인물과사상』145(인물과사상사 2010)를 참조.

9 포드는 단순성과 실용성을 추구하여 자동차 색깔까지도 하나로 통일하면서 다음과 같이 말했다. "어느 색이든 차에 입혀줄 수 있다. 단 그것이 검은색이기만 하다면."

10 Ford, H., *My Life and Work* (William Heinemann 1923), 『고객을 발명한 사람, 헨리 포드』, 공병호 외 옮김(21세기북스 2006) 104~11면.

11 송성수 「자동차 대중화 시대를 연 헨리 포드」, 『기계저널』44(3)(대한기계학회 2004).

12 케네스 데이비스 『미국에 대해 알아야 할 모든 것, 미국사』(책과함께 2004) 384~86 면. 포드는 20세기 전반기에 가장 인기있는 기업가로 인식되었다. 그의 대중적 이미 지는 '미국의 국민 영웅' '토종 민중영웅' '미국문명'과 '천재성'의 전형, 아메리칸 드 림을 실현한 '자수성가'형 인물 등이었다.

13 Tolliday, Steven & Zeitlin, Jonathan, *The Automobile Industry and its Workers: Between Fordism and Flexibility* (St. Martin's Press 1987); Scott, A. J., "Flexible Production

System and Regional Development," *International Review of Urban and Regional Research* 12(2) (1988); De Grazia, Victoria, *Irresistible Empire: America's Advance Through 20th-Century Europe* (Belknap Press of Harvard University Press 2005).

14 그람시는 그의 『옥중수고』(1934) 중 「미국주의와 포드주의」라는 에세이에서 포드주의를 처음 언급했다. 미국식 기술주의는 1910~20년대에 크게 부상했다가 대공황 시기를 거치며 유토피아적 비전에서 멀어졌는데, 그람시의 포드주의에 대한 평가는 이러한 분위기를 반영한 것이다. 안토니오 그람시 『그람시의 옥중수고』 1, 이상훈 옮김(거름 2006).

15 Ford, H., 앞의 책 154면, 155~57면.

16 같은 책 32~40면.

17 전성원, 앞의 논문 78~80면.

18 같은 논문 80~83면.

19 영국에서는 강력한 노동자조직의 존재 때문에 포드주의 도입이 실패했다는 견해도 있다(W. A. Lewchuck). 이에 대해 포드주의의 실패라기보다는 포드주의가 영국의 시장 특성과 조직노동운동의 전통에 적절하게 대응한 것으로 평가하기도 한다(S. Tolliday). 영국에서는 1920년대 말 6대 회사의 과점체제가 형성되었지만 그 안에는 부품을 자체 조달하는 복잡한 생산단위와 노동자집단이 존재했다. 이러한 점에서 1920년대 영국식 생산체제는 자본-노동의 타협에 기초한 동거양식이라 할 수 있었다. 이영석 「전간기 영국의 자동차산업과 포디즘」, 『영국연구』 24(영국사학회 2010).

20 나인호 「헨리 포드의 반유대주의」, 『서양사론』 116(한국서양사학회 2013).

21 노경덕 「알렉세이 가스쩨프와 소비에트 테일러주의, 1920-1929: 이론적 구성요소를 중심으로」, 『서양사연구』 27(2001); Hughes, Thomas P., *American Genesis: A Century of Invention and Technological Enthusiasm 1870-1970*, 2nd ed (The University of Chicago Press 2004).

22 임운택 「포스트포드주의로의 변형과 유연한 자본주의」, 『한국사회학』 37(6)(한국사회학회 2003); 강현수·최병두 「탈포드주의적 경제발전과 새로운 도시화」, 『한국지역지리학회지』 9(4)(한국지역지리학회 2003).

23 이일영 「글로벌 분업과 한국의 경제성장: 동아시아 생산 네트워크와 한반도 네트워크 경제」, 『동향과 전망』 93(한국사회과학연구회 2015).

1 Hamel, Gary, *Leading the Revolution* (Penguin 2002), 『꿀벌과 게릴라』, 이동현 옮김(세종서적 2007).

2 2014년 월드컵에 출장한 에스빠냐 국가대표에 FC 바르셀로나 선수가 6명, 레알 마드리드 선수는 3명이었다고 한다.

3 "FC Barcelona: More than a Club," *Cooperative News* 19 (June 2012).

4 국제협동조합연맹(ICA)은 협동조합을 "공동으로 소유하고 민주적으로 운영하는 사업체를 통하여 공통의 경제적·사회적·문화적 필요와 욕구를 충족시키고자 하는 사람들이 자발적으로 결성한 자율적인 조직"으로 정의하고 있다.

5 돈 호세 마리아 신부의 삶에 깊은 영향을 미친 사람은 루피노 알다발데(Rufino Aldabalde) 신부였다. 그는 "삶이 미사의 연속이어야 한다" "우리 안에 있는 모든 것이 하느님이고, 그것은 영혼을 위한 것이며, 우리는 스스로를 위한 사제가 아니다"라고 주장했다. 돈 호세 마리아 신부는 여기에 "내게 직무를 주신 하느님께 감사해야 한다" "중요한 것은 내 주변의 생각이 아니라 하느님이 나를 생각하는 것이다"라는 신조를 더했다(http://www.canonizacionarizmendiarrieta.com/en/biografia). 한편에서는 돈 호세 마리아 신부가 젊은 시절에는 정통 가톨릭 교리를 추종했으나 그에 대한 관심이 점점 약해져 1940년대 후반 이후에는 공장에 주의를 기울였다는 견해도 있다. Whyte, W. F. & Whyte, K. K., *Making Mondragon: The Growth and Dynamics of the Worker Cooperative Complex* (2nd ed.) (1991), 『몬드라곤에서 배우자: 해고 없는 기업이 만든 세상』, 김성오 옮김(역사비평사 2012) 342~44면.

6 Molina, F. and Miguez, A., "The Origins of Mondragon: Catholic Cooperativism and Social Movement in a Basque Valley (1941-59)," *Social History* 33(3) (2008); 이종현 「협동조합 발전의 초기 조건에 대한 연구: 영국의 로치데일과 스페인의 몬드라곤을 중심으로」, 『동향과 전망』 90(한국사회과학연구회 2014) 243~47면.

7 Whyte, W. F. & Whyte, K. K., 앞의 책(1991) 55~67면.

8 많은 연구에서 지적되는 협동조합 소유구조의 문제점은 크게 세가지다. 첫째 협동조합의 경우 집단적 의사결정이 높다는 점, 둘째 협동조합이 파산하면 출자금과 일자리를 함께 잃게 되는 이중의 위험을 부담해야 한다는 점, 셋째 협동조합은 다양한 목적을 지니고 있어서 경영성과 측정이 곤란하다는 점 등이다. 장종익 「이탈리아, 몬드라곤, 프랑스 노동자협동조합의 발전씨스템에 관한 비교분석」, 『한국협동조합연구』 31(2)(한국협동조합학회 2013) 210~12면.

9 이하 몬드라곤이 당면한 문제에 관해서는 이일영 「협동조합은 '대안'이 될 수 있을까: 몬드라곤의 교훈」, 〈창비주간논평〉(2013. 7. 17)에 의거했다. 이 글은 2013년 5월 몬드라곤을 방문했을 때 몬드라곤 대학의 프레드 프로인트리히(Fred Freundlich) 교수가 들려준 이야기를 참고하여 쓴 것이다.

10 (재)아이쿱협동조합연구소 제34회 포럼 "파고르 가전 파산을 어떻게 볼 것인가" (2014. 7. 2)를 참조.

11 Harford, Tim, *Adapt: Why Success Always Starts with Failure* (*Little Brown* 2011), 팀 하포드『어댑트』, 강유리 옮김(웅진지식하우스 2011) 58~60면.

12 이종현, 앞의 논문 237~40면.

13 잭 웨더포드『칭기스 칸, 잠든 유럽을 깨우다』, 정영목 옮김(사계절 2005) 41~49면.

14 소농경제의 경우도 적응과 혁신 능력에 미래가 달려 있다. 맑스는 농민층이 그들의 비자본주의적 특성 때문에 사회발전에 적응할 수 없다고 보았다. 한편 차야노프는 농촌가족경제를 자연경제와 시장경제에 적응하는 뛰어난 탄력성을 지닌 존재로 파악했다. 차야노프가 보기에는 농촌가족경제는 가족농의 독특한 주관적 판단에 따라 움직이는 경제양식이다. 인구밀도에 의해 노동집약도의 양적 척도를 결정하고 시장관계와 자연조건에 의해 경영방식의 질적 척도를 결정한다는 것이다. 김수석「차야노프의 '농촌가족경제' 이론에 대한 한 연구」,『농촌사회』4(한국농촌사회학회 1994) 287~90면.

제5부 에필로그

11장 다시, 혁신가란 누구인가

1 이일영「'혁신가 경제학'을 위한 교육과정: 개념과 사례」,『동향과 전망』90(한국사회과학연구회 2014)를 참조.

2 혁신 및 혁신가의 개념과 관련해서는 이일영「'혁신가 경제학'의 교육과정 모색: 개념과 사례를 중심으로」,『동향과 전망』90(한국사회과학연구회 2014)를 참조.

3 이는 루쉰이 1921년 발표한 「고향」이라는 단편의 마지막 구절이다. 중급 수준의 중국어 학습자에게는 유명한 중국어 원문의 표현은 다음과 같다. "我想: 希望是本无所谓有, 无所谓无的. 这正如地上的路; 其实地上本没有路, 走的人多了, 也便成了路."

4 Crafts, N. F. R., "Macroinventions, economic growth, and 'industrial revolution' in

Britain and France," *Economic History Review* 48(3) (1995); Mokyr, Joel, "Technological Change, 1700-1830," Roderick Floud and Donald McClosky ed., *The Economic History of Britain since 1700* (2nd ed.) Vol. 1 (Cambridge Univ. Press 1994); 김두진 외「유럽 산업혁명과 동아시아 '대분기'(Great Divergence) 논쟁」,『아세아연구』55(2)(고려대학교 아세아문제연구소 2013).

5 Fagerberg, Jan, "Innovation: A Guide to the Literature," *The Oxford Handbook of Innovation* (Oxford Univ. Press 2005).

6 Nuvolari, Alessandro, "Collective Invention during the British Industrial Revolution: the Case of the Cornish Pumping Engine," *Cambridge Journal of Economics* 28(3) (2004).

7 이에 해당하는 원문은 "誠者, 天之道也. 誠之者, 人之道也"이다. 주자는 성자(誠者)를 '성실하여 제멋대로 함이 없는 것으로 하늘의 이치 본래 그런 상태'로, 성지자(誠之者)를 '그 상태에 이르지는 못했으나 그 상태로 이르고자 하는 것'으로 구분했다. 하늘의 도는 성실함을 통해 명철해지는 것으로 이를 본성[性]이라 하고, 사람의 도는 명철함을 통해서 성실해지는 것이니 이를 가르침[敎]이라 한다(自誠明, 謂之性, 自明誠, 謂之敎. 誠則明矣, 明則誠矣). 주희 엮음『대학·중용』, 김미영 옮김(홍익출판사 2005) 182면, 186면.

8 이는 영화의 대사를 인용한 것이다. 영화 대사는 후한(後漢) 정현(鄭玄)의『중용』주석에 입각한 것으로 보인다.『중용』제23장의 원문은 "其次致曲, 曲能有誠, 誠則形, 形則著, 著則明, 明則動, 動則變, 變則化, 唯天下至誠, 爲能化"이다. 여기서 '치곡(致曲)'의 해석이 문제다. 정현은 곡(曲)을 소소한 일이라고 보았고 치(致)를 지(至)로 보았다. 따라서 소소한 일에 지극히 함을 의미한다고 했다. 반면 이전의『중용』주석을 총정리하여『중용장구』를 편찬한 주자는 '곡'을 한 측면으로 해서 선한 단서가 발현된 한쪽을 지칭하며 '치'는 '추치(推致)'라고 하여 미루어 나아감이라고 했다. 이에 따라 '치곡'을 선한 단서가 발현된 한쪽을 밀고 나아감으로 해석했다. 앞의 책 190면.

9 유럽연합 차원의 사회혁신 연구 프로그램의 결과를 종합한 핸드북에서는 "사회혁신이란 배제·박탈·소외·웰빙의 결여 등에 대해 모든 범위의 문제에 대한 받아들여질 수 있는 진보적 해결책의 발견을 지칭한다"라고 기술했다. 이는 사회적 관계의 개선, 역량강화 과정을 통해 이루어지고, 보편적 권리와 더 많은 사회적 포용성을 허용하는 세계·국가·종교·지방 커뮤니티를 상상하고 추구한다. 사회혁신적 변화는 특히 사회관계의 개선에 초점을 둔다. 이는 개인과 개인 간 미시적 관계는 물론 집단 간의 관계와 관련된 더욱 거시적인 관계를 의미하고, 또한 집합적 행위자와 그룹이 행하

는 특수한 사회적 역할의 여러 스킬들에 초점을 둔다. Moulaert, Frank, et. al., "Social Innovation: Intuition, Precept, Concept, Theory and Practice," *The International Handbook on Social Innovation: Collective Action, Social Learning and Transdisciplinary Research* (Edward Elgar Publishing Inc 2013).

10 카이스트에는 사회적 기업가 MBA 과정이 마련되어 있는데, 나는 2014년 2학기에 한국사회경제와 사회혁신에 관한 강의를 요청받았다. 창업과 실무를 준비하는 학생들에게 종합적인 시야를 길러달라는 취지였다. 사회적 경제에 대해 많은 관심이 쏟아지는 반면, 이를 뒷받침할 수 있는 종합적·체계적 이론화와 지식 형성은 지체되고 있는 상황이다.

11 Jessop, Bob, et. al., "Social Innovation Research: A New Stage in Innovation Analysis?" *The International Handbook on Social Innovation: Collective Action, Social Learning and Transdisciplinary Research* (Edward Elgar Publishing Inc 2013).

12 한상진 「위험사회 분석과 비판이론」, 『사회와 이론』 12(한국이론사회학회 2008).

13 87년 체제의 대안으로 '네트워크 국가'를 논의한 것은 한반도사회경제연구회 『한국형 네트워크 국가의 모색』(백산서당 2012) 제1부를 참조.

14 슘페터식 혁신은 기술혁신과 제도·조직혁신을 포괄하는 경제혁신 개념이고, 폴라니식 혁신은 제도·조직혁신과 가치혁신을 내포하는 좁은 의미의 사회혁신 개념이라고 할 수 있다. 슘페터와 폴라니에 대해서는 이 책의 제3장을 참조하기를 바란다.

『삼국사기』

『삼국유사』

강명관「근대 꿈꿨다고? 주자학에 철저한 사람이었다」,『한겨레』, 2012. 6. 20.

강정인「로크사상의 현대적 재조명: 로크의 재산권 이론에 대한 유럽중심주의적
　　해석을 중심으로」,『한국정치학회보』32(3), 한국정치학회 1998.

강현수·최병두「탈포드주의적 경제발전과 새로운 도시화」,『한국지역지리학회
　　지』9(4), 한국지역지리학회 2003.

권상우「주자학의 창조적 이해」,『퇴계학과 유교문화』52, 경북대학교 퇴계연구
　　소 2013.

김동준「서울시 사회혁신 정책의 현황과 과제」, 정건화 외『서울시 사회혁신 정책
　　과 실험에 관한 평가연구』, 서울연구원 2013.

김두진 외「유럽산업혁명과 동아시아 '대분기'(Great Divergence) 논쟁」,『아세아
　　연구』55(2), 고려대학교 아세아문제연구소 2013.

김무경「소집단과 네트워크 형성 기제로서의 '비밀'」,『동아연구』39, 서강대학교
　　동아연구소 2000.

김문규「『베니스의 상인』에 나타난 경제논리와 윤리의 문제」, 신영어영문학회

1999년 추계학술발표회.

김병태 외 『한국경제의 전개과정』, 돌베개 1981.

김석현 「네트워크론의 이론지형과 실천적 함의」, 『동향과 전망』 85, 한국사회과
학연구소 2012.

김성호 『중국진출백제인의 해상활동 천오백년』, 맑은소리 1996.

김수석 「차야노프의 '농촌가족경제' 이론에 대한 한 연구」, 『농촌사회』 4, 한국농
촌사회학회 1994.

김우식 「사회연결망의 구성과 변동에 대한 고전사회이론의 기여」, 『담론201』
15(3), 한국사회역사학회 2012.

나인호 「헨리 포드의 반유대주의」, 『서양사론』 116, 한국서양사학회 2013.

남종국 「4차 십자군과 베네치아의 경제발전」, 『전국서양사 연합학술발표논문집』,
한국서양사학회 2007.

_____ 「13-14세기 지중해 해전: 베네치아와 제노바를 중심으로」, 『서양사연구』
36, 한국서양사연구회 2007.

_____ 「중세 말 베네치아의 해상 네트워크」, 『서양중세사연구』 21, 한국서양중
세사학회 2008.

노경덕 「알렉세이 가스쩨프와 소비에트 테일러주의, 1920-1929: 이론적 구성요
소를 중심으로」, 『서양사연구』 27, 한국서양사연구회 2001.

마크 엘빈 『중국역사의 발전형태』, 이춘식 옮김, 신서원 1989.

미우라 쿠니오 『왕안석, 황하를 거스른 개혁가』, 이홍연 옮김, 책세상 2005.

_____ 『인간 주자』, 김영식·이승연 옮김, 창작과비평사 1996.

민병희 「王安石에 있어서의 道와 文字」, 『동양사학연구』 110, 동양사학회 2010.

박현수 「칼 폴라니와 사람의 살림살이」, 『문화과학』 32, 문화과학사 2009.

박현채 『민족경제론』, 한길사 1980.

백낙청 「인문학의 새로움은 어디서 오나」, 『창작과비평』 164, 창비 2014.

백민정 「'소학' 동자들이 어떻게 권력을 바꿨나」, 『주간조선』, 2013. 5. 20.

서희경 『대한민국 헌법의 탄생』, 창비 2012.

성낙선 「슘페터, 경제발전 그리고 기업가의 역할」, 『경제학연구』 53(4), 한국경제
학회 2005.

_____ 「슘페터와 맑스: 역사관, 자본주의관, 사회주의관 비교」, 『사회경제평론』

25, 한국사회경제학회 2005.

송규범 「명예혁명과 로크의『정부론』」,『서양사론』106, 한국서양사학회 2010.

_____ 「존 로크: 삶과 시대」,『과학과 문화』2(1), 서원대학교 미래창조연구원 2005.

송성수 「자동차 대중화 시대를 연 헨리 포드」,『기계저널』4(3), 대한기계학회 2004.

_____ 「테일러리즘의 형성과정, 1878-1901」,『한국과학사학회지』15(1), 한국과학사학회 1992.

_____ 「테일러리즘의 형성과정에 있어 기술의 위치」,『한국과학사학회지』16(1), 한국과학사학회 1994.

시오노 나나미『바다의 도시 이야기』상·하, 정도영 옮김, 한길사 2002.

신채호 「조선 역사상 일천년래 제일 대사건」,『조선사연구초』, 조선도서주식회사 1929.

안토니오 그람시『그람시의 옥중수고』1, 이상훈 옮김, 거름 2006.

안현효 「탈자폐경제학과 대안적 경제교육 교육과정」,『경제교육연구』20(1), 한국경제교육학회 2013.

야마다 케이지『주자의 자연학』, 김석근 옮김, 통나무 1991.

엔닌『엔닌의 입당구법순례행기』, 김문경 옮김, 중심 2001.

_____『입당구법순례행기』, 신복룡 옮김, 선인 2007.

유권종 「위기지학의 개념화 과정」,『철학탐구』32, 중앙대학교 중앙철학연구소 2012.

윤명철 「장보고의 해양활동과 국제관계: 東亞地中海論을 중심으로」,『해양정책연구』16(1), 한국해양수산개발원 2001.

윤재운 「9세기 전반 신라의 사무역에 대한 일고찰」,『사총』45, 고려대학교 역사연구소 1996.

이기동 「張保皐와 그의 海上勢力」,『張保皐의 新研究』, 완도문화원 1985.

이동희『주자학 신연구』, 도서출판 문사철 2012.

이매뉴얼 월러스틴『사회과학의 개방』, 이수훈 옮김, 당대 1996.

_____『지식의 불확실성: 새로운 지식 패러다임을 찾아서』, 유희석 옮김, 창비 2007.

이범학「왕안석 개혁론의 형성과 성격」,『동양사학연구』18, 동양사학회 1983.

이상민·이용수「사회자본 투자의 경제사회학적 분석」,『한국사회학』41(2), 한국사회학회 2007.

이성규「『사기』역사서술의 특성: 문사일체의 전형」,『외국문학』, 열음사 1984.

이영석「전간기 영국의 자동차산업과 포디즘」,『영국연구』24, 영국사학회 2010.

이원재「네트워크 분석의 사회학 이론」,『정보과학회지』29(11), 한국정보과학회 2011.

이인호《사기》성격에 대한 일고찰」,『중어중문학』22, 한국중어중문학회 1998.

이일영『새로운 진보의 대안, 한반도경제』, 창비 2009.

_____「글로벌 생산 분업과 한국의 경제성장: 동아시아 생산 네트워크와 한반도 네트워크 경제」,『동향과 전망』93, 한국사회과학연구회 2015.

_____「'동아시아 자본주의'의 현재와 미래」,『창작과비평』167, 창비 2015.

_____「신제도주의 경제학의 제도환경 이론에 관한 연구노트」,『동향과 전망』73, 한국사회과학연구회 2008.

_____「하이브리드 조직 모델의 수정과 응용: 격차 문제에의 대응을 위하여」,『동향과 전망』76, 한국사회과학연구회 2009.

_____「'혁신가 경제학'의 교육과정 모색: 개념과 사례」,『동향과 전망』90, 한국사회과학연구회 2014.

_____「협동조합은 '대안'이 될 수 있을까: 몬드라곤의 교훈」,〈창비주간논평〉, 2013. 7. 17.

이재규「피터 드러커의 지식사회와 연금기금자본주의 소론」, 한국인사조직학회 1993년도 춘계 학술연구발표회 발표논문집.

이재우「코즈 정리의 법경제학적 쟁점 연구」,『경제연구』21(2), 한국경제통상학회 2003.

이종현「협동조합 발전의 초기 조건에 대한 연구: 영국의 로치데일과 스페인의 몬드라곤을 중심으로」,『동향과 전망』90, 한국사회과학연구회 2014.

이태숙「명예혁명과 휘그, 그리고 휘그 역사해석」,『영국연구』15, 영국사학회 2006.

임운택「포스트포드주의로의 변형과 유연한 자본주의」,『한국사회학』37(6), 한국사회학회 2003.

자오 촨둥『쟁경』, 노민수 옮김, 민음사 2013.

장종익「이탈리아, 몬드라곤, 프랑스 노동자협동조합의 발전씨스템에 관한 비교 분석」,『한국협동조합연구』31(2), 한국협동조합학회 2013.

(재)아이쿱협동조합연구소 제34회 포럼「파고르 가전 파산을 어떻게 볼 것인가」, 2014. 7. 2.

잭 웨더포드『칭기스 칸, 잠든 유럽을 깨우다』, 정영목 옮김, 사계절 2005.

전성원「헨리 포드(1863-1947): 포드주의가 창조한 현대의 시간」,『인물과사상』145, 인물과사상사 2010.

정건화「대안적 경제체제의 모색을 위한 제도경제론적 검토: 시장담론을 중심으로」,『사회경제평론』23, 한국사회경제학회 2004.

정약용『유배지에서 보낸 편지』, 박석무 옮김, 창비 2009.

정용균「해상왕 장보고의 무역네트워크와 환태평양 무역네트워크 구축에 대한 탐색적 연구」,『무역학회지』37(5), 한국무역학회 2012.

조반니 아리기『장기 20세기: 화폐, 권력, 그리고 우리 시대의 기원』, 백승욱 옮김, 그린비 2008.

조지프 슘페터『자본주의·사회주의·민주주의』, 변상진 옮김, 한길사 2011.

존 로크『통치론』, 강정인·문지영 옮김, 까치 1996.

주희 엮음『대학·중용』, 김미영 옮김, 홍익출판사 2005.

지배선「고구려인 李正己의 발자취」,『동방학지』109, 연세대학교 국학연구원 2000.

_____「이정기 일가의 산동 지역 활동」,『이화사학연구』30, 이화여자대학교 이화사학연구소 2003.

찰스 P. 킨들버거『경제강대국 흥망사 1500-1990』, 주경철 옮김, 까치 2004.

최양수「존 로크 헌법사상의 재조명」,『연세법학연구』5(2), 연세대학교 법학연구원 1998.

최정규·허준석,「급진파 제도경제학에 대한 연구: 보울즈와 진티스의 논의를 중심으로」,『동향과 전망』37, 한국사회과학연구회 1998.

칼 마르크스『정치경제학 비판을 위하여』, 김호균 옮김, 중원문화 2012.

칼 폴라니『거대한 전환: 우리 시대의 정치·경제적 기원』, 홍기빈 옮김, 길 2009.

케네스 데이비스『미국에 대해 알아야 할 모든 것, 미국사』, 이순호 옮김, 책과함께 2004.

피터 드러커 『미래사회를 이끌어가는 기업가정신』, 이재규 옮김, 한국경제신문사 2004.

_____ 『자본주의 이후의 사회』, 이재규 옮김, 한국경제신문사 2002.

한반도사회경제연구회 『한국형 네트워크 국가의 모색』, 백산서당 2012.

_____ 『한반도경제론: 새로운 발전모델을 찾아서』, 창비 2007.

한상진 「위험사회 분석과 비판이론」, 『사회와 이론』12 , 한국이론사회학회 2008.

함규진 「시장통의 햄릿, 거대한 전환을 꿈꾸다: 폴라니」, 『인물과사상』 194, 2014.

현재열 「12·13세기 해항도시 베네치아의 역사적 형성」, 『해항도시문화교섭학』, 한국해양대학교 국제해양문제연구소 2009.

Aslan, R., *Zealot: The Life and Times, of Jesus of Nazareth*, Random House 2013, 『젤롯』, 민경식 옮김, 와이즈베리 2014.

Bates, R. H., et al., "The Analytical Narrative Project," *The American Political Science Review* 94(3), 2000.

Bol, Peter K., *Neo-Confucianism in History*, Harvard Asia Center 2009.

Braudel, Fernand, *Civilization & Capitalism, 15th-18th Century, vol 3: The Perspective of the World*, University of California Press 1992.

Coase, Ronald H., "The Nature of the Firm," *Economica* NS 4(16), 1937.

_____ , "The Problem of Social Cost," *Journal of Law and Economics* 3, 1960.

Crafts, N. F. R., "Macroinventions, economic growth, and 'industrial revolution' in Britain and France," *Economic History Review* 48(3), 1995.

De Grazia, Victoria, *Irresistible Empire: America's Advance Through 20th-Century Europe*, Belknap Press of Harvard University Press 2005.

Fagerberg, Jan, "Innovation: A Guide to the Literature," *The Oxford Handbook of Innovation*, Oxford Univ. Press 2005.

Ford, H., *My Life and Work*, William Heinemann 1923, 『고객을 발명한 사람, 헨리 포드』, 공병호 외 옮김, 21세기북스 2006.

Fratiani, Michele and Franco Spinelli, "Did Genoa and Venice Kick a Financial Revolution in the Quattrocento" Conference on "Int'l Financial Integration:

The Role of Intermediaries," Vienna Sep. 2005.

Greif, Avner, "Historical and Comparative Institutional Analysis," *The New Institutional Economics* 88(2), 2003.

_____, "Institutions and International Trade: Lessons from the Commercial Revolution," *The American Economic Review* 82(2), May 1992.

_____, "On the Political Foundations of the Late Medieval Commercial Revolution: Genoa during the Twelfth and Thirteenth Centuries," *The Journal of Economic History* 54(4), June 1994.

_____, "Political Organizations, Social Structure, and Institutional Success: Reflections from Genoa and Venice during the Commercial Revolution," *Journal of Institutional and Theoretical Economics* 151(4), 1995.

_____, "Reputation and Coalitions in Medieval Trade: Evidence on the Maghribi Traders," *Journal of Economic History* XLIX(4), December 1989.

Hamel, Gary, *Leading the Revolution*, Penguin 2002, 『꿀벌과 게릴라』, 이동현 옮김, 세종서적 2007.

Harford, Tim, *Adapt: Why Success Always Starts with Failure*, Little Brown 2011, 팀 하포드 『어댑트』, 강유리 옮김, 웅진지식하우스 2011.

Hughes, Thomas P., *American Genesis: A Century of Invention and Technological Enthusiasm 1870-1970*, 2nd ed, The University of Chicago Press 2004.

Jessop, Bob, et. al., "Social Innovation Research: A New Stage in Innovation Analysis," *The International Handbook on Social Innovation: Collective Action, Social Learning and Transdisciplinary Research*, Edward Elgar Publishing Inc 2013.

McCraw, Thomas K., *Prophet of Innovation: Joseph Schumpeter and Creative Destruction*, Harvard University Press 2007, 『혁신의 예언자』, 김형근·전석헌 옮김, 글항아리 2012.

Mokyr, Joel., "Technological Change, 1700-1830," Roderick Floud and Donald McClosky ed. *The Economic History of Britain since 1700* (2nd ed.) Vol. 1, Cambridge Univ. Press 1994.

Molina, F. and Miguez, A., "The Origins of Mondragon: Catholic Cooperativism and Social Movement in a Basque Valley (1941-59)", *Social History* 33(3), 2008.

Moulaert, Frank, et. al., "Social Innovation: Intuition, Precept, Concept, Theory and Practice," *The International Handbook on Social Innovation: Collective Action, Social Learning and Transdisciplinary Research*, Edward Elgar Publishing Inc 2013.

North, Douglass C. & Barry R. Weingast, "Constitutions and Commitment: The Evolution of Institutional Governing Public Choice in Seventeenth-Century England," *Journal of Economic History* 49(4), 1989.

Nuvolari, Alessandro, "Collective Invention during the British Industrial Revolution: the Case of the Cornish Pumping Engine," *Cambridge Journal of Economics* 28(3), 2004.

Pincus, Steve, *1688: The First Modern Revolution*, Yale Univ. Press 2009.

Podolny, Joel M. and Karen L. Page, "Network Forms of Organization," *Annu. Rev. Sociol.* 24, 1998.

Powell, Walter W., "Neither Market nor Hierarchy: Network Forms of Organization," *Research in Organizational Behavior* 12, 1990.

Rogen, W., *The Most Powerful Idea in the World: A Story of Steam, Industry and Invention*, University Of Chicago Press 2010, 『역사를 만든 위대한 아이디어』, 엄자현 옮김, 21세기북스 2011.

Scott, A. J., "Flexible Production System and Regional Development," *International Review of Urban and Regional Research* 12(2), 1988.

Sorensen, Charles E., *My Forty Years with Ford*, Norton 1956.

Stone, R., "The Revival of Narrative: Reflections on a New Old Story," *Past and Present* 85, 1979.

Taylor, Frederick W., *The Principles of Scientific Management*, Harper & Brothers Publishers 1911.

Tolliday, Steven & Zeitlin, Jonathan, *The Automobile Industry and its Workers: Between Fordism and Flexibility*, St. Martin's Press 1987.

Whyte, W. F. & Whyte, K. K., *Making Mondragon: The Growth and Dynamics of the Worker Cooperative Complex* (2nd ed.), ILR Press 1991, 『몬드라곤에서 배우

자: 해고 없는 기업이 만든 세상』, 김성오 옮김, 역사비평사 2012.

Williamson, O. E., "The New Institutional Economics: Taking Stock, Looking Ahead," *Journal of Economic Literature* 38(3), 2000.

"FC Barcelona: More than a Club," *Cooperative News* 19, June 2012.

| 찾아보기 |

혁신가 경제학
시대의 흐름을 바꾼 혁신가 열전

초판 1쇄 발행 / 2015년 9월 11일

지은이 / 이일영
펴낸이 / 강일우
책임편집 / 김유경
펴낸곳 / (주)창비
등록 / 1986년 8월 5일 제85호
주소 / 10881 경기도 파주시 회동길 184
전화 / 031-955-3333
팩시밀리 / 영업 031-955-3399 편집 031-955-3400
홈페이지 / www.changbi.com
전자우편 / human@changbi.com